Workbook
to accompany

Rendez-vous

Workbook
to accompany

Rendez-vous
AN INVITATION TO FRENCH

SIXTH EDITION

Patricia Westphal

Hedwige Meyer
University of Washington

Contributing Writer
Gregory A. Fulkerson

Boston   Burr Ridge, IL   Dubuque, IA   Madison, WI   New York   San Francisco   St. Louis
Bangkok   Bogotá   Caracas   Kuala Lumpur   Lisbon   London   Madrid   Mexico City
Milan   Montreal   New Delhi   Santiago   Seoul   Singapore   Sydney   Taipei   Toronto

McGraw-Hill Higher Education ✍

*A Division of The **McGraw-Hill** Companies*

This is an ⬚ book

Workbook to accompany
Rendez-vous
An Invitation to French

Published by McGraw-Hill, an imprint of The McGraw-Hill Companies, Inc., 1221 Avenue of the Americas, New York, NY 10020. Copyright © 2002, 1998, 1994, 1990, 1986, 1982 by The McGraw-Hill Companies, Inc. All rights reserved. No part of this publication may be reproduced or distributed in any form or by any means, or stored in a database or retrieval system, without the prior written consent of The McGraw-Hill Companies, Inc., including, but not limited to, in any network or other electronic storage or transmission, or broadcast for distance learning.

This book is printed on acid-free paper.

6 7 8 9 0 CUS CUS 0 9 8 7

ISBN: 978-0-07-249024-4
MHID: 0-07-249024-1

Editor-in-chief: *Thalia Dorwick*
Publisher: *William R. Glass*
Senior sponsoring editor: *Leslie Oberhuber*
Development editor: *Michelle-Noelle Magallanez*
Senior marketing manager: *Nick Agnew*
Senior project manager: *David M. Staloch*
Senior production supervisor: *Richard DeVitto*
Senior supplements producer: *Louis Swaim*
Photo researcher: *Alexandra Ambrose*
Compositor: *Interactive Composition Corporation*
Typeface: *10/12 Palatino*
Printer and binder: *Von Hoffmann Graphics*

Grateful acknowledgment is made for use of the following:

Page **23** Alliance Française; **28** *Jours de France*; **40** *VSD*; **57** *20 Ans*; **71** *20 Ans*; **73** *Paris Match*; **84** *Officiel des Spectacles*; **112** Boursin fromage/Société Astra Calve; **128** Salon mondial du tourisme; **145** Office du Tourisme de Bruxelles; **151** *Le Figaro* No. 98 05/08; **156** *Le Monde*; **171** *VDS*; **172** text: *Le Figaro* No. 98 05/08, photo: Ericsson; **186** Text: from *Elle* © Francine Vormese & Françoise Kuijper, photo: Explorer; **202** Télécommunication de Metz; **219** *Le Figaro* No. 98 05/08; **257** © *Madame Figaro*; **261** From *Des Sport et des jeux* (Paris: Gallimard, 1998); **274** © *Femme actuelle* No. 234, Anne-Marie Levene; **283** Reprinted with permission of *Le Figaro*, © *Le Figaro*; **289** (*left*) text: *Jours de France*, photo: Georges, Gamma, (*right*) text: *Jours de France*, photo: Julio Donoso, Corbis Sygma; **299** From *Le Petite Larousse*; **299** Reprinted with permission of *Journal française d'Amérique*

http://www.mhhe.com

Table des matières

Introduction   vii

Chapitre préliminaire: Premier rendez-vous   1

Chapitre un: La vie universitaire   9

Chapitre deux: Descriptions   25

Chapitre trois: Le logement   43

Chapitre quatre: Famille et foyer   59

Chapitre cinq: À table   81

Chapitre six: On mange bien?   101

Chapitre sept: Vive les vacances!   115

Chapitre huit: Voyages et transports   131

Chapitre neuf: Bonnes nouvelles   155

Chapitre dix: La vie urbaine   175

Chapitre onze: Les arts   189

Chapitre douze: La vie de tous les jours   205

Chapitre treize: Au travail   229

Chapitre quatorze: Vive les loisirs!   249

Chapitre quinze: Opinions et points de vue   263

Chapitre seize: Le monde francophone   279

Appendice: Réponses aux exercices   303

Introduction

This Workbook accompanies the sixth edition of *Rendez-vous: An Invitation to French*. Each chapter of the Workbook is based on the corresponding text chapter so that students may review what they are learning in the classroom through guided as well as open-ended practice.

NEW IN THIS EDITION

Based on reviewers' positive reactions to the fifth edition of the Workbook, we have retained many of the new features that were added to that edition, including the following:

- The number of form-focused exercises has been increased to provide students with more opportunities to practice grammar and vocabulary.
- Many of the grammar practice sections now begin with a concise grammar review chart that displays verb conjugations, pronouns, or prepositions.
- In each chapter, **Le monde francophone** contains at least one exercise that relates to the material presented in the main text and one that presents a piece of realia with follow-up questions.
- Every chapter now ends with a self-test, called **Contrôle.** These brief tests give students a final chance to see how well they have learned the material in the chapter.
- The cumulative review sections, called **Vue d'ensemble,** have been moved to the end of every fourth chapter. They now appear in Chapters 4, 8, 12, and 16.

Throughout the Workbook, there are references to both the French franc and the euro. In addition, we've moved the **Situations** section from the textbook to the Workbook and have added a comprehension exercise so that students can now complete work with the integrated Video to accompany *Rendez-vous*.

ORGANIZATION OF THE WORKBOOK

The structure of the preliminary chapter parallels that of the main text. Chapters 1 to 16 include the following sections:

- **Étude de vocabulaire:** a vocabulary section to be done after the student is acquainted with the theme vocabulary of the chapter.
- **Étude de grammaire:** a variety of exercises touching on each grammar point, generally including single-emphasis practice and progressing to practice that combines two or more topics.
- **Étude de prononciation:** a brief task to review the information presented in the main text (Chapters 1 to 6).
- **Mise au point:** a review of chapter vocabulary and structures, providing both single-answer and creative or personalized activities. The section often includes a brief reading-comprehension task.
- **Le monde francophone:** activities based on the cultural material in the main text and a realia-based activity focusing on cultural content.
- **Contrôle:** a final chapter self test.

Answers to the exercises are provided at the back of the Workbook. Those answers marked with an asterisk represent model (not exact) answers; portions of the students' answers will probably differ from the model. (See further explanation in the **Réponses aux exercises.**) No answers are given for open-ended items.

Acknowledgments

The authors wish to thank the following people who made important contributions to the Workbook: Michelle-Noelle Magallanez, Development Editor; Nicole Dicop-Hineline, native reader; David Staloch, Project Manager; and Scott Tinetti, Director of Development. Our gratitude goes to the many other staff members at McGraw-Hill whose work made the publication of this edition possible. Special thanks to Leslie Oberhuber and William R. Glass for their support and encouragement.

CHAPITRE PRÉLIMINAIRE

Premier rendez-vous

Première partie

Bonnes manières

A. Qu'est-ce qu'on dit? If you were in Paris, what would you say in these situations?

1. In class, you drop your book on your neighbor's foot. _____

   _____

2. Your professor just said something; you're not sure what, but it sounded important. _____

   _____

3. You've forgotten your professor's name and want to write it down. _____

   _____

4. You pass a friend on the way to class. _____

   _____

5. You pass a male professor on the way to class. _____

   _____

6. You want to introduce yourself. _____

   _____

7. Your friends are leaving your apartment at the end of the evening. _____

   _____

8. A young woman has just thanked you for picking up her book. _____

   _____

B. Une rencontre (*An encounter*). On his way across campus, Jeremy runs into a visiting professor and exchanges greetings with her. Complete the dialogue.

JEREMY: Bonjour, _____.

_____?

MME LEVAL: Très bien, _____ Et vous? Ça va?

JEREMY: _____.

MME LEVAL: Au revoir, Jeremy. _____ bientôt.

JEREMY: _____, Madame.

Les nombres de 0 à 20

A. Combien? At the office, you have inventoried the supplies, using tally marks. Now it's time to write your report.

MODÈLE: ~~HHH~~ ~~HHH~~ /// → treize

1. ~~HHH~~ /// _____ stylos bleus

2. ~~HHH~~ ~~HHH~~ ~~HHH~~ //// _____ stylos oranges

3. ~~HHH~~ ~~HHH~~ / _____ stylos rouges

4. ~~HHH~~ ~~HHH~~ ~~HHH~~ / _____ petits cahiers

5. ~~HHH~~ // _____ grands cahiers

6. ~~HHH~~ ~~HHH~~ ~~HHH~~ _____ crayons rouges

7. ~~HHH~~ _____ crayons violets

8. ~~HHH~~ ~~HHH~~ //// _____ crayons roses

9. /// _____ dictionnaires français-anglais

10. ~~HHH~~ ~~HHH~~ /// _____ livres

✦B. **Que dites-vous?** (*What do you say?*) Write out the following numbers, one digit at a time.

MODÈLE: Your zip code → cinq zéro trois un deux (50312)

1. Your house number _____
    _____

2. Your phone number _____
    _____

3. Your best friend's phone number _____
    _____

4. Your social security number _____
    _____

Dans la salle de classe

Inventaire (*Inventory*). Qu'est-ce qu'il y a (*What is there*) dans la salle de classe?

MODÈLE: Il y a trois portes.

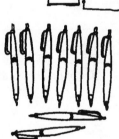

1. Il y a _____
    _____

2. Il y a _____
    _____

3. Il y a _____
    _____

4. Il y a _____
    _____

5. Il y a _____
    _____

6. Il y a _____
    _____

7. Il y a _____
_____

8. Il y a _____
_____

9. Il y a _____
_____

Deuxième partie

Les nombres de 20 à 60

A. Continuez chaque série.

1. trois, six, neuf, _____

2. quinze, dix-sept, dix-neuf, _____

3. trente et un, trente-quatre, trente-sept, _____

4. soixante-neuf, soixante-huit, soixante-sept, _____

5. vingt, trente, quarante, _____

6. onze, vingt-deux, trente-trois, _____

7. quarante-huit, trente-six, vingt-quatre, _____

✦**B. Habitudes.** On what day do you like to do the following things? (**Le** + *day of the week* means regularly on that day.)

MODÈLE:

le dimanche (*on Sundays*)

1. _____

2. _____

3. _____

4. _____   5. _____   6. _____

Quel jour sommes-nous?

A. Look at the calendar for the month of December and identify the dates given.

MODÈLE: 30/12 → Le trente décembre, c'est un mardi.

1. 21/12 _____

2. 11/12 _____

3. 8/12 _____

4. 24/12 _____

5. 2/12 _____

6. 6/12 _____

7. 19/12 _____

décembre						
L	M	M	J	V	S	D
1 piano	2	3	4 Juliette	5	6	7
8	9	10	11	12	13 Dr Noiret	14
15 début, italien	16	17 ♡	18	19	20	21
22	23 hockey	24	25	26	27	28 Bach
29	30 P. et I.	31				

B. **Le calendrier de M. Belœil.** Look once again at the calendar for December above and give the day and the date of M. Belœil's activities.

MODÈLE: le cours d'italien de M. Belœil commence → lundi, le quinze décembre

1. rendez-vous de M. Belœil chez le docteur _____

2. leçon de piano de M. Belœil _____

3. surprise-partie chez Juliette (*at Juliette's house*) _____

4. concert de Bach _____

5. visite de Paul et Irène _____

6. match de hockey _____

7. anniversaire de mariage de M. et Mme Belœil _____

L'alphabet français; les accents; prononciation

A. **The International Phonetic Alphabet.** What French word or phrase does each of the transcriptions below represent?

1. [byʀo] _____

2. [madmwazɛl] _____

3. [oʒuʀdɥi] _____

4. [ʒəkɔ̃pʀɑ̃] (*2 words*) _____

5. [məsjø] _____

6. [kelʒuʀsɔmnu] (*4 words*) _____

7. [kɔmɑ̃vuzaplevu] (*4 words*) _____

8. [etydjɑ̃] _____

9. [katɔʀz] _____

B. **Les mots apparentés** (*Cognates*). This is an ad for vacation real estate on an island off the western coast of France. It contains several words with the same or similar spelling in French and English. Circle all the words you think you recognize, then answer the following questions, in French or English. (Dom. = domicile; Bur. = bureau)

*Note that 5F = 1 euro.

1. How many exact cognates did you find? _____ How many close cognates?

    _____

2. What exactly is for sale in this ad? _____

3. Which of their features would especially appeal to you? _____

    _____

4. Now fill out the coupon portion of the advertisement, requesting more information.

Situations: **Les comédiens**

Each chapter of the *Rendez-vous* Workbook contains a section called **Situations.** The dialogues in this section feature functional, everyday language that provides useful models for interacting with native speakers of French. The printed dialogue is featured on the Video to accompany *Rendez-vous.* Your instructor may show the video in class or have you watch it in your language lab or media center. The video contains other scenes and authentic footage that will challenge your listening skills in French!

In this dialogue, you will be introduced to four college students: Caroline, Michel, Paul, and Bénédicte. Don't worry if you can't understand everything the characters say. Just listen for the general meaning to get the gist of their introductions. Please remember that the video segment is only partially printed in the Workbook.

CAROLINE: Bonjour, je m'appelle Virginie Abgraal. J'habite[a] à Paris. Je suis comediénne et je travaille[b] surtout[c] au théâtre, mais, dans cette vidéo, je m'appelle Caroline. Je suis étudiante en médecine et j'ai une chambre[d] en cité-U. J'aime beaucoup discuter avec mes amis. Je suis sociable, dynamique, mais pas très organisée.

MICHEL: Bonjour, je m'appelle Antoine Bourdillon. Je suis né[e] à Madagascar, j'ai grandi[f] à la Martinique et je suis venu[g] à Paris pour étudier le théâtre. Actuellement, j'écris[h] des sketchs pour la télévision, mais, dans cette vidéo, je m'appelle Michel. J'habite chez mes parents.[i] J'étudie la littérature. J'aime beaucoup aller[j] au restaurant avec mes amis, et je m'intéresse énormément à l'écologie.

Compréhension

Complete the following sentences with an appropriate phrase.

1. Caroline: «Je _____ Caroline.»

2. Michel: «J'habite chez mes _____.»

3. Bénédicte: «J'étudie les _____

    politiques.»

4. Paul: «Je suis _____.»

intelligent
m'appelle
parents
sciences

[a]*live* [b]*work* [c]*especially* [d]*room* [e]suis… *was born* [f]ai… *grew up* [g]suis… *came* [h]*write* [i]chez… *with my parents* [j]*to go*

Le monde francophone

Géotest. Test your memory. How many Francophone nations can you name? Without consulting a map, try to complete the items below, in English or French. Then check the maps at the beginning of *Rendez-vous* to fill in the information you can't remember.

1. Nommez...

   a. trois nations arabes au bord de (*on the shore of*) la mer (*sea*) Méditerranée _____

   _____

   b. deux îles (*islands*) francophones _____

   _____

   c. deux provinces francophones au (*in*) Canada _____

   _____

   d. un pays (*nation*) francophone en (*in*) Amérique du Sud _____

   _____

   e. un état (*state*) francophone aux États-Unis (*USA*) _____

   _____

   f. trois pays francophones en Europe _____

   _____

   g. un pays francophone en Asie _____

   _____

 ✦2. Which one of the places listed above would you most like to visit? Why? _____

   _____

   _____

Journal intime

One of the repeating features of the Workbook chapters is **Journal intime** (*Diary* or *Journal*). Its purpose is to encourage you to write freely in French (as much as you can) about your own opinions and experiences, using the vocabulary and structures you are currently studying, without worrying about making errors. Your instructor will probably read your diary or journal entries and react to them, but he or she will generally not correct them or give them a grade. It is a good idea to buy a separate notebook or bluebook to use as your **Journal intime.** By the end of the year, you will find that you are writing in French more and with greater ease, and your notebook will be a wonderful record of the progress you have made.

✦Include at least the following information in today's journal entry.

- Give the day of the week.
- Greet your diary as you would a new friend, and introduce yourself.
- Describe the room where your French class meets, listing the number of people in it and the things that the room contains.

    MODÈLE: Dans ma classe de français, il y a...

CHAPITRE UN

La vie universitaire

Étude de vocabulaire

A. Les lieux (*Places*). Where do you normally find the following things?

> MODÈLE: Un examen? → Dans l'amphithéâtre.

1. Une table de ping-pong? _____

2. Un tableau noir? _____

3. Un bon repas (*good meal*)? _____

4. Le silence, la réflexion et les encyclopédies? _____

_____

5. Une radio et une télévision? _____

B. Les matières. If you're carrying these titles in your bookbag, what subject are you probably studying?

> MODÈLE: *La Minéralogie, La Paléontologie* → la géologie

1. *L'Algèbre, La Géométrie, Le Calcul infinitésimal* _____

_____

2. *L'Évolution, L'Embryologie, La Génétique* _____

_____

3. *Jules César, Les Voyages de Gengis Khan, L'Empire romain, La Renaissance* _____

_____

4. *Puntos de partida, Deutsch heute, Rendez-vous* _____

_____

5. *Sens et sensibilité* par Jane Austen, *L'Idiot* par Fiodor Dostoïevski _____

C. **Programme d'études.** What subjects are these people probably studying?

     MODÈLE: Matthieu est étudiant à la Faculté de Médecine. →
                     la biologie, la chimie et les maths.

   1.   Marc est étudiant à la Faculté des Sciences. _____

         _____

   2.   Jacqueline est étudiante à la Faculté des Lettres. _____

         _____

   3.   Chantal est étudiante à la Faculté des Sciences humaines. _____

         _____

   4.   Jean-Paul étudie les langues étrangères pour être (*in order to be*) professeur. _____

         _____

   5.   Et vous? _____

         _____

D. **L'intrus** (*The intruder*). Write the nationality that does not belong in each series of words.

   1.   italien, français, anglais, mexicain _____

   2.   marocain, tunisien, japonais, algérien _____

   3.   sénégalais, ivoirien, russe, tunisien _____

   4.   allemand, belge, français, québécois _____

   5.   congolais, chinois, japonais, russe _____

   6.   mexicain, suisse, canadien, américain _____

E. **Langues importantes.** Next to each language, write down as many countries as you can where it is widely spoken.

     MODÈLE: allemand → l'Allemagne, la Suisse

   1.   espagnol _____

   2.   français _____

   3.   anglais _____

   4.   italien _____

   5.   chinois _____

F. Les distractions. You are applying for an opening in the French house on campus. As a means of introducing yourself to the other residents, indicate what you like and dislike for each of the following topics.

MUSIQUE: J'aime _____

et je n'aime pas beaucoup _____

SPORTS: J'adore _____

et je n'aime pas _____

CINÉMA: J'aime beaucoup _____

et je n'aime pas _____

LOISIRS (*Leisure activities*): J'aime _____

et je n'aime pas beaucoup _____

STUDY HINT: LEARNING NEW VOCABULARY

Vocabulary is one of the most important tools for successful communication in a foreign language. What does it mean to "know vocabulary"? And what is the best way to learn vocabulary?

1. Memorization is only a part of the learning process. Using new vocabulary to communicate requires practicing that vocabulary in context. What do you associate with this word? When might you want to use it? Create a context—a place, a situation, a person, or a group of people—for the vocabulary that you want to learn or use a context from the text. The more associations you make with the word, the easier it will be to remember. Practice useful words and phrases over and over—thinking about their meaning—until you can produce them automatically. You may find it useful to "talk to yourself," actually saying aloud the words you want to learn.
2. Carefully study the words in vocabulary lists and drawings. If a word is a cognate or shares a root with an English word, be especially aware of differences in spelling and pronunciation. For example, note that **classe** is spelled with an **e** and that **mathématiques** ends in **-ques.** Keep in mind that an "almost but not quite perfect" spelling may lead to a miscommunication: **le livre** (*the book*) versus **la livre** (*the pound*); **le fil** (*wire*) versus **le fils** (*son*). You also need to remember which words require **le** and which require **la** to express *the,* as well as which words require a written accent—**l'étudiant, la préférence,** for example—and where the accent occurs.
3. After studying the list or drawing, cover the English and give the English equivalent of each French word.
4. When you are able to give the English without hesitation and without error, reverse the procedure; cover the French and give the French equivalent of each English word. Write out the French words (using **le** or **la** where appropriate) once or several times and say them aloud.
5. Vocabulary lists and flash cards can be useful as a review or as a self-test.

Étude de grammaire

1. Articles and Nouns

IDENTIFYING PEOPLE AND THINGS

	m.	f.	before vowel
the	le	la	l'
a	un	une	un/une

◆**A.** **Les goûts** (*Tastes*). How do you feel about the following things? Begin your sentence with one of these three phrases.

J'aime beaucoup   J'aime bien   Je n'aime pas

MODÈLE: travail → J'aime bien le travail.

1. ski _____

2. télévision _____

3. base-ball _____

4. lundi _____

5. français _____

6. histoire _____

7. cinéma _____

8. café _____

B. *Un* or *une*?

MODÈLE: une photographie

1. _____ département
2. _____ cahier
3. _____ beauté
4. _____ document
5. _____ porte
6. _____ Anglaise
7. _____ amie

8. _____ chaise
9. _____ knock-out
10. _____ université
11. _____ femme
12. _____ tableau noir
13. _____ organisation
14. _____ Chinois

15. _____ distraction   20. _____ professeur

16. _____ sculpture   21. _____ garage

17. _____ table   22. _____ pâtisserie

18. _____ difficulté   23. _____ sentiment

19. _____ Italien   24. _____ définition

C. What is the French equivalent?

> MODÈLES: the man → l'homme
> a book → un livre
> biology → la biologie

1. the woman _____   8. the classroom _____

2. skiing _____   9. a nationality _____

3. a movie theater _____ 10. television _____

4. a blackboard _____   11. the desk _____

5. a notebook _____   12. radio _____

6. the university _____ 13. a radio _____

7. a restaurant _____   14. life _____

D. **Visite d'un campus.** Use a definite or an indefinite article depending on the meaning.

Marie-Louise, _____[1] étudiante française, visite _____[2] université américaine à Washington, D.C., avec Gary Johnson.

> GARY: Voilà _____[3] restau-u, _____[4] bibliothèque et _____[5] Faculté des Sciences.
>
> MARIE-LOUISE: Il y a _____[6] professeur de français dans _____[7] Faculté des Lettres?
>
> GARY: Il y a _____[8] professeur de russe, _____[9] professeur de chinois et 20 professeurs de français!
>
> MARIE-LOUISE: Ah, _____[10] français est _____[11] cours populaire!
>
> GARY: C'est _____[12] opinion de beaucoup de personnes.

E. François and Charles are at the cafeteria, talking about their courses. Complete their conversation by adding the appropriate articles.

> FRANÇOIS: _____[1] biologie est intéressante, n'est-ce pas (*don't you think*)?
>
> CHARLES: Mmmm. J'aime mieux _____[2] télévision. Mais il y a au moins (*at least*) _____[3] femme intéressante dans _____[4] classe de biologie.
>
> FRANÇOIS: C'est _____[5] amie?
>
> CHARLES: Pas du tout (*Not at all*)! C'est _____[6] professeur.

2. Plural Articles and Nouns

EXPRESSING QUANTITY

SINGULAR		PLURAL
le/la/l′	→	les
un/une	→	des
...	→	... s
... s	→	... s
... x	→	... x
... z	→	... z
... eau	→	... eaux
... ieu	→	... ieux
... al	→	... aux
... ail	→	... aux

A. Write the singular form.

1. des amis _____

2. les choix _____

3. des hôpitaux _____

4. des bureaux _____

5. les cours de français _____

6. les lieux _____

7. les femmes _____

8. des questions _____

9. les examens _____

10. des Américains _____

B. Write the plural form.

1. un stylo _____

2. l'amphithéâtre _____

3. la table _____

4. l'homme _____

5. un Anglais _____

6. la salle de classe _____

7. une souris _____

8. l'hôpital _____

9. une craie _____

10. une Italienne _____

11. la chaise _____

12. un crayon _____

C. Scènes de la vie universitaire. Use a definite or indefinite article.

Il y a _____¹ Française, _____² Espagnols et

_____³ Américains dans _____⁴ amphithéâtre.

_____⁵ Française aime parler.

Dans _____⁶ salle de classe il y a _____⁷

étudiants et _____⁸ professeur. _____⁹

professeur explique _____¹⁰ géométrie.

Il y a _____¹¹ film français dans _____¹²

salle de cinéma. _____¹³ spectateurs regardent

(*are watching*) _____¹⁴ film d'aventures.

Dans _____¹⁵ livre il y a _____¹⁶ photos

et _____¹⁷ autobiographie. _____¹⁸

autobiographie est en italien.

3. Verbs Ending in -*er*

EXPRESSING ACTIONS

	aimer		
j'	aime	nous	aimons
tu	aimes	vous	aimez
il, elle, on	aime	ils, elles	aiment

A. Samedi soir à la résidence universitaire. Describe what the following people are doing, using the verbs listed below.

Ann _____ [1] français avec Karl. Les deux

amis _____ [2] un film à la télévision. Caroline

et Stéphanie _____ [3] Susie, qui (*who*)

_____ [4] son Walkman dans un coin. Roger

_____ [5] sur le sofa. Je _____ [6]

à un ami. Une femme _____ [7] à la réception (*desk*).

travailler
parler
écouter
rêver
téléphoner
regarder
chercher

B. Utilisez la forme correcte des verbes suggérés.

Les touristes en France _____ ¹ les monuments,

_____ ² les guides, _____ ³

quelquefois français, _____ ⁴ dans les Alpes, et

_____ ⁵ dans les cabarets de Paris.

danser
visiter
skier
écouter
parler

Le week-end à l'université nous _____ ⁶

rarement. Nous _____ ⁷ donner des soirées.

Nous _____ ⁸ des disques, nous

_____ ⁹ quelquefois. Nous

_____ ¹⁰ de nouveaux (*new*) amis.

trouver
écouter
travailler
aimer mieux
danser

En cours j'_____ ¹¹ souvent la discussion,

mais quelquefois je _____ ¹² ou je

_____ ¹³ par (*out*) la fenêtre. Voilà pourquoi

je _____ ¹⁴ les cours en amphithéâtre.

J'_____ ¹⁵ les petites salles de classe intimes.

aimer mieux
rêver
détester
écouter
regarder

C. Write correct and complete sentences with the following elements.

1. Jean / étudier / maths / et / chimie / à / université

   _____

2. il / habiter / à / Montréal

   _____

3. ses (*his*) amis / aimer / rock / mais / Jean / aimer mieux / musique classique

   _____

4. Nathalie et moi / regarder / télévision

   _____

5. vous / parler / anglais / et / français

   _____

6. tu / étudier / souvent / à / bibliothèque

   _____

7. nous / aimer / danser / samedi soir

   _____

4. Negation Using *ne... pas*

EXPRESSING DISAGREEMENT

A. Je rêve. Je ne rêve pas. Rewrite in the negative.

1. Les éléphants parlent français. _____

   _____

2. On danse à la bibliothèque. _____

   _____

3. On étudie à la librairie. _____

   _____

4. Tu détestes les soirées. _____

   _____

5. Les étudiants adorent les examens. _____

   _____

6. Nous écoutons la radio en classe. _____

   _____

7. Vous aimez travailler. _____

   _____

8. J'habite un appartement. _____

   _____

B. Interrogation. Answer the questions in the negative.

MODÈLE: Vous étudiez l'espagnol? → Non, nous n'étudions pas l'espagnol.

1. Les étudiants aiment les examens?

   _____

2. Julia Roberts et Susan Sarandon sont professeurs?

   _____

3. Kate Hudson est dans le cours de français?

   _____

4. Tu danses souvent (*often*) en cours de français?

   _____

5. Vous regardez la télé à la bibliothèque?

_____

6. Je skie bien?

_____

7. Nous travaillons à Paris?

_____

8. Jacques Chirac habite en Italie?

_____

Étude de prononciation

Find the words with endings that rhyme.

1. _____ répéter
2. _____ pot
3. _____ mou (*limp*)
4. _____ dîne
5. _____ peu

a. fine
b. beauté
c. peau
d. deux
e. beaucoup

Mise au point

A. **Associations.** Complete the sentences with the general word from the chapter vocabulary that includes all of the items listed. Be sure to use the plural form.

Mots possibles: femmes, hommes, amis, villes, sports, matières, lieux

MODÈLE: La littérature, l'histoire, la biologie, la chimie sont des matières.

1. Paris, Tunis, Montréal, New York sont des _____

2. La jungle, la ville, la maison, la librairie sont des _____

3. Tony Blair, Tiger Woods, Mel Gibson, Leonardo DiCaprio sont des _____

4. Hillary Rodham Clinton, Glenn Close, Juliette Binoche, Helen Hunt sont des _____

5. Le tennis, le golf, le volley-ball, le basket-ball sont des _____

6. Dennis the Menace et Joey, Matt Damon et Ben Affleck sont des _____

B. Un cours intéressant? Use the information in the drawing to fill in the blanks.

1. Il y a _____ étudiants dans la _____
    de classe.

2. C'est _____ cours d'_____.

3. Il y a un _____ qui (*who*) déteste _____
    et les examens.

4. Une étudiante _____ un stylo dans son sac.

5. Il y a deux étudiants qui _____ de voyager.

6. _____ jeune femme à la porte est _____
    étudiante.

7. Le professeur _____ un cahier à cette (*this*) personne.

8. Les étudiants _____ le professeur.

C. Et vous? Answer according to your own opinions and elaborate as much as you can. If a question
seems too personal, evade it as you would in a social situation.

1. Vous habitez un appartement, une maison (*a house*) ou la cité universitaire? _____
    _____

2. Vous préférez la musique classique ou la musique moderne? _____
    _____

3. Vous aimez mieux le café ou le Coca-Cola? _____
    _____

4. Est-ce que vous aimez mieux regarder une cassette vidéo ou aller (*going*) au cinéma? _____
    _____

5. En général, est-ce que vous aimez étudier? _____

_____

6. Vous étudiez le français avec ou sans (*without*) dictionnaire? _____

_____

Situations: À l'université

In this dialogue, three friends meet after class. Read their conversation carefully. How do they greet each other? What plans do they make for the afternoon? Please remember that the video segment is only partially printed in the Workbook.

PAUL: Bonjour, Bénédicte.

BÉNÉDICTE: Bonjour, Paul. Comment ça va aujourd'hui?

PAUL: Très bien, et toi?

BÉNÉDICTE: Ça ne va pas mal, mais j'ai beaucoup de travail avec les examens. Tu connais[a] Caroline?

PAUL: Non, pas vraiment.[b]

BÉNÉDICTE: Caroline... Paul.

PAUL: Bonjour. Ça va?

CAROLINE: Bonjour, oui, ça va très bien. Il fait beau[c] aujourd'hui.

PAUL: Justement,[d] il fait très beau! Je vais avec des amis au café après le déjeuner.[e] Vous voulez venir?[f]

BÉNÉDICTE: Ah non merci, ce n'est pas possible. On va travailler à la bibliothèque. C'est dommage![g]

CAROLINE: Tu sais,[h] Bénédicte, moi j'ai suffisamment de notes de cours. Donc[i] j'accepte volontiers.

PAUL: Génial!

Compréhension

Choose the appropriate phrase to complete each sentence.

1. Le professeur de Bénédicte est _____.

   a. ignorant   b. intéressant   c. prétentieux

2. Caroline a besoin d'(*needs*) _____.

   a. un livre   b. un stylo   c. un ticket pour le restau-u

3. Paul porte (*is wearing*) _____.

   a. un jean   b. des shorts   c. un pantalon beige

4. Caroline et Paul vont (*are going*) _____.

   a. au café   b. à la bibliothèque   c. au cinéma

[a]*know* [b]*really* [c]*Il... It's a beautiful day* [d]*Exactly* [e]*lunch* [f]*Vous... Do you want to come?* [g]*C'est... That's too bad!*
[h]*know* [i]*So*

Le monde francophone

A. En savoir plus. Indicate whether the following statements are true or false (**vrai ou faux**), based on the cultural note in your textbook (page 20).

1. _____ En général, les étudiants français habitent sur le campus des universités en France.

2. _____ La cité universitaire est un logement pour étudiants.

3. _____ Les universités en France sont en général très chères (*expensive*).

4. _____ Le café joue un rôle important dans la vie des étudiants.

5. _____ La Sorbonne est une partie de l'université de Paris.

B. Réalités francophones. Complete the statements based on the cultural note in your textbook (page 22).

1. L'Alliance française est une association à but (*with a purpose*) _____.

   a. lucratif

   b. non lucratif

2. Il y a _____ établissements de l'Alliance française dans le monde.

   a. plus de 1000

   b. environ (*about*) 500

3. L'Alliance française a pour but (*has as its mission*) _____.

   a. le marketing des produits français

   b. la promotion de la langue et de la culture françaises

C. La vieille dame (*The old lady*). Answer the questions based on the following sections of a brochure about the **Alliance française.**

1. According to the brochure, how many people in the world speak French? _____

2. Name five services and activities offered by the **Alliance française** in Paris, and describe each one briefly in English.

   _____

   _____

   _____

   _____

   _____

◆ 3. Which of these activities interest you the most? Why?

   _____

   _____

   _____

   _____

POURQUOI SOMMES-NOUS DIFFÉRENTS?

Nous n'enseignons que le français,

langue parlée par plus de 150 millions de personnes dans le monde, langue porteuse de valeurs historiques fortes, de littérature, d'un art de vivre, langue de conciliation, symbole de la démocratie.

ACTIVITÉS ET SERVICES OFFERTS PAR L'ALLIANCE FRANÇAISE

Nous offrons des activités gratuites,

❏ *La médiathèque* où les étudiants peuvent travailler en autonomie complète avec des documents audio et vidéo.

❏ *La bibliothèque* de prêt, salle de lecture.

❏ *Des conférences* sur la littérature, le théâtre, l'histoire de l'art.

❏ *Le ciné-club*, afin de voir ou revoir, en version originale, les meilleurs films français.

Nous offrons de nombreux services,

❏ *Un service d'hébergement*, en tant qu'hôte payant en demi-pension dans une famille française, en résidence ou à l'hôtel.

❏ *Un Cercle d'accueil* qui organise des rencontres avec des Français, à l'occasion de spectacles, repas et sorties.

❏ *Un service de petites annonces* permettant de trouver de petits travaux ou un logement.

❏ *Un service voyages*, qui propose régulièrement des excursions culturelles et touristiques.

❏ *Un restaurant libre-service*, ouvert midi et soir.

Journal intime

✦Write about yourself. Be sure to use complete sentences. Include the following information.

- Your name
- What pastimes you like and don't like, in general
- What subjects you are studying and your opinion of each: **J'aime...** (**Je n'aime pas...**)

Limit yourself to the vocabulary you have learned so far. Do not use a dictionary.

Contrôle

A. **Articles.** Fill in the blanks with the correct articles.

Dans _____[1] salle de classe pour le cours de français, nous utilisons _____[2]

livre de français avec _____[3] professeur. J'étudie aussi _____[4] littérature et

_____[5] mathématiques. Je travaille à _____[6] librairie Thunderbird.

B. **Vocabulaire.** Complete the following sentences in a logical manner.

Bonjour! Je m'appelle Maurice. Je suis _____[1] à l'université. J'étudie

_____[2] à la Faculté des Sciences. J'habite à la cité-u, mais je travaille à la _____.[3]

J'aime manger au _____.[4] J'écoute toujours le professeur.

C. **Négations.** Answer the following questions in the negative.

1. Est-ce que Maurice étudie la littérature?

   _____

2. Est-ce qu'il habite dans un appartement?

   _____

3. Est-ce qu'il rêve pendant (*during*) les cours?

   _____

CHAPITRE DEUX

Descriptions

Étude de vocabulaire

A. Des clichés? Match the adjectives and nouns to create frequently heard combinations.

Suggested adjectives: drôle, dynamique, enthousiaste, excentrique, idéaliste, paresseux, raisonnable, sérieux, timide

MODÈLE: un juge (*judge*) → un juge raisonnable

1. un millionnaire _____

2. un professeur _____

3. un comique _____

4. une petite fille _____

5. une écologiste _____

6. un orateur _____

7. un garçon (*boy*) _____

8. un jeune homme _____

B. Les contraires. These twins are all very different. Describe the second twin in each pair as the opposite of the first one.

MODÈLE: Jacques est sérieux. Jérôme est drôle.

1. Céline est conformiste. Caroline est _____.

2. Pierre est antipathique. Paul est _____.

3. Jean-Michel est pessimiste. Marie-France est _____.

4. Thomas est hypocrite. Thierry est _____.

5. Sylvie est idéaliste. Christine est _____.

6. Albert est dynamique. Angéline est _____.

C. Parlons de mode (*fashion*)**.** What are people wearing?

MODÈLE: À la plage (*At the beach*), on porte un maillot de bain, des sandales et un chapeau.

1. Une femme d'affaires (*businesswoman*) porte _____

2. Un homme qui cherche du travail porte _____

3. Les adolescents portent aujourd'hui _____

4. Pour skier, on porte _____

5. Pour jouer au tennis, on porte _____

D. **En cours.** Use the groups of words below to create statements about this drawing. Then label the four people.

livre / sur / bureau
tableau / dans / salle de classe
question / sous / réponse (*answer*)
professeur / derrière / table
Marc / côté / table
Thierry / côté / porte
Paul / devant / tableau

MODÈLE: Marc est à côté de la table.

1. _____

2. _____

3. _____

4. _____

5. _____

6. _____

Étude de grammaire

5. The Verb *être*

IDENTIFYING PEOPLE AND THINGS

A. **Dites la vérité** (*Tell the truth*). Use the appropriate form of **être** in the affirmative or negative.

MODÈLE: Nous ne sommes pas russes.

Dans ma famille. Je _____[1] idéaliste. Maman _____[2]

très sociable. Je _____[3] fier/fière d'elle. Papa _____[4]

sportif. Mes parents _____[5] très sympathiques. Les amis de la famille

trouvent que nous _____[6] drôles. Et vous, vous _____[7]

drôle aussi?

En politique. Tu _____⁸ démocrate ou républicain? Les Démocrates

_____⁹ idéalistes. Les Républicains _____¹⁰ réalistes.

Je _____¹¹ pessimiste. À mon avis (*opinion*), la condition de la politique

américaine _____¹² sérieuse.

STUDY HINT: LEARNING NEW GRAMMAR

Learning a language is similar to learning any other skill; knowing *about* it is only part of what is involved. Consider how you would acquire another skill—swimming, for example. If you read all the available books on swimming, you would probably become an expert in talking *about* swimming and you would know what you *should* do in a pool. Until you actually get into a pool and practice swimming, however, you would probably not swim very well. In much the same way, if you memorize all the grammar rules but spend little time *practicing* them, you will not be able to communicate very well in French.

As you study each grammar point in *Rendez-vous*, you will learn how the structure works; then you need to put your knowledge into practice. First, read the grammar discussion, study and analyze the examples, and pay special attention to the minidialogues that illustrate how the grammar is used in everyday communication. Then begin to practice. When you are certain that your answers are correct, practice doing each exercise several times until the answers sound and feel right to you. As you do each item, think about what you are conveying and the context in which you could use each sentence, as well as about spelling and pronunciation.

Always remember that language learning is cumulative. This means that you are not finished with a grammar point when you go on to the next chapter. Even though you are now studying the material in Chapter 2, you must still remember how to conjugate **-er** verbs and how to make sentences negative, because Chapter 2 builds on what you have learned in Chapter 1. All subsequent chapters will build on the material leading up to them. A few minutes spent each day reviewing "old" topics will increase your confidence—and success—in communicating in French.

B. Conversation. A French student, Marc, walks with his friend Antoine on campus, where they meet various people. Complete the sentences with **c'est, ce sont, il est, elle est, ils sont,** or **elles sont.**

MARC: Voici mon (*my*) amie Sylvie. _____¹ québécoise.

_____² aussi très sympa. _____³

une étudiante sérieuse mais _____⁴ sociable.

ANTOINE: Et là (*over there*), est-ce que _____⁵ des étudiants?

MARC: Non! _____⁶ des professeurs!

_____⁷ très sérieux. Regarde!

ANTOINE: Voilà un étudiant. Est-ce que _____⁸ un ami?

MARC: Oui, _____⁹ l'ami de Sylvie. _____¹⁰

très drôle.

C. **Une publicité.** Read this description and fill out the chart that follows. (Prix = *Price*; Marque = *Brand*).

Lui: blouson en coton, Et Vous, 550 F, sur un tee-shirt en coton, Hanes, 69 F, et un large pantalon en gros coton, Kenzo Jean, 470 F. Ceinture Hermès, montre chrono Hamilton, tennis 3 Suisses.*

*5F = 1 euro.

	VÊTEMENT	PRIX	MARQUE
1.		550 F	
2.			Hanes
3.	pantalon		
4.		—	
5.	montre[a] chrono	—	
6.		—	

[a]*watch*

Use the proper form of **être**. Use a negative form if necessary.

Ici presque tout (*almost everything*) _____[7] blanc (*white*). Les tennis

_____[8] blancs, et le pantalon et le tee-shirt _____[9]

blancs. Mais la ceinture _____[10] blanche. Entourez d'un cercle la ceinture sur

la photo.

6. Descriptive Adjectives

DESCRIBING PEOPLE AND THINGS

GENERAL RULE		
	m.	f.
sing.	noir	noire
pl.	noirs	noires

A. Complete the following descriptions with adjectives of nationality (See Chapter 1).

1. Paris est une ville _____

2. Une Ford est une voiture _____

3. Shakespeare et Charles Dickens sont des écrivains (writers) _____

4. Madrid et Barcelone sont deux villes _____

5. Gérard Depardieu est un acteur _____

6. Moscou est une ville _____

B. Complete the following sentences with the correct form of the adjective.

1. Emmanuelle Béart est _____. (français)

2. Les parents sont _____ de leurs (their) enfants. (fier)

3. Marie et Sophie sont _____. (travailleur)

4. Les chaussures de Marc sont _____. (blanc)

5. Les chaussettes de Sylvie sont _____. (violet)

6. La chemise de Maurice est _____. (bleu)

7. Nadia est _____. (intellectuel)

8. Nathalie n'est pas _____. (paresseux)

9. La porte est _____. (marron)

10. Robert et Sonia sont très _____. (sociable)

C. Similarités. Read the sentences carefully and fill in the blanks with the correct form of the adjective to show what each pair has in common.

MODÈLE: Michel est <u>français</u>. Michelle est française. Ils sont <u>français</u>.

1. Marc est _____. Maria est sérieuse. Ils sont _____.

2. Roberta est _____. Robert est naïf. Ils sont _____.

3. Cette chemise est chère. Ce pantalon est _____. Ils sont tous les deux

   (*both*) _____.

4. André est _____. Andréa est _____. Ils sont beaux.

5. Monique est italienne. Sylvie est _____. Elles sont

   _____.

6. Le cahier est _____. La table est orange. Ils sont tous les deux

   _____.

7. Nicole est sociable. Nicolas est _____. Ils sont _____.

8. Jean est anglais. Jeanne est _____. Ils sont _____.

D. A reporter has made a mistake. The following story should be about Simone, a young woman, not Simon. Finish the editor's rewrite, making the necessary corrections. Then answer the questions.

Simon n'hésite pas (*isn't hesitating*). C'est un étudiant courageux et ambitieux. Grâce à une bourse (*Thanks to a scholarship*) généreuse, il quitte la France mardi pour étudier à New York. Bordeaux est agréable, mais Simon est travailleur et aventureux. C'est un jeune homme sérieux qui cherche une expérience profitable.

Simone n'hésite pas. C'est une _____

_____

_____

_____

_____

_____

1. Simone habite où? _____

2. Simone a une bourse. Est-ce qu'elle est paresseuse ou ambitieuse? _____

_____

E. **Les couleurs.** Complete each phrase with the logical color. Remember to use the correct form of the adjective.

MODÈLE: un dinosaure *violet*

1.   des carottes (*f.*) _____

2.   une craie _____

3.   une robe _____

4.   des chaussettes _____

5.   une plante _____

6.   un crayon _____

7.   des fraises (*f.*) _____

7. Yes/No Questions

GETTING INFORMATION

Vous êtes parisien?
Est-ce que vous êtes parisien?
Vous êtes parisien, **n'est-ce pas?**
Êtes-vous parisien?

A. Interrogation. You are talking to the new student in your biology course, Jean-Pierre Martin. Ask questions using **est-ce que...**

> MODÈLE: étudier la chimie → Est-ce que tu étudies la chimie?

1. être français _____

_____

2. parler anglais _____

_____

3. aimer les États-Unis _____

_____

Now ask more questions, using inversion.

> MODÈLE: parler italien → Parles-tu italien?

4. aimer le jazz _____

_____

5. être sociable _____

_____

6. étudier aussi les maths _____

_____

Nom_____ Date_____ Cours_____

B. Suzanne wants to know everything about the new couple next door. Write out the questions that make up her half of the conversation.

MODÈLE: SUZANNE: S'appellent-ils Chevalier?
ROLAND: Oui, ils s'appellent Paul et Marianne Chevalier.

1. SUZANNE: _____

ROLAND: Oui, elle est française.

2. SUZANNE: _____

ROLAND: Oui, c'est une amie de Mlle Duval.

3. SUZANNE: _____

ROLAND: Non, elle ne travaille pas à l'université. Elle travaille dans le gouvernement.

4. SUZANNE: _____

ROLAND: Oui, elle aime beaucoup le football.

5. SUZANNE: _____

ROLAND: Non, il n'est pas français, il est canadien.

6. SUZANNE: _____

ROLAND: Oui, il parle très bien français.

✦ Write in French two things you have learned about Marianne. _____
_____

C. **Où sont-ils?** You are looking for the following people. Ask their friends if they can be found in the usual places. Combine the elements in the two columns below to create questions, as in the model.

MODÈLE: Georges / à la bibliothèque → Georges, est-ce qu'il est à la bibliothèque?

1. Philippe et Odile / à la librairie

_____

2. Henri / à la bibliothèque

_____

3. M. Martin / avec Mlle Dupont

_____

4. Sophie / à la discothèque

_____

5. Claire et Simone / à l'université

_____

8. The Prepositions *à* and *de*

MENTIONING A SPECIFIC PLACE OR PERSON

au	du
à la	de la
à l'	de l'
aux	des

A. Départ. Mme Aubré's family is moving. She's listing all the things they've borrowed from friends, and her daughter is saying to whom they should be returned.

> MODÈLE: MME AUBRÉ: Le livre *des* Ratier?
> MLLE AUBRÉ: *Aux* Ratier, naturellement!

1. MME AUBRÉ: La radio _____ Mme Laporte?

   MLLE AUBRÉ: _____ Mme Laporte, naturellement!

2. MME AUBRÉ: Le dictionnaire _____ professeur de Robert?

   MLLE AUBRÉ: _____ professeur, naturellement!

3. MME AUBRÉ: Le livre _____ femme de M. Jacobin?

   MLLE AUBRÉ: _____ femme de M. Jacobin, naturellement!

4. MME AUBRÉ: La flûte _____ ami des Ratier?

   MLLE AUBRÉ: _____ ami des Ratier, naturellement!

5. MME AUBRÉ: Les disques _____ amis de Solange?

   MLLE AUBRÉ: _____ amis de Solange, naturellement!

B. À ou *de*? Caption each pair of drawings, using **à** in one sentence and **de** in the other. (Remember the combined forms **au** and **du**.)

> MODÈLE: Pierre / arriver / court de tennis →

Pierre arrive au court de tennis. Pierre arrive du court de tennis.

1. les jeunes filles / arriver / bibliothèque

_____   _____

_____   _____

2. le jeune homme / être / New York

_____   _____

_____   _____

3. la femme / parler / monsieur

_____   _____

_____   _____

4. Jean / téléphoner / cinéma

_____   _____

_____   _____

5. Claire / jouer / (basket-ball) (piano)

_____   _____

_____   _____

C. **Les stars.** What does each person play? Create sentences and watch out for the prepositions.

MODÈLES: Jon Bon Jovi guitare → Jon Bon Jovi joue de la guitare.

Tiger Woods golf → Tiger Woods joue au golf.

Elton John	le piano
Charles Goren	le bridge
Jean-Pierre Rampal	la flûte
Serena Williams	le tennis
Midori	le violon
Wynton Marsalis	la trompette
Brett Favre	le football américain
Mike Piazza	le base-ball

1. _____
2. _____
3. _____
4. _____
5. _____
6. _____
7. _____
8. _____

Étude de prononciation

Circle the words that contain nasal vowels.

immortel	flanc	peine	parisienne	faim
quinze	flamme	sincère	danser	prenne
imposer	innover	longue	hein	âme

Mise au point

✦**A. Vos préférences.** For each piece of clothing, write a sentence giving your preference in color. Be careful to make adjectives and nouns agree.

MODÈLE: un chapeau → J'aime les chapeaux noirs.

1. un pantalon _____

_____

2. une chemise _____

_____

3. un short _____

_____

4. des chaussettes _____

_____

5. un manteau _____

_____

6. des chaussures _____

_____

7. des tennis _____

_____

B. Combine the following elements to create complete sentences.

1. est-ce que / professeur / français / être / sympathique / ?

_____

2. étudiants / être / travailleur / et / sérieux

_____

3. Marie / ne... pas être / sportif / mais / elle / être / dynamique

_____

4. Maurice et Thomas / étudier / bibliothèque

_____

5. Sophie / jouer / piano / et / Henriette / jouer / tennis

_____

6. est-ce que / vous / aimer / porter / chaussettes / vert / ?

_____

7. Bernard / arriver / New York / aujourd'hui / ?

_____

8. je (*f.*) / ne... pas être / américain

_____

9. nous (*m.*) / être / souvent / café

_____

10. tu / téléphoner / professeur / ?

_____

Situations: **De nouveaux vêtements**

In this dialogue, Caroline and Bénédicte are shopping for something to wear to a party tomorrow night. Are they having and luck?

CAROLINE: Voilà! Que penses-tuᵃ de cette robe noire? Moi je l'aime bien.
BÉNÉDICTE: Elle est jolie.
CAROLINE: Elle est assez sexy.
BÉNÉDICTE: Et bien sûr, c'est la plusᵇ chère. C'est la ruine!
CAROLINE: Regarde, ce noir est génial sur toi.
BÉNÉDICTE: Tu es sûre?
CAROLINE: Oui, sincèrement, cette robe est superbe. Comme tu es belle!
BÉNÉDICTE: Tu es gentille!
CAROLINE: Vas-y. Tu dois l'essayer!ᶜ
BÉNÉDICTE: Et toi, qu'est-ce que tu vas porter?
CAROLINE: Ne t'inquiète pasᵈ pour moi. Je vais trouverᵉ facilement! Plus facilement que toi, je t'assure!

Compréhension

Are the following sentences true (**vrai; V**) or false (**faux; F**)? Correct the statements that are false.

V F 1. Bénédicte cherche (*is looking for*) de nouveaux vêtements pour aller (*go*) chez Paul dimanche soir.

_____

V F 2. D'habitude (*Usually*), Caroline porte un 38.

_____

V F 3. Bénédicte porte du noir, beaucoup de bleu, du blanc, et du rouge.

_____

V F 4. Caroline va essayer (*is going to try on*) la robe (*dress*) noire.

_____

ᵃQue... *What do you think* ᵇ*most* ᶜTu... *You have to try on!* ᵈNe... *Don't worry* ᵉJe... *I will find*

Le monde francophone

A. En savoir plus. Complete these statements based on the cultural commentary in your textbook (page 48).

1. Les Français sont plutôt (*rather*) <u>conformistes</u> / <u>individualistes</u>.

2. Un avantage de l'esprit critique est <u>la création d'idées originales</u> / <u>la stabilité du gouvernement</u>.

3. Les Américains trouvent quelquefois que les Français sont <u>agressifs</u> / <u>sympathiques</u> s'ils critiquent beaucoup.

4. Les Français admirent les personnes <u>qui ont des opinions fortes</u> / <u>qui sont discrètes</u>.

5. En politique, les Français sont <u>indépendants</u> / <u>conformistes</u>.

B. **La Fête des Pères.** The article below appeared prior to Father's Day in *VSD*, a popular magazine. See if you can match the copy with the appropriate picture. Write the letters next to the numbers they correspond to. Underline the words that served as clues for your choice.

Spécial fête des Pères

1. ____ ## Flic américain

Après les authentiques blousons en cuir, voici des T-shirts (160 F) et des casquettes brodées (120 F) aux couleurs des polices fédérales américaines. A offrir avec tout le respect que vous lui devrez dorénavant.
American Leather. Tél.: (1) 44.26.06.06.

2. ____ ## Tout est dans la poche

Slip ou caleçon, c'était toujours la même question. Avec la marque Castor, elle ne se pose plus depuis que ses caleçons intègrent une petite poche en maille extensible. Modèles unis ou rayés (185 F); en soie, bleu ou gris (280 F).
Le Castor. Tél.: (1) 45.61.14.17.

3. ____ ## Pompes d'aventuriers

Le rêve quoi! Avec leur usure simulée, elles donnent l'impression d'avoir baroudé pendant des années aux quatre coins du monde. Le modèle Jackson est en vachette nubuck non doublée avec une semelle en gomme ultrasouple lui assurant un confort inégalable. Différents coloris, tailles et largeurs. 790 F. Camel Boots.
Salamander et grands magasins.

4. ____ ## Montre en alu recyclé

Tendance humour, la canette mise en boîte. Ecrasée, piétinée puis pressée, la voilà devenue montre. Crash est unique et étanche jusqu'à -30 m. Mouvement à quartz, 24 modèles différents. 350 F.
Drugstore Publicis. VPC. Tél.: (1) 47.23.54.34.

Journal intime

✦ Write about yourself. Be sure to use complete sentences. Include the following information:

- How would you describe yourself as a person? (**Je suis...**) As a student? Review the adjectives in the chapter if you need to.
- What kinds of clothing do you like to wear? What colors do you prefer (**aimer mieux**)?

Contrôle

A. Vocabulaire. Complete the sentences with a logical word or phrase.

Le père Noël (*Santa Claus*) porte un _____[1] rouge, des

_____[2] noires, et un _____[3] rouge et blanc

_____[4] la tête (*head*). C'est un homme _____[5]

et _____.[6] Il met des cadeaux (*puts gifts*) _____[7]

l'arbre de Noël (*Christmas tree*).

B. Grammaire. Write complete sentences from the following elements.

1. jeune homme / intellectuel / jouer / échecs / avec / jeune fille / intelligent

    _____

2. Barbara / être / gentil / mais / un peu / snob

    _____

3. professeurs / être / drôle / ou / sérieux / ?

    _____

CHAPITRE TROIS

Le logement

Étude de vocabulaire

A. **La chambre est en ordre.** Circle the logical word or expression.

MODÈLE: Les livres sont (sur) / *sous* le bureau.

1.   Il y a des vêtements *dans* / *sur* la commode.

2.   Les livres sur l'étagère sont *à côté des* / *derrière les* revues.

3.   Il y a une lampe et une radio *sur* / *sous* la table de nuit (*night*).

4.   Le miroir est sur *le mur* / *le canapé.*

5.   Les stylos et les crayons sont *sur* / *dans* le bureau.

6.   Il y a une chaîne stéréo sur *le tapis* / *la commode.*

7.   Les rideaux sont devant *la chaise* / *la fenêtre.*

8.   Les affiches sont sur *le mur* / *le tapis.*

9.   Les cassettes sont à côté *de la lampe* / *du magnétophone* (*tape recorder*).

10.   Le papier est dans *le bureau* / *le lavabo.*

✦B.   Describe your room.

MODÈLE: Sur la table il y a des revues et des fruits.

1.   Sur le bureau il y a _____

_____

2.   À côté de la porte il y a _____

_____

3.   Sur les étagères il y a _____

_____

4.   Dans la commode il y a _____

_____

5. Sous le lit il y a _____

   _____

6. Les livres sont _____

   _____

C. **Qui est qui?** Match each person with a description.

1. _____ Elle est petite. Elle a les cheveux roux et les yeux blancs.

2. _____ Il est grand avec les cheveux noirs et les yeux noirs.

3. _____ Très petit, il a les cheveux roux et les yeux verts.

4. _____ Elle est de taille moyenne et elle a les cheveux blonds et les yeux marron.

5. _____ Il est petit et drôle. Il joue dans plusieurs films.

   a. Kobe Bryant
   b. un gnome
   c. Annie, la petite orpheline
   d. Catherine Deneuve
   e. Danny DeVito

✦D. **Descriptions.** Choose five people (well-known or not) and describe them.

NOM	CARACTÈRE	ASPECT PHYSIQUE	NATIONALITÉ	ACTIVITÉS PRÉFÉRÉES
1.				
2.				
3.				
4.				
5.				

E. Write out the dates below, then match them with the corresponding holidays.

MODÈLE: 17/3 → le dix-sept mars → la Saint-Patrick

Fêtes

le Nouvel An
la fête du travail
l'anniversaire de George Washington
Noël

la fête de l'Indépendance américaine
la fête des anciens combattants (l'Armistice)
la Saint-Valentin

1. 25/12 _____ _____
2. 4/7 _____ _____
3. 1/1 _____ _____
4. 14/2 _____ _____
5. 5/9 _____ _____
6. 20/2 _____ _____
7. 11/11 _____ _____

Étude de grammaire

STUDY HINT: STUDYING AND LEARNING VERBS

Knowing how to use verb forms quickly and accurately is one of the most important parts of learning how to communicate in a foreign language. These suggestions will help you recognize and use verb forms in French.

1. Study carefully any new grammar section that deals with verbs. Are the verbs regular? What is the stem? What are the personal endings? Don't just memorize the endings. Practice the complete forms of each verb until they are second nature to you. Be sure that you are using the appropriate endings: **-er** endings with **-er** verbs, for example. Be especially careful when you write and pronounce verb endings, since a misspelling or mispronunciation can convey inaccurate information.

2. Are you studying irregular verbs? If so, what are the irregularities? Practice the irregular forms many times so that you "overlearn" them and will not forget them.

3. Once you are familiar with the forms, practice asking short conversational questions using **tu** and **vous**. Answer each question, using the appropriate **je** or **nous** form.

4. It is easy to become so involved in mastering the *forms* of new verbs that you forget their *meanings*. However, being able to recite verb forms perfectly is useless unless you also understand what you are saying. Be sure that you always know both the spelling *and* the meaning of all verb forms, just as you must for any vocabulary word. Practice using new verb forms in original sentences to reinforce their meaning.

5. Practice the forms of all new verbs given in the vocabulary lists in each chapter. Any special information that you should know about the verbs will be indicated either in the vocabulary list or in a grammar section.

9. Verbs Ending in -ir

EXPRESSING ACTIONS

finir			
je	finis	nous	finissons
tu	finis	vous	finissez
il, elle, on	finit	ils, elles	finissent

A. Fill in the chart with the appropriate verb forms and write the number of syllables in each form. (Note: The **-ent** ending is not a separate syllable.)

	agir (# de syllabes)	réussir (# de syllabes)
femmes sérieuses		**réussissent (3)**
je		
Jean et moi	**agissons (3)**	
tu		
vous		
une personne travailleuse		

B. **Situations.** Finish the two paragraphs with one of the verbs from the right-hand column.

Prudent ou impulsif? J'ai (*I have*) des amis qui (*who*) _____[1] avant (*before*) d'agir. Je suis un impulsif: j'_____[2] souvent sans (*without*) réfléchir. Et je _____[3] quelquefois (*sometimes*) le mauvais chemin (*wrong path*). Mais je _____[4] en général par être content de mon choix.

agir
choisir
finir
réfléchir

Des cinéphiles. Mes amis et moi sommes passionnés de cinéma. Le vendredi, nous regardons les critiques de films récents et nous _____.[5] Nous _____[6] quatre ou cinq films intéressants et ensuite (*then*) on vote: on _____[7] un film pour vendredi soir. Après le film, nous _____[8] souvent par discuter de nos réactions au café.

choisir
finir
réfléchir

10. The Verb *avoir*

EXPRESSING POSSESSION AND SENSATIONS

A. **Deux conversations.** Fill in the blanks with the correct form of the verb **avoir**.

— Est-ce que vous _____[1] une maison?

— Oui, nous _____[2] une petite maison. Elle _____[3] deux chambres et une

  salle de séjour (*living room*).

— Est-ce que tu _____[4] un tapis dans ta (*your*) chambre?

— Non, je n'_____[5] pas de tapis, mais Sophie et Marc _____[6] beaucoup

  de tapis.

B. Add **est** or **a** to complete this description of Véronique.

> MODÈLES: Elle a chaud en classe.
>
> Elle n'est pas timide.

1. Elle n'_____ pas souvent paresseuse.

2. Elle _____ froid au cinéma.

3. Elle _____ une chambre agréable.

4. Elle n'_____ pas très sportive.

5. Elle _____ besoin de travailler.

6. Elle _____ gentille.

7. Elle _____ de Phoenix.

8. Elle _____ souvent sommeil.

9. Elle _____ toujours raison.

10. Elle _____ l'air optimiste.

11. Elle _____ maintenant vingt ans.

12. Elle _____ en cours avec nous.

C. Quelle est la réaction typique?

1. _____ Vous oubliez (*forget*) l'examen d'aujourd'hui.

2. _____ Il y a une orange devant vous.

3. _____ Vous êtes en Alaska en décembre.

4. _____ Vous travaillez tout (*all*) le week-end.

5. _____ Vous écoutez du rock.

6. _____ Vous avez un examen dans 90 minutes.

7. _____ Vous êtes en Floride en septembre.

8. _____ Vous avez un A à l'examen sans (*without*) étudier.

9. _____ Il y a un Coca-Cola devant vous.

a. Vous avez froid.
b. Vous avez sommeil.
c. Vous avez faim.
d. Vous avez de la chance.
e. Vous avez honte.
f. Vous avez besoin d'étudier.
g. Vous avez envie de danser.
h. Vous avez soif.
i. Vous avez chaud.

D. Conséquences. Use an expression with the verb **avoir** to write a caption for each of the following scenes.

1. On est à la discothèque.

   On _____

2. Vous terminez un long jogging.

   Vous _____

3. J'explique que cinq fois cinq font vingt-cinq.

   Je (J') _____

4. Il est midi (*noon*) et Georges est à table.

   Il _____

5. Nous sommes au casino de Monte Carlo; voilà 100 000 francs pour nous!

   Nous _____

6. Vous avez un D à votre examen de statistique.

   Vous _____

7. La vie est splendide! Mon visage (*My face*) donne une impression de satisfaction.

    Je (J')_____

8. C'est l'anniversaire (*birthday*) d'Anne.

    Elle_____

9. Diane et Thierry sont à San Diego en août; Brigitte et Christine sont dans le Yukon en février.

    Ils_____

    et elles_____

10. Je travaille beaucoup tous les jours: il est minuit maintenant.

    Je (J')_____

11. Indefinite Articles in Negative Sentences

EXPRESSING THE ABSENCE OF SOMETHING

A. Questions bizarres! Answer the questions in the negative.

> MODÈLE: Est-ce qu'il y a un lit dans la salle de classe? →
> Non, il n'y a pas de lit dans la salle de classe.

1. Est-ce que vous avez des livres russes dans le cours de français?

    _____

2. Est-ce que vous portez une cravate aujourd'hui?

    _____

3. Est-ce qu'il y a des réveils dans la salle de classe?

    _____

4. Est-ce que le professeur a un chapeau noir?

   _____

5. Est-ce qu'il y a des canapés dans un amphithéâtre?

   _____

B. Possessions. Complete the sentences according to the model using an affirmative sentence first and then a negative one.

   MODÈLE: amis / éléphants   J'ai → J'ai des amis, mais je n'ai pas d'éléphants.

1. lit / lavabo   Dans ma chambre j'ai _____

   _____

2. aventures / examens   Nous aimons _____

   _____

3. voiture / Porsche   C'est _____

   _____

4. disques / disques compacts   Les amis de Stéphane _____

   _____

5. revues / films   La bibliothèque a _____

   _____

6. chien / souris   J'ai _____

   _____

7. chiens / souris (*pl.*)   J'aime _____

   _____

8. télévision / radio   Nous avons _____

   _____

9. télévision / radio   C'est _____

   _____

10. cheveux blonds / yeux bleus   Tu as _____

    _____

11. sandwichs / croque-monsieur (*pl. invariable*)   Ce sont _____

    _____

12. discothèque / bibliothèque   J'aime _____

    _____

13. fenêtres / canapé   La salle de classe a _____

    _____

12. Interrogative Expressions

GETTING INFORMATION

où quand comment pourquoi combien de	qui que qu'est-ce que

A. **Reconstitution.** This is an interview with Pierre-Henri, a French student. Look in the right-hand column for answers to each question.

QUESTIONS

1. _____ Pourquoi est-ce que tu étudies à l'université de Toulouse?

2. _____ Aimes-tu les études?

3. _____ Quand est-ce que tu termines tes (*your*) études?

4. _____ Tu étudies une langue moderne?

5. _____ Où est-ce que tu travailles?

6. _____ Tu as combien d'heures (*hours*) de travail?

7. _____ Tu aimes travailler?

8. _____ Aimes tu les films d'amour? les films policiers?

9. _____ Y a-t-il des courts de tennis à côté de l'université?

10. _____ Tu aimes le sport?

11. _____ De quoi as-tu envie maintenant?

12. _____ Comment est ton amie?

RÉPONSES

a. J'adore le sport—à la télé!
b. Parce que ma famille habite ici.
c. Non, mais j'aime les films de science-fiction, *Les Extraterrestres*, par exemple.
d. Dans trois ans.
e. Oui, beaucoup. Vive la vie universitaire!
f. J'étudie l'allemand.
g. Oui et non... j'aime mieux vagabonder—j'aime l'évasion, par exemple, les voyages, le cinéma...
h. J'ai envie de parler avec ma copine (*girlfriend*) Ariane.
i. Je travaille après les cours à la Librairie la Plume.
j. Oui, et il y a aussi des cafés—le sport préféré des Français.
k. Elle est jolie, de taille moyenne... et très sympa!
l. Je travaille quatre heures par jour.

B. **À Paris III.** You are in Paris interviewing a French student for your campus newspaper. Here are her answers. Complete the corresponding questions.

Expressions utiles: pourquoi, d'où, comment, combien de, qu'est-ce que, avec qui

1. _____ êtes-vous?

   —Je suis de Megève, une petite ville des Alpes.

2. _____ habitez-vous maintenant?

   —Maintenant j'habite avec ma cousine Catherine.

3. _____ vous étudiez?

   —J'étudie les maths et la physique.

4. _____ est-ce que vous étudiez les maths?

   —Parce que j'aime ça! Et pour trouver un bon job après.

5. _____ cours de maths avez-vous cette année (*this year*)?

   —J'ai quatre cours de maths.

6. _____ sont les cours?

   —Ils sont en général excellents.

C. **Un dîner au restaurant.** Ask the questions that correspond to the following answers.

1. _____

   Robert parle *à Thomas.*

2. _____

   Ils sont *au restaurant.*

3. _____

   Le restaurant est *dans le centre de Paris.*

4. _____

   Ils vont au restaurant *parce qu'ils ont faim!*

5. _____

   Robert aime *les steaks,* mais Thomas aime mieux *le poisson* (*fish*).

6. _____

   Ils mangent *à neuf heures* (*at nine o'clock*).

7. _____

   Ce restaurant est *excellent.*

8. _____

   Il y a *trente-six* clients au restaurant.

Étude de prononciation

A. Add the forgotten accents.

1. **tréma:** Joel, Noel, naif
2. **accent grave:** tres, apres, fiere, bibliotheque, pres de
3. **accent circonflexe:** bientot, etre, drole, pret, chatain
4. **cédille:** francais, ca, facade, garcon (*boy*), commencons (*let's begin*)
5. **accent aigu:** repetez, cinema, en general, americain, different

B. Sophie's typewriter doesn't supply accent marks. Add them to her composition.

Habiter a la ville est agreable et interessant. A cote de l'immeuble (*apartment building*) de mon ami Joel il y a un theatre superbe. Derriere, il y a un restaurant italien. On telephone et dans 20 minutes un garcon arrive a la maison avec une lasagne. Super!

✦ Décrivez certains avantages de la ville: _____

_____

Mise au point

A. Imagine the questions that might provoke the following answers.

Expressions utiles: quand, comment, combien de, qui

MODÈLE: Qui a 20 ans dans le cours de français?

Ce n'est pas le professeur!

1. _____

Demain, si je n'ai pas beaucoup de travail.

2. _____

Il est incroyablement (*incredibly*) sympathique!

3. _____

Mon cousin Paul étudie le français aussi.

4. _____

Il y a vingt étudiants dans le cours.

Expressions utiles: qu'est-ce que, pourquoi, quand, où

5. _____

Parce qu'elle a peur de parler en cours.

6. _____

Nous finissons le livre vendredi.

7. _____

Non, je loue une chambre à côté de l'université.

8. _____

Je porte un jean. Ça va?

◆**B. Caractères compatibles.** Fill out this questionnaire so that the housing service can find you a roommate.

SERVICE DE LOGEMENT

Questionnaire personnel

Date _____

Votre nom _____ Prénom _____ Téléphone _____

Adresse _____ Ville _____ Code postal _____

Date de naissance _____ M ___ F ___ Langue(s) _____

Nationalité _____

Logement: _____ près de l'univ. _____ loin de l'univ.

Chambre partagée? _____ oui _____ non

Faculté _____ Année d'études _____

Programme d'études _____

Préférences: *Musique:* _____ classique _____ jazz _____ rock _____ country

Sports: _____ tennis _____ jogging _____ ski _____ basket-ball

_____ (autre)

Cinéma, télévision: _____ amour _____ aventures _____ documentaire

_____ science-fiction _____ informations (*news*)

_____ (autre)

Pour passer le week-end: _____ étudier le français _____ jouer/travailler à mon ordinateur

_____ jouer du saxophone _____ écouter de la musique

_____ organiser une fête _____ regarder un film

Autre passe-temps: _____

Divers: *étudier:* _____ dans ma chambre _____ à la bibliothèque

parler au téléphone: _____ constamment _____ beaucoup _____ un peu

avoir: _____ un chien _____ peur des chiens

avoir: _____ une voiture _____ une mobylette

finir de dîner: _____ tôt _____ tard

Personnalité: _____ sympathique _____ dynamique _____ génial(e)

_____ charmante(e) _____ sérieux/ieuse _____ poli(e)

_____ sportif/ive _____ autre

Politique: _____ libéral(e) _____ conservateur/trice

Physique: taille: _____ cheveux: _____ yeux: _____

C. The housing service has found you some possible roommates. Write out four questions you will ask these people when they call to say they're interested. Use parts of the questionnaire as well as a variety of question forms.

1. _____

2. _____

3. _____

4. _____

✦**D.** **Réflexions sur la vie.** Give your own answers.

1. Quel âge avez-vous? _____

2. Quel (*What*) est l'âge idéal? Pourquoi? _____

3. Qu'est-ce que vous avez envie de faire (*to do*) dans la vie? _____

   _____

4. De quoi (*What*) avez-vous besoin pour réussir dans votre vie? _____

   _____

5. En général, avez-vous de la chance ou non dans la vie? Commentez. _____

   _____

Situations: **Une étudiante désordonnée**

In this dialogue, Bénédicte stops by Caroline's room to work on an English assignment. While you read, try to imagine the state of Caroline's room. Would you describe her as organized?

BÉNÉDICTE: Coucou!

CAROLINE: Salut, Bénédicte! Entre! Ça va?

BÉNÉDICTE: Ça ne va pas mal. Il est déjà trois heures.[a] On travaille sur notre exposé?[b]

CAROLINE: Ah oui, notre exposé d'anglais.

BÉNÉDICTE: Oui, c'est pour mercredi après-midi. Je suis nerveuse. Il va beaucoup compter[c] pour la note finale.

CAROLINE: Pas de problème. Je suis sûre qu'on va faire[d] un superbe exposé.

BÉNÉDICTE: Mais Caroline, où sont tes livres et le dictionnaire?

CAROLINE: Ils sont... euh... à coté de la lampe sur mon bureau. Non... Ah, sous la chaise!

BÉNÉDICTE: Très logique, ça. Et ton cahier avec toutes les notes de cours?

CAROLINE: Mon cahier? Mon cahier, mon cahier, il est où mon cahier? Dans mon sac... Ah ben non! Dans l'armoire... Ah tiens! Regarde ma nouvelle jupe! Elle n'est pas mal pour 80 francs?

BÉNÉDICTE: Oui, la couleur est jolie, mais où est ton cahier?

CAROLINE: C'est difficile d'habiter en cité-u. Les chambres sont tellement petites!

[a]trois... *three o'clock* [b]*oral report* [c]Il... *It will count a lot* [d]qu'on... *that we will do*

(Continued)

Le monde francophone

A. Réalités francophones. Answer the questions based on the cultural commentary in your textbook (page 78).

1. Où habitent la plupart (*majority*) des étudiants français? _____

_____

2. Est-ce que vous aimeriez mieux (*would you prefer*) habiter dans une chambre de bonne, dans un H.L.M. ou dans une cité universitaire? Pourquoi? _____

_____

3. Est-il facile ou difficile de trouver un logement pour étudiants en cité-u en France? _____

_____

4. Comment sont les logements pour étudiants en France par rapport aux logements pour étudiants aux États-Unis? _____

_____

B. **Un logement à plusieurs** (*shared*). French people in their early twenties who, in the past, usually lived with their parents or alone, are now sharing apartments. The following comment about that phenomenon appeared in a magazine for young people.

Skim the article quickly, then match the following English expressions with their equivalent in the excerpt. Underline the French expression and put the appropriate letter in the margin.

    a. dilapidated courtyard
    b. which costs each of us
    c. a depressing year later
    d. without a shower or hot water
    e. my professional situation having improved

UN APPART
À PLUSIEURS

«J'ai commencé par occuper une chambre, au septième étage d'un immeuble parisien, sans douche ni eau chaude, se rappelle[a] Anne. Six mois après, ma situation professionnelle s'étant améliorée, j'ai enfin loué mon studio. Un 18 m² avec fenêtre sur cour délabrée pour un loyer de 3 500 F[b]. Un an de déprime plus tard, je me suis installée avec Valérie et Christian dans un 100 m² qui nous coûte à chacun... 1 850 f ! Depuis, ça va beaucoup mieux.»

[a]*se... remembers* [b]5F = 1 euro

1. Where does Anne live now? *a room / a shared apartment / a studio*

2. Is she satisfied with her current arrangement? *yes / no*

3. What French city does she live in? _____

4. What is the highest rent she has paid? _____ F _____ euros

    In dollars (at 5.75F = $1.00)? _____

Journal intime

◆Describe one of the following places in as much detail as possible: your room at school, your room at home, or the room of your dreams (**la chambre idéale**). Be sure to use complete sentences. Include the following information:

- What objects are in the room?
- What is the atmosphere of the room like?
- What kinds of things go on there?

        MODÈLE: Ma chambre est banale (unique) parce qu'elle...

Contrôle

Sophie. Write correct and complete sentences using the following elements.

1. Sophie / avoir / yeux / bleu / et / cheveux / long

    _____

2. elle / être / beau / et / sympathique

    _____

3. elle / habiter / dans / appartement / à côté / campus

    _____

4. pourquoi / ses (*her*) parents / choisir de / donner / radio / à / Sophie / ?

    _____

5. parce que / dans / appartement / elle / avoir / ordinateur / mais / elle / ne... pas avoir / radio

    _____

6. Sophie / aimer / étudier / bibliothèque / et / elle / réussir / toujours / examens

    _____

CHAPITRE QUATRE

Famille et foyer

Étude de vocabulaire

A. Les parents. (é. = **épouse** [*marries*].) Entourez d'un cercle l'expression logique.

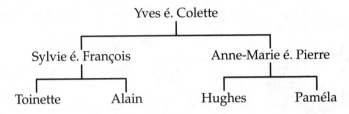

MODÈLE: Paméla est (*la cousine*) / *la sœur* de Toinette.

1. Alain est *le frère* / *le fils* de Sylvie.

2. Anne-Marie est *la fille* / *la femme* de Pierre.

3. Paméla est *la fille* / *la petite-fille* de Colette.

4. Toinette est *la sœur* / *la fille* d'Alain.

5. Sylvie est *la tante* / *la cousine* d'Hughes.

6. François est *le frère* / *le mari* de Sylvie.

7. Alain est *le cousin* / *le neveu* de Pierre.

8. Yves est *l'oncle* / *le père* d'Anne-Marie.

B. Une famille réunie. Complétez les phrases.

1. Le père de ma mère est mon (*my, m.*) _____

2. Le fils de ma fille est mon _____

3. La mère de mon frère est ma (*my, f.*) _____

4. Le frère de ma cousine est mon _____

5. La fille de mon oncle est ma _____

6. Le fils de mes parents est mon _____

7. Le frère de ma fille est mon _____

8. La sœur de mon père est ma _____

✦**C.** Décrivez cinq de vos rôles familiaux.

       MODÈLE: Je suis la mère de Paul.

   1. Je suis _____

   2. Je suis _____

   3. Je suis _____

   4. Je suis _____

   5. Je suis _____

D. Un bel appartement.

   1. Écrivez le nom de chaque pièce sur le dessin ci-dessous (*below*).

   2. Maintenant décrivez l'appartement. Mentionnez trois meubles pour chaque (*each*) pièce.

      a. Dans la salle de séjour, il y a _____

      b. Dans la salle à manger, il y a _____

          mais il n'y a pas _____

      c. Dans la chambre, il y a _____

          mais il n'y a pas _____

      d. La salle de bains a _____

E. **Chez vous** (*At your house*). Répondez aux questions suivantes.

1. Est-ce qu'il y a une ou deux salles de bains dans votre (*your*) appartement ou votre maison?

_____

2. Où est-ce que vous mangez en général—dans la cuisine ou dans la salle à manger?

_____

3. Est-ce que vous avez un jardin? Est-ce qu'il est petit ou grand?

_____

4. Est-ce que votre chambre a une ou deux fenêtres?

_____

5. De quelle (*what*) couleur sont les murs de votre chambre?

_____

6. Quelle est votre pièce préférée chez vous?

_____

Étude de grammaire

13. Possessive Adjectives

EXPRESSING POSSESSION

m.	f.	pl.
mon	ma	mes
ton	ta	tes
son	sa	ses
notre	notre	nos
votre	votre	vos
leur	leur	leurs

A. Récrivez les phrases suivantes en faisant les substitutions indiquées.

1. Nous parlons à *notre sœur.*

   a. (grands-parents) _____

   b. (oncle) _____

   c. (enfant) _____

2. Toi, tu habites avec *ta mère*?

   a. (frères) _____

   b. (amie) _____

   c. (mari) _____

3. J'étudie avec *mon professeur.*

   a. (amis) _____

   b. (dictionnaire) _____

   c. (sœur) _____

4. Vous dînez avec *vos amis.*

   a. (parents) _____

   b. (fils) _____

   c. (famille) _____

B. Sophie et Guy. Complétez de manière logique avec **son, sa, ses, leur** ou **leurs.**

1. Guy a une fille. C'est _____ fille.

2. Sophie a aussi une fille. C'est _____ fille.

3. Guy a un fils. C'est _____ fils.

4. Sophie a aussi un fils. C'est _____ fils.

5. Guy a des enfants. Ce sont _____ enfants.

6. Sophie a des enfants aussi. Ce sont _____ enfants.

7. Guy et Sophie sont mari et femme. _____ enfants sont Mirabelle et Cédric.

8. Voici le chien de Guy et Sophie. Bobino est _____ chien.

C. Alors, Sherlock Holmes, qui possède quoi? Le grand-père ou ses petites-filles?

   MODÈLE: Ce sont leurs chambres roses.

   C'est sa voiture.

1. _____ voiture à pédales.

2. _____ café.

3. _____ disques de Tchaïkovsky.

4. _____ camarades de classe.

5. _____ petit-fils.

6. _____ flûtes en plastique.

7. _____ livre de Mickey Mouse.

8. _____ revues littéraires.

9. _____ Ferrari (*f*).

10. _____ affiche des Muppets.

D. De qui est-elle la fille? Mme Leclou rentre à la maison (*comes home*) et elle rencontre un petit problème. Complétez le dialogue avec des adjectifs possessifs: **mon/ma, ton/ta, notre.**

M. LECLOU: _____[1] fille a cassé (*broke*) une fenêtre avec _____[2] balle de

base-ball.

MME LECLOU: _____[3] fille?! C'est aussi _____[4] fille à toi!

M. LECLOU: D'accord. C'est _____[5] fille à nous, mais _____[6] fenêtre à nous

est toujours cassée.

14. The Verb *aller*

TALKING ABOUT PLANS AND DESTINATIONS

A. Où va-t-on? Vous montrez l'université à un nouvel étudiant.

Suggestions: bibliothèque, discothèque, librairie, lit, restaurant, salle de récréation

MODÈLE: Quand nous avons envie de manger, *nous allons au restaurant.*

1. Quand les jeunes ont envie de danser, _____

_____

2. Quand les étudiants ont envie d'étudier, _____

_____

3. Quand nous avons besoin de stylos, _____

_____

4. Quand on a faim, _____

_____

5. Quand tu as envie de regarder la télé, _____

_____

6. Quand j'ai sommeil, _____

_____

B. Tout est possible! Qu'est-ce qui va arriver (*What is going to happen*) en cours de français demain (*tomorrow*)?

MODÈLE: Aujourd'hui Marc est absent.

Demain il *va être* présent.

1. Aujourd'hui tout le monde (*everybody*) parle anglais. Demain tout le monde

   _____ français.

2. Aujourd'hui j'utilise mon livre. Demain je _____ mon cahier.

3. Aujourd'hui vous avez soif. Demain vous _____ faim.

4. Aujourd'hui nous regardons la télévision française. Demain nous

   _____ un film de Godard.

5. Aujourd'hui certains étudiants finissent leurs devoirs. Demain certains étudiants

   _____ leur examen.

C. Projets. C'est aujourd'hui le 1ᵉʳ novembre. Qu'est-ce qu'on va faire?

Utilisez les expressions suivantes: **cet après-midi, demain, vendredi, ce week-end, la semaine prochaine, dans trois semaines.**

novembre						
L	*M*	*M*	*J*	*V*	*S*	*D*
		1 Paul / aller au cinéma	2 nous / étudier	3 tu / passer un examen	4 vous / skier	5 vous / skier
6	7 Guy / louer un appartement	8	9	10 je / jouer au tennis	11	12
13	14	15	16	17	18	19
20	21	22 nos amis / arriver	23	24	25	26
27	28	29	30			

MODÈLE: Guy → Lundi prochain, Guy va louer un appartement.

1. je: _____

2. tu: _____

3. Paul: _____

4. nous: _____

5. vous: _____

6. nos amis: _____

✦**D. Après mes études.** Donnez cinq choses que vous allez faire (*to do*) quand vous aurez (*will have*) votre diplôme.

Après mes études, _____

_____

_____

_____

_____

15. The Verb *faire*

EXPRESSING DOING OR MAKING

A. Les Ferretti sont au bord de la mer (*at the seaside*). Mme Ferretti écrit à une amie. Complétez le texte avec le verbe **faire,** puis répondez aux questions.

La vie ici au bord de la mer est très simple. Je _____[1] un peu de cuisine et les

enfants _____[2] la vaisselle. On ne _____[3] pas beaucoup de lessive et

nous _____[4] le ménage ensemble (*together*). Il est vite fini (*quickly finished*).

　　Le matin (*In the morning*) mon mari et moi _____[5] du jogging. L'après-midi (*In the*

afternoon), j'aime _____[6] de longues promenades. Les enfants aiment _____[7]

du sport. Paul _____[8] du tennis et Anne _____[9] de la voile. Tous les deux (*Both*)

_____[10] la connaissance de beaucoup d'autres étudiants. C'est une vie bien agréable.

11. Mme Ferretti est-elle contente de ses vacances? _____

12. Qui dans la famille est sociable? _____

13. Que faites-vous au bord de la mer? _____

B.   Que font-ils? Employez une expression avec le verbe **faire** dans vos réponses. Écrivez des phrases complètes.

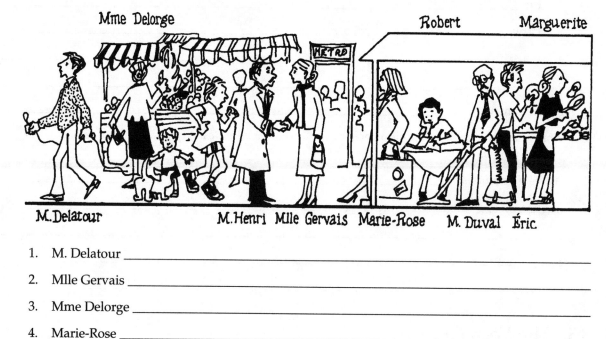

1.   M. Delatour _____

2.   Mlle Gervais _____

3.   Mme Delorge _____

4.   Marie-Rose _____

5.   Robert _____

6.   Marguerite _____

7.   Éric _____

16. Verbs Ending in *-re*

EXPRESSING ACTIONS

	vendre		
je	vends	nous	vendons
tu	vends	vous	vendez
il, elle, on	vend	ils, elles	vendent

A.   Qu'est-ce qu'on fait? Formez des phrases selon le modèle.

MODÈLE: vendre, Marcel / sa chaîne stéréo →
          Marcel vend sa chaîne stéréo.

attendre

1.   je / un coup de téléphone (*phone call*)

_____

2.   Sylvia / l'homme idéal

_____

3. ils / Godot

_____

rendre

4. tu / un livre à la bibliothèque

_____

5. nous / visite à Grand-mère

_____

6. Susie / vingt francs à son ami

_____

perdre

7. tu / ton livre de français

_____

8. vous / vos devoirs

_____

9. je / conscience (*consciousness*)

_____

10. le prof / patience

_____

B. **Visite à Paris au Musée d'Orsay.** Complétez le texte avec les verbes à droite (*to the right*) puis répondez aux questions.

Les amis _____[1] l'autobus pendant

20 minutes devant leur immeuble. Maurice donne 20 francs au conducteur,

qui lui (*him*) _____[2] sa monnaie (*change*). Quand

ils _____[3] le conducteur annoncer leur arrêt (*stop*)

ils _____[4] devant le musée (*museum*).

Geoffroy ne veut pas (*doesn't want*) _____[5]

une minute. Il va tout de suite regarder les tableaux de Cézanne. Maurice, lui,

pose toutes (*all*) sortes de questions, mais Geoffroy _____[6]

sans (*without*) beaucoup réfléchir. Il rêve d'être artiste.

Après deux heures (*hours*) au musée, ils _____[7]

visite à Olivier, un étudiant en médecine qui habite dans le quartier.

8. L'expert en art, c'est _____

9. Olivier habite *loin* / *près* du musée.

rendre
descendre
attendre
perdre
répondre
entendre

C. À l'arrêt d'autobus (*bus stop*) il y a un enfant, un monsieur, une dame, un étudiant et le conducteur d'autobus.

Décrivez la scène en vous servant des verbes suivants: **attendre, perdre, répondre, entendre, descendre.**

_____

_____

_____

_____

_____

_____

D. Révision des verbes. Complétez les phrases avec la forme correcte du verbe indiqué.

Nous _____[1] (habiter) dans une belle maison. Papa _____[2] (travailler) à Paris. Il _____[3] (vendre) des vélos. Maman _____[4] (rester) à la maison. Elle _____[5] (faire) les courses tous les jours. Maman et Marie-France _____[6] (faire) le ménage ensemble. Quand nous _____[7] (faire) la vaisselle, nous _____[8] (parler) des vacances. J'_____[9] (aimer) la vie simple.

Je _____[10] (être) l'aînée (*the oldest*). Jean-Paul et Marie-France _____[11] (être) mon frère et ma sœur. Ils _____[12] (aller) à l'école près de chez nous. Moi, je _____[13] (aller) à l'université. Marie-France _____[14] (être) bonne (*good*) étudiante. Elle _____[15] (réussir) toujours aux examens. Mais Jean-Paul n'_____[16] (étudier) jamais (*never*).

Mes parents _____[17] (avoir) des amis qui _____[18] (habiter) aux États-Unis. Maman et Papa _____[19] (attendre) aujourd'hui une lettre de leur ami à San Francisco. Ils _____[20] (penser) qu'il _____[21] (aller) leur écrire (*write to them*) qu'il _____[22] (avoir) l'intention de venir à Paris en avril. Nous _____[23] (être) contents aussi, parce que nous _____[24] (aller) voyager en Californie l'été prochain (*next summer*). Formidable, non?

Étude de prononciation

Un dîner tentant (*tempting*). Barrez (*Cross out*) les consonnes finales que l'on ne prononce pas.

Nou$ trouvon$ un gentil hôtel au bord du lac Léman à Genève. Dans le *Guide Michelin*, son restaurant a une étoile (*star*). Ce soir le chef propose du bœuf bourguignon et, comme dessert, une tarte aux pommes. J'ai faim.

Mise au point

A. **Un peu de généalogie.** Complétez l'arbre généalogique selon (*according to*) les phrases.

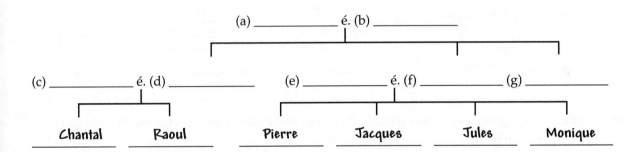

1. Le père de Monique s'appelle Geoffroy.

2. Mathilde est sa femme.

3. Catherine Morin a quatre petits-fils et deux petites-filles.

4. Marie-France est la fille de Catherine et d'Arthur.

5. Monique a une cousine qui s'appelle Chantal.

6. La tante de Chantal s'appelle Marie-Christine.

7. Mathilde a deux sœurs, Marie-Christine et Marie-France, et trois fils, Pierre, Jacques et Jules.

8. Marie-France est leur tante.

9. Le fils de Marie-France s'appelle Raoul.

10. Jules est le neveu de Rémi.

B. **Réactions.** Formez une question avec un des adjectifs suivants: **enthousiaste, fatigué, gentil, impatient, tranquille, travailleur.**

> MODÈLE: mes parents / faire le marché →
> Quand mes parents font le marché, est-ce qu'ils sont enthousiastes?

1. vous (*m. pl.*) / faire les devoirs _____

_____

2. nous / faire de l'aérobic _____

_____

3. tu / faire la connaissance d'un professeur _____

_____

4. ton père / faire la queue _____

_____

5. tes amis / faire une promenade _____

_____

✦C. Nommez cinq personnes—des membres de votre famille ou des amis—et faites un commentaire pour chacune (*each*).

> MODÈLE: Ma cousine Mary Ellen habite en Californie avec son mari et ses trois enfants.

1. _____

_____

2. _____

_____

3. _____

_____

4. _____

_____

5. _____

_____

✦D. Suzanne vous invite à dîner chez elle samedi prochain (*next*). Vous êtes déjà occupé(e) (*already busy*). Écrivez-lui un petit mot (*note*) pour refuser poliment son invitation.

Chère Suzanne,

_____

_____

_____

_____

E. Dans cet article tiré du magazine *20 Ans,* on présente une jeune Française d'outre-mer (*from overseas*) qui habite maintenant en France. Lisez-le, puis répondez aux questions.

Nom : Francis
Prénom : Mauricia
Née à Sainte-Lucie
Agence : Zen
Age : 21 ans
Taille : 1,76 m
Yeux : noirs
Cheveux : noirs
Signe : Taureau

A 15 ans, elle quitte Rémir-Mont-Joli en Guyane, ses parents et ses trois sœurs chéries pour finir ses études dans un pensionnat[a] d'Arcachon. C'est en vacances là-bas qu'elle croise[b] le directeur d'un magazine féminin. Vous êtes mannequin[c]: Non, pourquoi? Mister Goodluck lui ouvre son calepin.[d] Elle y pique quelques adresses d'agences.

[a]*boarding school* [b]*meets* [c]*fashion model* [d]*cahier*

1. Quel est le nom de famille de Mauricia? _____

2. Dans quel pays habite sa famille? la _____

   Sur quel continent? _____

3. Combien de personnes y a-t-il dans sa famille? _____

   _____

4. Pourquoi est-elle en France? _____

   _____

5. Qu'est-ce que le directeur de magazine féminin propose à Mauricia? _____

   _____

Situations: **L'anniversaire**

In this dialogue, Caroline and Paul have come to Michel's birthday party. Michel introduces them to his family, who have gathered for the occasion. Pay close attention to the different greetings used throughout this dialogue.

PAUL: Bonjour, Michel! Bon anniversaire!

MICHEL: Merci beaucoup! Vous êtes vraiment gentils. Bon, je vais vous présenter ma famille.

MICHEL: Alors, un peu de silence, s'il vous plaît. Je veux[a] vous présenter des amis de la fac, Caroline Langeais et Paul Marsaut.

MICHEL: Voici ma grand-mère.

CAROLINE: Bonjour, madame!

GRAND-MÈRE: Bonjour, mademoiselle!

PAUL: Bonjour, madame!

GRAND-MÈRE: Bonjour, monsieur.

MICHEL: Et mon grand-père.

CAROLINE: Bonjour, monsieur!

GRAND-PÈRE: Enchanté, mademoiselle!

PAUL: Bonjour, monsieur!

GRAND-PÈRE: Bonjour, jeune homme!

MICHEL: Vous connaissez[b] mon père.

CAROLINE: Oui, bien sûr. Bonjour, Monsieur Chartier.

M. CHARTIER: Bonjour, Caroline. Je suis heureux de vous revoir. Bonjour, Paul.

PAUL: Bonjour, monsieur!

MICHEL: Et vous connaissez aussi mon petit frère Frédéric...

CAROLINE: Oui! Salut, Frédéric!

FRÉDÉRIC: Salut!

Compréhension

Are the following statements true (**V**) or false (**F**)? Correct the statements that are false.

V   F   1.   C'est l'anniversaire de Michel.

_____

V   F   2.   Caroline connaît déjà (*already knows*) M. Chartier.

_____

V   F   3.   Michel a une petite sœur (*sister*).

_____

V   F   4.   La grand-mère de Michel habite à Lyon.

_____

[a]*want*   [b]*are acquainted with*

Le monde francophone

A. **Réalités francophones.** Vrai (V) ou faux (F)? Répondez en vous basant sur le commentaire culturel de la page 125 de votre livre.

1. _____ Les Français divorcent plus (*more*) souvent qu'avant (*than before*).

2. _____ Les grands-parents, oncles, tantes, etc., jouent un rôle important dans la famille française moderne.

3. _____ Le gouvernement français aide les familles plus que (*more than*) le fait le gouvernement américain.

4. _____ Les mères non-mariées ne reçoivent (*receive*) pas d'aide du gouvernement.

5. _____ Beaucoup de jeunes gens habitent ensemble avant de se marier (*getting married*).

B. **Les sextuplés français.** Regardez cet article de *Paris Match* sur des sextuplés français. Répondez ensuite aux questions. Rappelez-vous: il n'est pas nécessaire de comprendre tous les mots.

CINQ MOIS APRES LEUR MIRACULEUSE NAISSANCE, LES SEXTUPLÉS SONT TOUS SORTIS DE L'HOPITAL ET REJOIGNENT LEURS PARENTS

Les heureux parents ont toujours un peu l'air incrédule. C'est le premier câlin du dimanche de Daniel et Marie-Claude Adam avec leurs six bébés. Attendris, émerveillés, ils s'étonnent encore, comme s'ils recomptaient une fois de plus les quatre filles et les deux garçons que Marie-Claude a mis au monde le 14 janvier à Paris. Enfin réunis, chez eux, à Saint-Pierre-les-Elbeuf. De gauche à droite sur le grand lit, Cédric, Coralie, Doriane, Gaëlle, Kevin et Mélanie posent de bonne grâce pour ce portrait d'une famille exceptionnelle. Les sextuplés sont aujourd'hui en parfaite santé. Ils grandissent bien. Et ils ont bon appétit.

1. Comment s'appellent les parents des sextuplés? _____

2. Combien de filles ont-ils? de fils? _____

3. Comment s'appelle la ville où ils habitent? _____

4. Quelle est la date d'anniversaire des petits? _____

5. Quels mots indiquent que les enfants vont bien? _____

   _____

6. Entourez d'un cercle les adjectifs que vous trouvez dans le texte. Combien d'adjectifs trouvez-vous?

   _____

Journal intime

◆Dessinez (*Draw*) votre arbre généalogique. Puis choisissez trois ou quatre membres de votre famille et décrivez l'aspect physique de chaque personne.

> MODÈLE: Paul est mon petit frère. Il a dix-sept ans. Grand et brun, il a les cheveux longs et les yeux verts. Ses amis aiment bien Paul parce qu'il est drôle et sympathique.

Contrôle

A. **Phrases à composer.** Faites des phrases complètes à partir des éléments suivants.

1. nous / rendre visite /notre / amis

   _____

2. ils / habiter / dans / grand / maison / avec / leur / enfants

   _____

3. vous / faire / courses / et moi, je / faire / cuisine

   _____

4. nous / ne... pas aimer / faire / ménage

   _____

5. ce week-end, vous / aller / étudier / mais moi, je / aller / faire / promenade

   _____

6. mon / mère / perdre patience / quand / elle / faire / queue

   _____

B. **Vocabulaire.** Ce sont des familles célèbres (*famous*). Complétez les phrases suivantes de manière logique.

1. Janet Jackson est _____ de Michael et

   _____ de son enfant.

2. La reine (*queen*) Élisabeth est _____ des princes

   William et Henry. Ils sont ses _____.

3. Angelina Jolie est _____ de Jon Voight.

4. Jennifer Aniston est _____ de Brad Pitt.

Vue d'ensemble: Chapitre préliminaire à Chapitre 4

Vue d'ensemble reviews vocabulary and grammar from the preceding chapters. It will appear after Chapters 4, 8, 12, and 16.

A. **Une vie d'étudiant.** Use the affirmative or negative forms of the verbs on the right to complete Marc's description of student life.

Moi, je (j') _____[1] étudiant à la Faculté des

lettres. À la fac, on _____[2] énormément en

semaine. Mais le week-end, si (*if*) nous _____[3]

fatigués, nous _____[4] toujours. Nous

_____[5] alors la soirée avec des amis.

    Nous _____[6] la radio, quelquefois nous

_____[7] ou nous _____[8]

un film. Après le film, on _____[9] de la

politique ou du cinéma au café des étudiants. Les autres étudiants

_____[10] très animés.

passer
être
étudier
ne pas étudier

regarder
écouter
danser
parler
être

    Quelquefois je (j') _____[11] être seul

(*alone*). Je (J') _____[12] mes disques compacts

ou je (j') _____[13] simplement.

Je (J') _____[14] regarder la télévision;

c'est une perte de temps (*a waste of time*).

écouter
rêver
aimer mieux
ne pas aimer

B. **Deux looks différents.** Fill in the blanks with the correct article or with the adjective in parentheses. Don't forget to make articles and adjectives agree with the noun.

Aujourd'hui Annie porte _____¹ chemise _____² (blanc),

_____³ jupe _____⁴ (bleu) et _____⁵ sandales

_____⁶ (violet). Elle porte aussi _____⁷ chapeau

_____⁸ (italien) et _____⁹ veste _____¹⁰ (élégant).

   Moi, je n'aime pas _____¹¹ vêtements _____¹² (élégant).

J'aime mieux _____¹³ jeans et _____¹⁴ tee-shirts _____¹⁵

(américain). Aujourd'hui je porte _____¹⁶ short et aussi _____¹⁷ sandales

_____¹⁸ (marron). Avec mes sandales, je porte _____¹⁹

chaussettes _____²⁰ (vert) et _____²¹ (rouge) et

_____²² (violet). J'aime les couleurs vives!

C. **Comment sont-ils?** Choose the best adjective to finish each sentence. Be careful to use the correct form.

   MODÈLE: Les étudiants sont travailleurs.

   cher / paresseux / arrogant / nerveux

   1.   Tom Sawyer _____

   2.   Lucy Van Pelt _____

   3.   Les étudiants qui passent un examen _____

   4.   Les livres de classe _____

   sportif / sociable / beau / sérieux

   5.   Michelle Kwan _____

   6.   Sandra Day O'Connor _____

   7.   Le vice-président et sa femme _____

   8.   Mel Gibson _____

   court / roux / drôle / difficile

   9.   Reba MacIntire _____

   10.   Les cours de maths avancés _____

   11.   David Letterman et Jay Leno _____

   12.   Un cours de 25 minutes _____

D. Habitudes (*Habits*). Complétez en utilisant des expressions avec **faire**.

Suggestions: faire la connaissance, faire les courses, faire la cuisine, faire ses devoirs, faire le ménage, faire une promenade, faire la vaisselle, faire un voyage

MODÈLE: Vous faites vos devoirs après les cours.

1.   Après le dîner je _____

2.   Les Duclos _____

     dans le parc avec leur chien.

3.   Tu vas à la librairie, à la pharmacie et au supermarché. Tu _____

     _____

4.   Paul a besoin de _____

     Sa maison est en désordre.

5.   Les étudiants _____

     dans leur chambre.

6.   Chez nous, c'est mon père qui prépare le dîner parce que ma mère n'aime pas _____

     _____

7.   Les Poireau _____

     Ils vont visiter l'Europe et l'Asie.

8.   En France on _____

     de beaucoup de Français.

E.   Complétez les conversations et le paragraphe avec les formes convenables des verbes entre parenthèses.

Conversation en famille

— Mmm. J' _____.¹ Tu _____²   aller

   d'un steak?   avoir envie
                                                                        avoir faim
— Tu _____³ déjà (*already*) au dîner?   choisir
                                                                        réfléchir
— Bien sûr (*of course*). On _____⁴ au restaurant ce soir.

— Tu es gourmande. Il est onze heures du matin et tu

   _____⁵ déjà les plats que tu

   _____⁶ manger à vingt heures (*at eight o'clock*).

— Mais, j'adore _____⁷ au restaurant.

Vacances

— J'_____[8] la semaine prochaine avec impatience.

— Pourquoi? Tu _____[9] visite à ta petite amie?

— Non, je _____[10] du ski au Colorado.

— Mireille et moi, nous _____[11] probablement ici.

attendre
faire
rendre
rester

La danse

Frank _____[12] les claquettes (*tap dancing*).

Le mercredi après-midi il _____[13]

ses chaussures et son sac et il va en classe. Sa sœur Sylvie ne

_____[14] pas pourquoi il aime danser.

apprendre
comprendre
prendre

F. Vous séparez les affaires (*things, belongings*) de Virginie, qui est très sportive, des affaires des enfants Pujol, qui sont peu sportifs.

> MODÈLE: leurs disques
>
> son maillot de bain

1. _____ chaises
2. _____ sac à dos
3. _____ voiture
4. _____ bicyclette
5. _____ réveil
6. _____ short
7. _____ manuel d'informatique
8. _____ robes
9. _____ télévision
10. _____ tennis

G. La famille Duval part en vacances. Ils louent une maison en montagne. Complétez leur conversation avec les adjectifs possessifs convenables.

> MODÈLE: Zut! Je n'ai pas mes sandales.

MAMAN: Robert, as-tu _____[1] maillot et _____[2] casquette?

PAPA: Pas encore (*Not yet*). Je cherche toujours _____[3] livres et _____[4] sac à dos.

MAMAN: Est-ce que les enfants ont _____[5] jeans et _____[6] pulls?

PAPA: Je ne sais pas. Écoute, quelle est _____[7] adresse là-bas (*there*)?

MAMAN: Regarde dans _____[8] sac. Elle est marquée sur un morceau (*piece*) de papier.

H. Matthieu invite Thierry à une soirée. Thierry pose beaucoup de questions. Vous entendez seulement les réponses de Matthieu. Imaginez les questions.

1. _____

   La soirée est demain soir.

2. _____

   Elle est chez les Renault.

3. _____

   (Il y a une soirée) parce que c'est l'anniversaire de Guy.

4. _____

   Je pense qu'il a vingt ans.

5. _____

   Je ne sais pas (qui ils invitent).

6. _____

   Je pense qu'ils invitent quinze personnes.

7. _____

   On porte un short ou un maillot de bain. Ils ont une piscine (*pool*).

8. _____

   L'appartement des Renault est derrière le cinéma.

I. **Personne n'a tout!** (*Nobody has everything!*) Choisissez deux objets que les personnes suivantes possèdent et un objet qu'elles ne possèdent pas, puis complétez les phrases.

> MODÈLE: Le professeur a un travail intéressant et des étudiants remarquables, mais il (elle) n'a pas de voiture de sport.

Mots utiles

un tableau noir	une librairie	une bibliothèque excellente
des cahiers	des films intéressants	des bons professeurs
un stylo violet	une lettre	une cravate verte
un serpent	un appartement	un chien
une pipe	un immeuble	une revue
des cigares	un dictionnaire chinois	une chambre magnifique
une radio	une auto japonaise	?
des livres en russe		

1. Sur le campus, nous _____

_____

2. Mon père _____

_____

3. Mes amis _____

_____

4. Dans son sac à main, Hillary Rodham Clinton _____

_____

5. Et moi, _____

_____

CHAPITRE CINQ

À table

Étude de vocabulaire

A. Les repas de la journée. Classez les choses suivantes: dans quelles catégories vont-elles?

le lait	un gâteau	une fourchette
une carotte	un couteau	une tarte
des haricots verts	le vin	le bifteck
une pomme	le thé	le café
une cuillère	une banane	le jambon
des pommes de terre	une poire	une fraise
la bière	le poulet	une assiette
la choucroute	le poisson	le chocolat

1. Fruits

_____

_____

_____

_____

2. Légumes

_____

_____

_____

_____

3. Viandes et fruits de mer (*seafood*)

_____

_____

_____

_____

4. Boissons

_____

_____

_____

_____

5. Desserts

_____

_____

_____

_____

6. Couverts (*Place settings*)

_____

_____

_____

_____

B. À table. Vous êtes au restaurant. Voici votre couvert. Que dites-vous au serveur (*waiter*)?

MODÈLE: Excusez-moi, Monsieur, je n'ai pas de couteau.

1. Excusez-moi, Monsieur, _____

_____

2. Excusez-moi, Monsieur, _____

_____

3. Excusez-moi, Monsieur, _____

_____

4. Excusez-moi, Monsieur, _____

_____

C. Et vous? Donnez une réponse personnelle.

1. Nommez cinq plats que vous choisissez souvent au restaurant. _____

_____

_____

2. Nommez trois plats que vous mangez rarement au restaurant. _____

_____

D. Quelle heure est-il? Regardez les dessins suivants. Donnez l'heure, puis décrivez (*describe*) ce que fait chaque (*each*) personne.

Verbes utiles: manger, jouer, écouter, parler, travailler, regarder, rendre visite à

MODÈLE: Il est sept heures du matin.
Gilles mange un croissant.

1. _____
   _____

2. _____
   _____

3. _____
   _____

4. _____
   _____

5. _____
   _____

6. _____

_____

7. _____

_____

E. **Allons au cinéma.** Mais à quelle heure commencent les films? Lisez les annonces ci-dessous, puis répondez aux questions. (Écrivez les heures en toutes lettres.)

MODÈLE: *À toute épreuve* commence à une heure quarante de l'après-midi (13h40).

cinéma des environs

77	**seine-et-marne**

MEAUX

MAJESTIC, 5, place Henri IV, 64 34 00 17 et 36 65 70 09. (H). Pl. 40F. TR. 30F : mer + tlj : MI, ET, FN. Tlj de 14h à 18h : Groupes, - 18 ans et CV.

1) *Séances 14h, 16h, 18h, 20h, 22h. Sam séance suppl. à 24h :* **Fanfan** (Dolby stéréo)

2) *Séances 13h45, 15h50, 17h55, 20h, 22h. Sam séance suppl. à 24h :* **Les visiteurs, de Jean-Marie Poiré**

3) *Séances 13h40, 16h, 18h20, 20h45. Sam séance suppl. à 23h15 :* ☐ **A toute épreuve**

4) *Séances 13h45, 16h, 18h15, 20h30. Sam séance suppl. à 23h :* **La leçon de piano** (Pl. 40 et 30F)

5) *Séances 13h40, 16h05, 18h20, 20h45. Sam séance suppl. à 23h :* **Tout ça... pour ça !** (Pl. 42F et 32F)

6) *Mer, sam, dim séances 14h, 16h, 18h :* **Ninja kids.** — *Séances 13h40, 15h50, 18h (sauf mer, sam, dim) à 20h10, 22h10. Sam séance suppl. à 0h15 :* △ **Chute libre**

7) *Séances 13h40, 15h50, 17h55, 20h, 22h. Sam séance suppl. à 24h :* **A cause d'elle**

1. À quelle heure commencent les séances (*showings*) de *Ninja Kids*? Du soir ou de l'après-midi?

   _____

   _____

   Quels jours de la semaine? _____

   _____

   _____

2. À quelle heure commence la dernière (*last*) séance de *La Leçon de piano* le vendredi soir?

   _____

   _____

   Combien coûtent les places (*pl.*)? _____

   _____

3. Lequel des films a une séance supplémentaire à minuit et quart? _____

   _____

4. Quels sont les numéros de téléphone de la salle de cinéma? _____

   _____

5. Reconnaissez-vous (*Do you recognize*) certains de ces films? Si oui, donnez leurs titres en anglais.

   _____

   _____

F. Les saisons et le temps. Quel temps fait-il?

   MODÈLE: Il pleut et il fait du vent.

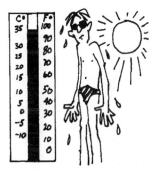 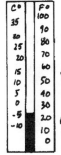 

1. _____   2. _____

   _____   _____

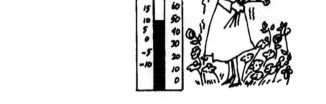

3. _____

_____

4. _____

_____

Étude de grammaire

17. The Verbs *prendre* and *boire*

TALKING ABOUT FOOD AND DRINK

A. Complétez le tableau par la forme convenable du verbe.

	prendre	boire
les Français		
je		
vous		
Jean et moi		
mon père		
tu		

B. Que dit Georges? Utilisez le verbe **prendre.**

Mots possibles: une aspirine, un autobus, l'avion (*airplane*), le petit déjeuner, une photo, le train, ma valise (*suitcase*), un verre

MODÈLE: Je prends une photo.

1. Nous _____
_____

2. Ils _____

3. Ils _____
_____

4. Je _____
_____

5. Il _____
_____

C. Faites des phrases avec les mots indiqués et conjuguez les verbes à la forme correcte.

prendre

1. nous / du thé _____

2. ils / le dîner _____

3. tu / de l'aspirine _____

boire

4. tu / du champagne _____

5. elles / un café _____

6. vous / de l'eau minérale _____

apprendre

7. elle / à nager _____

8. tu / du vocabulaire _____

9. vous / le français _____

comprendre

10. je / la leçon _____

11. nous / le français _____

12. ils / leurs enfants _____

D. **La boisson convenable.** Complétez les phrases suivantes avec le verbe **boire** et une expression de la liste. Ajoutez (*Add*) une explication si possible.

du vin chaud	de la bière (*beer*)
du thé	du vin
de l'orangeade	des boissons froides
du champagne	du chocolat
du café	?
du lait	

MODÈLE: Au petit déjeuner, nous buvons du café parce que nous avons sommeil.

1. En été, je _____

_____

2. Au déjeuner, nous _____

_____

3. Le premier janvier, quelques personnes _____

_____

4. En hiver, les enfants _____

_____

5. À l'Action de Grâce, ma famille _____

_____

18. Partitive Articles

EXPRESSING QUANTITY

> **du** porc
> **de la** salade
> **de l'**eau

A. Complétez le paragraphe avec des articles partitifs.

Ce matin, je vais manger _____¹ œufs et _____²

fromage. Je vais boire _____³ café avec _____⁴

sucre et _____⁵ crème. Je vais prendre _____⁶

pain et _____⁷ confiture. Cet après-midi, Pierre va faire les courses. Il va

acheter _____⁸ fruits et _____⁹ légumes,

_____¹⁰ viande et _____¹¹ poisson.

B. Quels sont vos goûts personnels?

Suggestions

un sandwich	une orange
de la soupe	des carottes
des œufs	du lait
un soufflé au fromage	du café
de la viande	de la tarte
?	?

Au dîner, je préfère prendre _____

_____

Au déjeuner, _____

_____

_____

Au petit déjeuner, _____

_____

_____

C. **Vous faites la cuisine.** Choisissez les ingrédients nécessaires. (**Rappel:** On utilise le partitif).

MODÈLE: Pour faire un ragoût (*stew*), j'utilise des carottes, du vin rouge et de la viande. Je n'utilise pas de poisson.

1. Pour faire une soupe, j'utilise _____

_____

_____

2. Pour faire une omelette, je prends _____

_____

_____

3. Pour faire un sandwich, je prends _____

_____

_____

4. Pour faire un gâteau, j'utilise _____

_____

_____

D. Préférences. Article indéfini ou partitif?

> MODÈLE: Que préférez-vous comme dessert?
> Je préfère prendre une poire.
> *ou* Je préfère prendre du gâteau.

1. À minuit _____

2. Pour une fête _____

3. Quand j'ai soif _____

4. À quatre heures de l'après-midi _____

5. Au petit déjeuner _____

E. À table. Article défini ou partitif?

1. —Adèle, que manges-tu?

   — _____ ª fromage, pourquoi?

   —Mais tu n'aimes pas _____ ᵇ fromage. Tu détestes _____ ᶜ fromage.

   —C'est vrai (*true*), mais _____ ᵈ fromage français est exceptionnel.

2. —Que désirez-vous, monsieur?

   — _____ ª vin rouge, s'il vous plaît, et _____ ᵇ café pour mon ami.

   —Désirez-vous _____ ᶜ sucre?

   —Non, merci, je n'aime pas _____ ᵈ café avec _____ ᵉ sucre.

3. —Est-ce qu'il y a _____ ª bifteck au restaurant universitaire ce soir?

   —Ah! _____ ᵇ bifteck n'existe pas au restaurant universitaire, mais il y a

   _____ ᶜ pommes de terre et _____ ᵈ pain.

F. Conséquences. Complétez les phrases suivantes en utilisant une expression de quantité: **assez de, beaucoup de, (un) peu de, trop de**.

   MODÈLE: On perd des kilos si on mange *peu de* desserts.

1. On a des boutons (*pimples*) si on mange _____ chocolat.

2. On perd des kilos si on mange _____ céleri (*m.*).

3. Si tu es diabétique, tu manges _____ sucre.

4. Si vous avez très soif, vous buvez _____ 'eau.

5. Un alcoolique boit _____ boissons alcoolisées.

6. On grossit (prend des kilos) si on mange _____ beurre.

7. Un plat n'est pas bon si on ne met (*put*) pas _____ sel.

8. Les végétariens mangent _____ légumes.

G. **Articles divers.** Complétez les phrases avec les articles définis et partitifs qui conviennent. Attention aux expressions de quantité!

1. Thomas n'aime pas _____ ^a lait, et il ne mange pas _____ ^b yaourts. Mais il aime _____ ^c fromage dans ses sandwichs.

2. Simone adore _____ ^a café. Elle boit beaucoup _____ ^b café. Dans son café, elle prend toujours un peu _____ ^c lait.

3. Monique mange souvent _____ ^a pomme ou _____ ^b banane au goûter. Moi, je préfère _____ ^c gâteaux. Je mange trop _____ ^d gâteaux.

4. En général, Robert aime _____ ^a légumes. Mais il n'aime pas _____ ^b haricots verts. Au dîner, il mange _____ ^c carottes et _____ ^d chou (*m.*) (*cabbage*), mais il ne prend pas _____ ^e haricots verts.

19. The Imperative

GIVING COMMANDS

regarder	Regarde!	Regardons!	Regardez!
attendre	Attends!	Attendons!	Attendez!
finir	Finis!	Finissons!	Finissez!
faire	Fais... !	Faisons... !	Faites... !
avoir	Aie... !	Ayons... !	Ayez... !
être	Sois... !	Soyons... !	Soyez... !

A. Donnez une légende (*caption*) à chaque dessin.

> MODÈLE: Dînons.

1. _____   2. _____

3. _____   4. _____

B. **Un professeur sévère.** Donnez des ordres à vos étudiants en utilisant l'impératif et les mots entre parenthèses.

  MODÈLE: Josette (ne pas fumer) → Josette, ne fume pas!

1. Thomas et Michel (ne pas parler pendant le cours)

  _____

2. Henri (faire ses devoirs)

  _____

3. Monique et Nicolas (fermer les livres)

  _____

4. Robert (finir l'exercice)

  _____

5. Sophie (répondre à la question)

  _____

6. Juliette (ne pas manger pendant le cours)

  _____

7. Jacques (réfléchir)

  _____

Étude de prononciation

Préparez-vous à lire (*to read*) ce texte à la radio en traçant (*drawing*) l'intonation des phrases.

  Comment est-ce qu'on trouve un appartement dans une ville universitaire? Ce n'est pas facile!

  Quelques mois (*A few months*) à l'avance, on commence à parler à tout le monde, aux amis, aux

  parents, aux amis des amis. On cherche dans les petites annonces des journaux (*newspapers*) et des

  revues. On visite les agences. Si on a de la chance (*If one is lucky*) on finit par trouver une chambre.

  Sinon (*If not*), on demande gentiment à papa et maman, «Est-ce que vous acceptez que je reste à la

  maison?»

STUDY HINT: PRACTICING FRENCH OUTSIDE OF CLASS

The few hours you spend in class each week are not enough time for practicing French. But once you have done your homework and gone to the language lab (if one is available to you), how else can you practice your French outside of class?

1. Practice "talking to yourself" in French as you walk across campus, wait for a bus, and so on. Have an imaginary conversation with someone you know, or simply practice describing what you see or what you are thinking about at a given moment. Write notes to yourself in French. Write e-mail messages in French to other students; check French websites.

2. Hold a conversation hour—perhaps on a regular basis—with other French students. Or make regular phone calls to practice French with other students in your class. It is difficult to communicate on the phone, because you can't rely on gestures and facial expressions, but it's an excellent way to improve your skill.

3. See French-language movies when they are shown on campus or in local movie theaters. Check local bookstores, libraries, and record stores for French-language newspapers, magazines, and music. Read the radio and television listings. Are there any French-language programs or any stations that broadcast partially or exclusively in French?

4. Practice speaking French with a native speaker. Is there an international students' organization on campus? An authentic French restaurant in your town? French-speaking professors at your university? Try out a few phrases—no matter how simple—every chance you get. Every bit of practice will enhance your ability to speak French.

Mise au point

A. Que portez-vous aujourd'hui? La radio donne la température en degrés Celsius.

MODÈLE:  S'il fait –5°C, il fait froid. Je porte un manteau et un chapeau.

1. S'il fait 32°C, _____

2. S'il fait 12°C, _____

3. S'il fait 3°C, _____

4. S'il fait 17°C, _____

5. S'il fait –20°C, _____

B. Miam, miam! Vous allez au supermarché pour acheter les ingrédients nécessaires pour la recette (*recipe*).

1. Faites une liste des ingrédients. (N'oubliez pas l'article partitif.)

   _____

   _____

   _____

   _____

   _____

   _____

   _____

Le pain perdu

1 verre de lait   ½ verre de sucre

Fouette les œufs avec le sucre...

...puis ajoute le lait.

Laisse fondre une noix de beurre dans la poêle.

Trempe une à une les tranches de pain...

...et fais-les dorer sur les 2 faces.

Saupoudrées de sucre, accompagnées de confiture, c'est un délicieux goûter.

2. Trouvez l'équivalent français de chacun des mots. Donnez l'infinitif.

   a. to brown _____

   b. to add _____

   c. to melt _____

3. Entourez d'un cercle l'expression logique.

   a. En France, les enfants mangent du pain perdu au goûter, après leurs cours. Aux États-Unis, on mange du pain perdu *au petit déjeuner / au goûter (l'après-midi) / au déjeuner.*

   b. En France, on mange du pain perdu avec du sucre et de la confiture. En Amérique, on mange du pain perdu avec *du fromage / du sirop d'érable / de l'huile d'olive.*

Situations: **Au marché**

In this dialogue, Chantal and Pierre are shopping for tonight's dinner in an open-air market. Where would you go to find the different items they mention?

PIERRE:	C'est sûr? Qu'est-ce que nous allons préparer pour le dîner ce soir?
CHANTAL:	Ben, écoute, le poisson a l'air bien frais. On peut faire des truites[a] aux amandes.[b]
PIERRE:	Je n'aime pas ça.
CHANTAL:	Oh! Des langoustines[c] à la mayonnaise.
PIERRE:	Oui, c'est bon, mais... ce n'est pas assez copieux[d]!
CHANTAL:	Du thon[e] frais grillé; c'est excellent!
PIERRE:	Oui, c'est vrai, mais c'est un peu fort[f] pour les invités.
CHANTAL:	Ah ben, je sais: des soles meunières.
PIERRE:	Oui, bonne idée. En général, tout le monde aime ça.
CHANTAL:	Parfait! Alors, quatre belles soles s'il vous plaît, monsieur.
POISSONNIER:	Oui! Alors: une, deux, trois, quatre, comme ça?
CHANTAL:	Parfait!

Compréhension

Choose the most appropriate response to complete each sentence.

1. Tu as déjà beaucoup de choses dans _____!

   a. ton sac   b. tes mains   c. ton panier

2. Chantal et Pierre décident d'acheter _____ pour leur dîner.

   a. quatre soles   b. des langoustines   c. du thon

3. Chantal et Pierre payent _____ pour des fruits et des légumes.

   a. 60 F   b. 135 F 50   c. 49 F 15

4. Ils achètent _____ et une bouteille de vin pour célébrer la promotion de Jean-Pierre.

   a. un gâteau   b. des profiteroles   c. des tartes aux pommes

[a]*trout* [b]*almonds* [c]*prawns* [d]*assez... plentiful enough* [e]*tuna* [f]*strong (in flavor)*

Le monde francophone

A. Réalités francophones. Indiquez si les phrases suivantes sont vraies (V) ou fausses (F) d'après le commentaire culturel de la page 145 de votre livre. Si la phrase est fausse, corrigez-la (*correct it*).

1. _____ En général, la nourriture (*food*) est plus chère en France qu'aux États-Unis.

2. _____ Pour les Français, la quantité est plus importante que la qualité de la nourriture.

3. _____ Une tartine, c'est un croissant avec du chocolat.

4. _____ Les enfants français mangent quelque chose l'après-midi. C'est leur goûter.

5. _____ On dîne en France entre 5 h 30 et 6 h du soir.

6. _____ En France on prend d'habitude un thé au lait après le dîner.

B. La France des fromages. L'article à la page suivante, paru dans *Cuisine Actuelle,* donne une idée de la grande diversité des fromages français. Lisez les légendes et répondez aux questions suivantes.

1. Dans quelle région fait-on le brie? _____ le roquefort?

   _____ le camembert? _____

2. Combien de variétés de fromages trouvez-vous dans votre supermarché?

   5–10 / 10–15 / 15–20 / plus

   Combien en comptez-vous sur l'illustration?

   5–10 / 10–15 / 15–20 / plus

3. Devinez la phrase qui veut dire:

   "France is the number one producer of cheese in the world." _____

   _____

   "the most famous of all our cheeses" _____

   _____

LA FRANCE DES FROMAGES

LE TOUR DE FRANCE

REGION OUEST
Le camembert, dont on a fêté le bicentenaire, est le plus connu de tous nos fromages.

REGION NORD NORD-EST
Saveurs affirmées et parfums puissants pour émotions fortes.

RÉGION CENTRE
De la Charente à la Touraine, les chèvres règnent. Seul le brie d'Ile-de-France est au lait de vache.

REGION EST
Aux contreforts des pâturages alpins, on privilégie les fromages de vache.

L'AUVERGNE ET LE MIDI
Célèbre roquefort de l'Aveyron, cabécou, fromages de Corse : ici, on préfère les brebis.

DES FROMAGES

La France est le premier producteur mondial de fromages. Chaque terroir a ses spécialités. Apprenez à les connaître, à les choisir, et, surtout, à les aimer. En effet, leur dégustation en fin de repas représente l'une des coutumes les plus agréables de notre gastronomie.

Journal intime

✦Décrivez ce que vous prenez d'habitude au petit déjeuner, au déjeuner et au dîner.

- Où et avec qui mangez-vous?
- Quels plats choisissez-vous? Pourquoi?
- Quels plats est-ce que vous évitez (*avoid*)?
- Prenez-vous des plats différents en hiver et en été?

Contrôle

A. Formez des phrases complètes à partir des éléments suivants.

1. aujourd'hui / mon / mère / aller / faire / courses

   _____

2. elle / aller / acheter / pain / viande / légumes / et / fruits

   _____

3. nous / aller / faire / soupe / et / nous / aller / manger / rôti de porc / et / pommes de terre

   _____

   _____

4. après / dîner / nous / aller / faire / vaisselle

   _____

5. mon / parents / aimer / faire / promenade / après / vaisselle

   _____

6. moi, je / préférer / rester / maison

   _____

7. je / boire / café / et / regarder / télévision

   _____

B. Donnez des ordres. Faites des suggestions logiques à l'aide des expressions suivantes: **aller au lit, boire du café, faire du ski, ne pas faire de pique-nique, jouer au tennis**

   MODÈLE: Il est minuit. (tu) → Va au lit!

1. Il neige. (nous)

   _____

2. Il fait du soleil. (tu)

   _____

3. Il pleut. (vous)

   _____

4. Il est sept heures du matin et vous avez sommeil. (vous)

   _____

CHAPITRE SIX

On mange bien?

Étude de vocabulaire

A. **Faisons les courses.** Une amie vous demande de faire les courses dans le quartier. Prenez la liste ci-dessous (*below*) et notez les magasins où vous devez (*must*) aller.

MODÈLE: 500 g. de jambon → à la charcuterie

1. un camembert _____

2. deux baguettes _____

3. 500 g. de bœuf haché (*ground*) _____

4. une boîte de haricots verts _____

5. trois douzaines d'huîtres _____

6. du pâté de campagne _____

B. **Analogies.**

MODÈLE: le fils : la fille = le frère : *la sœur*

1. le poisson : la poissonnerie   =   le pain : _____

2. la baguette : le pain   =   l'éclair : _____

3. le champagne : le vin   =   le camembert : _____

4. le bifteck : la viande   =   les haricots verts : _____

5. le poulet : la viande   =   le vin : _____

6. choisir : le choix ·   =   boire : _____

7. la viande : la faim   =   le lait : _____

8. le bifteck : le couteau   =   la soupe : _____

C. Vous écrivez une carte de restaurant. Classez les plats.

mousse au chocolat   sole meunière   truite aux amandes
camembert   brie   crème caramel
pâté de campagne   tarte aux fraises   steak-frites
poulet à la crème   sardines à l'huile   roquefort
crêpes suzette   vin rouge / rosé / blanc   glace maison
rôti de porc   eau minérale   bœuf en daube

Entrées	*Plats Garnis*	*Fromages*
_____	_____	_____
_____	_____	_____
_____	_____	_____
_____	_____	_____
_____	_____	_____

Desserts	*Boissons*
_____	_____
_____	_____
_____	
_____	
_____	

✦D. Qu'en pensez-vous? (*What do you think?*) Écrivez les nombres en toutes lettres.

MODÈLE: Ma grand-mère a quatre-vingt-trois ans.

1. En décembre il y a _____ jours.

2. On est «vieux» quand on a _____ ans.

3. Il reste (*There remain*) _____ jours de classe avant la fin du semestre (trimestre).

4. Un prix raisonnable pour un livre de classe est _____ dollars.

5. La température normale d'une personne est _____ degrés Fahrenheit.

6. Le nombre juste avant quatre-vingts est _____.

7. Dans trois heures, il y a _____ minutes.

8. Il y a _____ états aux États-Unis.

9. Le nombre juste après quatre-vingt-dix est _____.

E. **Faites vos courses.** Vous achetez les choses illustrées sur le dessin. Calculez le prix pour chaque (*each*) article. (Un kilo = 1000 grammes. En 2002, 6 francs = $1.00 approximativement.)

MODÈLE: Trois pommes coûtent quatre francs cinq.

1. Cinq cents grammes de beurre coûtent _____

2. Deux pommes coûtent _____

3. Un litre de lait coûte _____

4. Cinq cents grammes de bœuf coûtent _____

5. Six œufs coûtent _____

◆Maintenant, entourez d'un cercle les prix qui vous semblent chers.

Étude de grammaire

20. Demonstrative Adjectives

POINTING OUT PEOPLE AND THINGS

	singular	plural
m.	ce cet	ces
f.	cette	ces

A. Vous êtes mécontent(e) (*unhappy*) de votre logement. Voici une liste de choses à transformer. Utilisez l'adjectif démonstratif qui convient. Puis cochez (✔) les cinq objets que vous désirez le plus (*most*) changer dans votre chambre.

MODÈLE: ce miroir

1. _____ rideaux

2. _____ tapis

3. _____ lampe

4. _____ arbre devant ma fenêtre

5. _____ bureau

6. _____ meubles

7. _____ quartier

8. _____ petites tables

9. _____ livre de cuisine

10. _____ affiche

B. **Entendu** (*Overheard*) **au magasin.** Complétez les phrases suivantes à l'aide d'un adjectif démonstratif (**ce, cet, cette** ou **ces**).

À la boulangerie:

1. _____ boulangerie est fameuse.

2. _____ pain est merveilleux et _____ croissants sont excellents.

3. J'adore _____ gâteaux. Regarde _____ éclair au chocolat!

À l'épicerie:

4. Moi, j'aime _____ légumes et _____ fruits.

5. Regarde _____ orange! Elle est superbe.

6. _____ salade semble (*seems*) être parfaite.

7. _____ œufs sont très frais. Mais pourquoi est-ce que _____ œuf n'est pas marron?

À la boucherie:

8. Je vais prendre _____ rôti de bœuf et _____ saucisses.

9. Vous voulez un peu de _____ pâté?

10. Non merci, je préfère _____ côtes de porc.

21. The Verbs *vouloir, pouvoir,* and *devoir*

EXPRESSING DESIRE, ABILITY, AND OBLIGATION

A. Complétez le tableau.

SUJETS	VERBES		
je			
nous	devons		
		veut	
			pouvez
mes cousins			
tu			

B. Complétez les phrases avec la forme correcte du verbe indiqué.

pouvoir

1. — Est-ce que vous _____ skier cet après-midi?

   — Non, pas cet après-midi, mais demain nous _____.

2. — Est-ce que tu _____ aller au cinéma ce soir?

   — Non, je ne _____ pas.

3. Je _____ aider mon ami à faire la cuisine, et il

   _____ regarder la télé.

vouloir

4. — Est-ce que vous _____ danser?

   — Oui, je _____ bien.

5. — Est-ce que tu _____ apprendre le français?

   — Oui, et mon amie Sonia _____ apprendre le tchèque.

6. Nous ne _____ pas faire le ménage. Nos parents ne

   _____ pas avoir des enfants paresseux. Alors, nous faisons le ménage.

devoir

7. Tu _____ faire tes devoirs, je _____ travailler

   et Maurice _____ faire les courses.

8. Les professeurs _____ corriger leurs examens.

9. — Qu'est-ce que vous _____ faire à l'université?

   — Nous _____ réussir aux examens.

C. Dites ce que les personnes suivantes *ne peuvent pas* faire.

> MODÈLE: Marie et Sophie n'ont pas de voiture. →
> Elles ne peuvent pas habiter à la campagne.

habiter à la campagne   manger du pain
faire du ski   prendre un dessert
faire du jogging   inviter un ami (une amie) au restaurant
boire du café

1. Georges est allergique à la farine de blé. Il _____

_____

2. Il fait –7°C aujourd'hui. Nous _____

_____

3. Madeleine a la jambe cassée (*a broken leg*). Elle _____

_____

4. Je n'ai plus d'argent (*money*). Je _____

_____

5. Mes parents sont allergiques à la caféine. Ils _____

_____

6. Le sucre vous rend malade. Vous _____

_____

22. The Interrogative Adjective *quel*

ASKING ABOUT CHOICES

	singular	*plural*
m.	quel	quels
f.	quelle	quelles

A. Sondage. Complétez les phrases suivantes avec la forme correcte de l'adjectif interrogatif **quel.**

1. _____ légume aimez-vous, la carotte ou le céleri?

2. _____ est votre viande favorite?

3. _____ sont vos cours préférés ce trimestre?

4. À _____ heure est-ce que vous arrivez à l'université le matin?

5. _____ est votre film favori?

6. _____ sont vos actrices favorites?

7. Vous achetez votre pain dans _____ boulangerie?

8. Vous faites _____ sports?

9. De _____ instrument est-ce que vous jouez?

10. _____ exercice intéressant!

B. Vous faites la connaissance d'un(e) camarade de classe. Préparez six questions à lui poser. Attention aux accords masculins ou féminins.

MODÈLE: couleur préférée → Quelle est ta couleur préférée?

1. chansons préférées

   _____

2. disques préférés

   _____

3. livre favori

   _____

4. repas préféré

   _____

5. cours favori

   _____

6. films favoris

   _____

23. The Placement of Adjectives

DESCRIBING PEOPLE AND THINGS

A. Placez les adjectifs au bon endroit et faites les accords nécessaires.

MODÈLE: Je parle à une _____ femme _____. (français, vieux) →

Je parle à une *vieille* femme *française.*

1. En France, il y a beaucoup de _____ pâtisseries

   _____. (petit, délicieux)

2. Le professeur ne donne pas de _____ cours

   _____. (ennuyeux, long)

3. Voici une _____ pomme _____. (beau, rouge)

4. Marie est une _____ étudiante _____.

   (travailleur, bon)

5. Sophie a une _____ robe _____. (nouveau, vert)

6. J'ai acheté (*bought*) une _____ voiture _____. (noir, gros)

◆**B.** **Dans un restaurant élégant.** Faites des phrases en vous aidant de la liste ci-dessous. Utilisez deux adjectifs par phrase.

MODÈLE: On commande un bon vin rouge.

on	prendre	soupe	vieux (vieil, vieille)
	admirer	serveur	nouveau
	commander	meubles	bon
	manger	carte des vins	français
	regarder	ambiance (*f.*)	sérieux
	parler à	décor (*m.*)	sympathique
	boire	menu	beau
		maître d'hôtel	charmant
		?	gentil
			traditionnel
			joli
			?

1. _____

2. _____

3. _____

4. _____

5. _____

6. _____

7. _____

8. _____

9. _____

10. _____

Étude de prononciation

Marquez les liaisons obligatoires (‿) et interdites (*forbidden*) (⤸)

Il est évident que lorsqu'il y a un éléphant énorme dans une salle de classe avec huit petits

étudiants et un crocodile, l'action est intéressante.

Mise au point

A. **Geoffroy est assez snob.** Il préfère tout ce qui est vieux et classique. Il aime les lignes simples et élégantes. Exprimez son point de vue.

  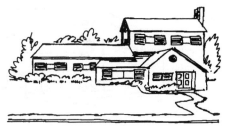

MODÈLE: J'aime cette architecture-ci, mais je n'aime pas cette architecture-là.

1. _____ est belle. Mais je trouve

_____ ridicule.

2. _____ est jolie. Mais

_____ a trop de fleurs.

3. _____ sont trop modernes. Mais

_____ sont superbes.

Hôtel Moderne   Hôtel Georges V

4. _____ n'est pas confortable, mais

   _____ a l'air excellent.

B. **Leçon d'histoire.** Écrivez les années en toutes lettres, selon le modèle. Devinez (*Guess*), si vous n'êtes pas certain(e).

   MODÈLE: 1643   Louis XIV prend le trône de France en seize cent quarante-trois.

   1789   1918   1861   1257   1436   1803

1. La Première Guerre mondiale (*World War I*) finit en _____

   _____

2. La Révolution française commence en _____

   _____

3. La Sorbonne est fondée (*founded*) par Robert de Sorbon en _____

   _____

4. La France vend la Louisiane aux États-Unis en _____

   _____

5. La Guerre civile aux États-Unis commence en _____

   _____

6. Gutenberg a inventé la typographie en _____

   _____

✦**C.** **Idées fixes.** On associe souvent certains noms et certains adjectifs, par exemple, **un studio minuscule** ou **une grosse voiture américaine.** Utilisez deux adjectifs que vous associez avec les mots suivants et suivez le modèle.

   Adjectifs utiles: ancien, arrogant, beau, cher, confortable, élégant, excentrique, grand, jeune, joli, moderne, nouveau, raisonnable, sombre, spacieux, sympathique, vert, vieux

   MODÈLE: une femme → Quelle femme? Cette belle jeune femme. *ou*
             Cette belle femme sympathique.

1. une plante _____

2. une voiture _____

3. un jean _____

4. des chaussures _____

5. des prix _____

6. des vêtements _____

7. un artiste _____

8. un médecin _____

9. une grand-mère _____

10. ? _____

Situations: **Le repas fait à la maison**

In this dialogue, Paul has invited Bénédicte and Caroline over for a home-cooked meal. Listen carefully to their conversation; do you recognize what Paul is serving for dinner?

BÉNÉDICTE: Ça sent[a] bon, hein[b]!

CAROLINE: Paul, qu'est-ce que tu nous as préparé ce soir? Je meurs de[c] faim.

PAUL: Une de mes spécialités: une bonne quiche lorraine.

CAROLINE: Une quiche lorraine? Tu sais cuisiner?

PAUL: Eh oui! J'ai cuisiné toute la journée et... j'ai beaucoup de talent.

BÉNÉDICTE: Quelle jolie table... tu nous gâtes.[d]

CAROLINE: En effet, les assiettes, les couverts, la nappe... Pas mal... Merci.

PAUL: Bon appétit.

BÉNÉDICTE: Merci, bon appétit!

CAROLINE: Bon appétit!

Comprehénsion

Cochez (✓) les ingrédients nécessaires à la préparation d'une quiche lorraine.

1. _____ du beurre   6. _____ de la farine

2. _____ de la crème   7. _____ du bœuf

3. _____ de l'huile   8. _____ des œufs

4. _____ du fromage   9. _____ du lait

5. _____ du sel   10. _____ du poivre

[a]*smells* [b]*eh!* [c]*Je... I'm dying of* [d]*tu... you're spoiling us*

Le monde francophone

A. Réalités francophones. Indiquez si les phrases suivantes sont vraies (**V**) ou fausses (**F**) d'après le commentaire culturel à la page 172 de votre livre. Si la phrase est fausse, corrigez-la (*correct it*).

1. _____ Les supermarchés n'existent pratiquement pas en France.

2. _____ Les Français aiment encore faire les courses dans des petits magasins comme les poissonneries, les crémeries, les boulangeries, etc.

3. _____ On peut acheter des livres d'occasion (*used*) et des antiquités dans les hypermarchés.

4. _____ Quand on fait le marché dans les petits commerces du quartier, on peut sélectionner les produits les plus frais.

B. Ça vient de sortir! Ce paragraphe annonce une nouvelle sorte de fromage.

APRÈS L'AIL, L'OIGNON

Pour marquer l'anniversaire de ses trente ans, Boursin crée un nouveau fromage. La base est la même, mais aromatisée, cette fois, avec de l'oignon et de la ciboulette.[a] Le dosage est bien fait. Boursin oignon et ciboulette : 10 F environ le fromage de 150 g. Toute distribution.

[a]*chives*

1. Comment s'appelle-t-il? _____

2. Choisissez la meilleure traduction de «aromatisée» *aroma / smelling / flavored*.

3. Pourquoi la compagnie Boursin introduit-elle ce nouveau fromage?

   _____

4. Nommez d'autres fromages français. Lequel aimez-vous le mieux? _____

   _____

   _____

Journal intime

✦Imaginez que vos amis (ou des membres de votre famille) décident de fêter votre anniversaire au restaurant. Décrivez la soirée de vos rêves.

- Où dînez-vous?
- Qui est invité?
- Qu'est-ce que vous mangez et buvez? (Décrivez le menu en détail.)
- Que faites-vous avant et après le repas?

Contrôle

A. Modifiez les phrases avec les mots entre parenthèses. Suivez le modèle.

MODÈLE: C'est un étudiant *sérieux*. (bon) →
C'est un bon étudiant.

1. Quel beau *pantalon*! (jupe)

   _____

2. C'est une belle *salade* verte. (fruit)

   _____

3. J'ai un *ami* intellectuel. (amies)

   _____

4. Quels *hors-d'œuvres* extraordinaires! (famille)

   _____

5. C'est un *grand* homme. (tranquille)

   _____

B. Composez des phrases complètes à partir des éléments suivants.

1. vouloir / tu / aller / restaurant / ce / soir?

   _____

2. tu / ne pas / devoir / travailler?

   _____

3. non / je / pouvoir / rester / maison

   _____

4. on / pouvoir / peut-être / aller / ce / nouveau / crêperie

   _____

5. d'accord / elle / être / excellent / et / je / adorer / crêpes

   _____

CHAPITRE SEPT
Vive les vacances!

Étude de vocabulaire

A. **Sports populaires.** Dans chaque catégorie, nommez au moins (*at least*) deux ou trois sports.

1. Sports qui ne nécessitent pas d'équipement _____

2. Sports qu'on pratique à la montagne _____

3. Sports qu'on pratique au bord de la mer ou sur les lacs _____

   _____

4. Autres sports d'été _____

5. Autres sports d'hiver _____

B. **On a besoin de quoi?** Indiquez l'équipement et/ou les vêtements nécessaires pour faire chaque activité.

   MODÈLE: Si vous aimez faire du vélo, vous avez besoin *d'une bicyclette.*

1. Si vous aimez faire du camping, vous avez besoin _____

   et _____.

2. Si vous aimez skier, vous avez besoin _____ et

   _____.

3. Si vous aimez faire de l'alpinisme, vous avez besoin _____.

4. Si vous aimez nager au bord de la mer, vous avez besoin _____,

   _____ et _____.

Étude de grammaire

24. Verbs Conjugated Like *dormir*; *venir*

EXPRESSING ACTIONS

A. Complétez le tableau.

	MES COPAINS	TU	NOUS	JULES
sortir				
venir				
sentir				
dormir				
servir				

B. Complétez les phrases avec la forme correcte des verbes indiqués.

dormir

1. Je _____ dans mon sac de couchage.

2. Elles _____ sous la tente.

3. Vous _____ à la belle étoile (*fig. outdoors*).

sortir

4. Tu _____ souvent avec Suzanne?

5. Oui, je _____ avec Suzanne et d'autres amis.

6. Nous _____ ensemble tous les vendredis.

sentir

7. Vous _____ bon!

8. Il _____ l'odeur du café et il est content.

9. Moi, je suis content quand je _____ le vent de la mer!

partir

10. Je _____ pour Montréal avec ma famille.

11. Quand est-ce que vous _____?

12. Nous _____ samedi prochain.

servir

13. Tu _____ le petit déjeuner?

14. Oui, on _____ le repas à la cuisine.

15. À quelle heure est-ce que vous _____ le dîner?

16. Ça _____ à quoi de parler une langue étrangère?

C. Complétez chaque (each) phrase avec la forme correcte du verbe qui convient. Utilisez **venir, revenir,** ou **devenir.**

1. Maurice _____ de rentrer de vacances avec sa famille.

2. Ils _____ du Maroc.

3. Tu changes beaucoup en ce moment. Tu _____ très grand!

4. Est-ce que vous _____ avec moi chez Marc?

5. Non, nous _____ de revenir à la maison.

D. **Mystères.** Expliquez ces situations en utilisant le verbe **venir de** et une des expressions suivantes: **danser le twist, vendre sa société (entreprise) à une multinationale, dîner, prendre un thé, habiter le Mexique, nager, dormir**

MODÈLE: Pourquoi est-ce que vous n'avez pas faim? → Nous venons de dîner.

1. Pourquoi est-ce que ton amie n'a pas soif? _____

_____

2. Pourquoi est-ce que tu as chaud? _____

_____

3. Pourquoi vos cousines parlent-elles si bien l'espagnol? _____

_____

4. Pourquoi votre oncle est-il si riche? _____

_____

5. Pourquoi est-ce que nous n'avons pas sommeil? _____

_____

6. Et vous, pourquoi êtes-vous mouillé(e) (wet)? _____

_____

25. The *passé composé* with *avoir*

TALKING ABOUT THE PAST

A. Complétez le schéma avec des verbes au passé composé.

	TRAVAILLER	RÉUSSIR	VENDRE
j'			
on			
les copains			
vous			
nous			
tu			

B. Formes. Donnez le participe passé des verbes suivants:

1. agir _____

2. apprendre _____

3. perdre _____

4. vouloir _____

5. descendre _____

6. recevoir _____

7. avoir _____

8. devoir _____

9. obtenir _____

10. boire _____

11. pleuvoir _____

12. pouvoir _____

C. Qu'est-ce qu'on fait? Mettez (*Put*) les phrases suivantes au passé composé.

1. Sophie choisit un nouveau maillot de bain pour les vacances.

   _____

2. Nous attendons nos valises.

   _____

3. Vous faites du vélo à la campagne.

   _____

4. Ils apprennent à faire de la planche à voile.

   _____

5. Je ne travaille pas pendant les vacances.

   _____

6. Tu as du beau temps pendant tes vacances en France.

   _____

7. Il ne pleut pas.

    _____

8. Elle obtient son visa pour le Pérou.

    _____

9. Nous skions dans les Alpes.

    _____

10. Thomas fait du surf à Biarritz.

    _____

11. Il écrit des cartes postales à ses amis.

    _____

12. Ses amis sont contents de recevoir de ses nouvelles.

    _____

D. Qu'est-ce que Gilles a fait l'été dernier?

MODÈLE: Gilles / commencer / vacances / La Baule / ... →
Gilles a commencé ses vacances à La Baule le quinze juillet.

1. il / dormir / tard / ...

    _____

    _____

    _____

2. Gilles et des amis / dîner / à / restaurant / soir / de / ...

    _____

    _____

    _____

le 19 juillet

3. ... / Gilles / acheter / souvenirs / pour / amis / à / Paris

_____

_____

_____

le 20 juillet

4. ... / il / nager / avec / amie

_____

_____

_____

le 21 juillet

5. il / visiter / galerie d'art / ...

_____

_____

_____

le 22 juillet

6. ... / Gilles / quitter / La Baule / pour / Paris / avec / nouveau / amis

_____

_____

_____

E. **Avez-vous passé un bon week-end?** Faites des phrases négatives avec les expressions données.

Rappel: L'article partitif change après le négatif.

MODÈLE: je / manger du pizza → Je n'ai pas mangé de pizza.

1. vous / dormir dix heures hier soir _____

2. nous / boire du champagne _____

3. je / prendre de l'aspirine _____

4. Caroline / avoir peur _____

5. José / porter un maillot de bain _____

6. tu / recevoir une lettre _____

7. les étudiants / regarder la télévision _____

8. nous / accepter une invitation _____

F. **Une bonne journée** (*day*). Mettez le passage suivant au passé composé.

Aujourd'hui, je travaille toute la journée. Après le travail, je fais une promenade avec mon chien. Puis, j'ai faim, alors je prépare une omelette. Je mets des œufs, du jambon et des tomates. Ensuite, mon ami Joseph regarde la télévision avec moi. Nous choisissons un film comique. Nous buvons du café. Plus tard je ne peux pas dormir! J'écris un peu dans mon journal.

Hier, j'_____

_____

_____

_____

_____

_____

_____

_____

_____

_____

26. The *passé composé* with *être*

TALKING ABOUT THE PAST

A. Complétez le tableau.

	ARRIVER	PARTIR	RENTRER
tes grands-parents et toi			
Jacques et moi			
Angèle et Sophie			
toi, Marie-Anne, tu			

B. Formes. Donnez le participe passé des verbes suivants:

1. aller _____

2. descendre _____

3. partir _____

4. naître _____

5. mourir _____

6. venir _____

7. sortir _____

8. tomber _____

C. Qu'est-ce qui s'est passé? (*What happened?*) Mettez les phrases suivantes au passé composé. Attention aux accords.

1. Le professeur arrive dans la salle de classe.

   _____

2. Les étudiants entrent avant le professeur.

   _____

3. Sylvie passe dire bonjour à ses amies.

   _____

4. Elle reste une heure, puis elle repart.

   _____

5. Marie et Jacques vont au cinéma samedi soir.

   _____

6. Jacques tombe dans la rue à cause de (*because of*) la neige!

   _____

7. Catherine vient me chercher au travail. Puis nous rentrons à la maison.

   _____

8. Ma fille naît en avril et mon fils naît en octobre.

   _____

9. Mes grands-parents meurent.

   _____

D. Quel week-end! Complétez le paragraphe et mettez les verbes entre parenthèses au passé composé. Attention aux auxiliaires: certains verbes prennent **être** et d'autres **avoir!**

Ce week-end, mes amis et moi _____[1] (sortir) au cinéma à Paris.

Nous _____[2] (choisir) un film français pour pratiquer notre français!

Malheureusement, le film était compliqué et nous _____[3] (ne pas

comprendre)! Nous _____[4] (décider) d'aller au restaurant après le

cinéma. Nous _____[5] (manger) du poulet et des frites. Ensuite, nous

_____[6] (avoir) envie de danser et nous _____[7]

(aller) à la discothèque. Nous _____[8] (rentrer) à 5 heures du matin! Nous

_____[9] (prendre) un petit déjeuner, puis nous _____[10]

(dormir) jusqu'à midi! Mes copains _____[11] (venir) me réveiller et je (j')

_____[12] (devoir) étudier tout l'après-midi pour mon examen de français!

27. Uses of *depuis*, *pendant*, and *il y a*

TELLING HOW LONG OR HOW LONG AGO

◆**A. Évolution.** Décrivez vos activités passées et présentes en complétant ces phrases. Notez bien le temps des verbes employés.

1. J'étudie le français depuis _____.

2. Je joue à/de _____ depuis _____.

3. J'habite à _____ depuis _____.

4. J'ai fait _____ il y a 10 ans.

5. J'ai commencé mes études universitaires il y a _____.

6. J'ai visité _____ en 1993.

7. J'ai acheté _____ la semaine passée.

B. À Chamonix, Mariane et Fanny font connaissance pendant les vacances. Utilisez **depuis, pendant** ou **il y a.**

MARIANE: _____[1] quand es-tu ici à Chamonix?

FANNY: On est ici _____[2] trois heures. Nous avons envie de faire

de l'alpinisme _____[3] les trois jours que nous allons être

ici. Tu es ici _____[4] longtemps?

MARIANE: Nous avons pris le train de Lyon _____⁵ une semaine.

_____⁶ six jours nous visitons toutes les curiosités de la région: la mer de Glace, le mont Blanc. Et _____⁷ notre arrivée nous goûtons à tous les bons plats de la région.

FANNY: Est-ce qu'il fait toujours si beau _____⁸ le mois de juin?

MARIANE: Souvent, mais il a neigé en montagne _____⁹ deux semaines.

Nommez deux activités qu'on peut faire dans la région de Chamonix.

_____

_____

C. **Questions personnelles.** Répondez aux questions suivantes en faisant des phrases complètes et en employant **depuis, pendant** et **il y a.**

1. Depuis quand est-ce que vous allez à l'université?

_____

2. Quand est-ce que vous avez commencé à étudier le français?

_____

3. Vous pratiquez votre français pendant combien de minutes (ou d'heures) chaque jour?

_____

4. Depuis quand est-ce que vous habitez dans cette ville?

_____

5. Quand avez-vous quitté la maison de vos parents?

_____

Mise au point

◆A. Racontez trois événements de votre vie avant (*before*) l'âge de dix ans. Ajoutez un détail à chaque phrase.

MODÈLE: J'ai visité la Californie pour la première (*first*) fois avec ma famille.

1. _____
2. _____
3. _____

Racontez trois de vos souvenirs de l'école secondaire.

4. _____
5. _____
6. _____

◆**B.** Racontez quelques événements importants de votre vie. Essayez d'employer les verbes suivants au passé composé. Donnez autant de détails que possible (où, quand, avec, qui, pourquoi, etc.).

1. naître _____

   _____

2. entrer à l'école _____

   _____

3. faire un voyage _____

   _____

4. déménager (*to move*) _____

   _____

5. quitter ma famille _____

   _____

6. rester _____

   _____

7. retourner _____

   _____

C. Un tour des îles francophones. Mettez l'histoire à la page suivante au passé composé en utilisant les verbes logiques de la liste de droite.

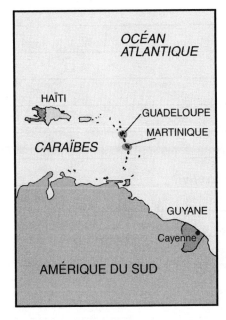

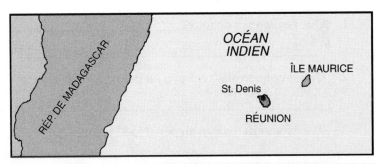

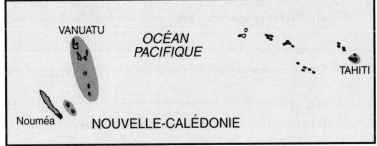

Un jour de septembre, nous _____¹ New York

pour aller à la Guadeloupe. Ensuite, nous _____²

à la Martinique. Nous _____³ les plages de ces îles si

reposantes (*restful*)! Après une semaine nous _____⁴

à la Réunion, une petite île à l'est de Madagascar dans l'océan Indien.

aller
partir
quitter
trouver

    Puis, on _____⁵ pour Tahiti où on

_____⁶ deux semaines magnifiques.

Moi, je _____⁷ du bateau; mes amis

_____⁸ sur les plages. On

_____⁹ des fleurs splendides et... les villages

que Gauguin _____¹⁰ tant (*so much*).

voir
partir
aimer
faire
bronzer
passer

    Moi, je _____¹¹ de visiter la Nouvelle-Calédonie.

Mais mes amis _____¹² à Tahiti. À la fin du

voyage, nous _____¹³ ensemble aux États-Unis.

Quand nous _____¹⁴ de l'avion à New York, j'ai

été triste (*sad*) de voir les couleurs sombres de cette ville—mais très

heureux de revoir ma famille.

rentrer
descendre
décider
rester

◆**D.** **Et vous?** Répondez aux questions suivantes.

1.   Que venez-vous de faire? _____

   _____

2.   Qu'est-ce que vous avez pris au petit déjeuner ce matin? _____

   _____

3.   Avez-vous cru (*believe*) au père Noël? Jusqu'à quel âge? _____

   _____

4.   Quand est-ce que vous avez vu votre famille récemment (*recently*)? _____

   _____

5.   Où est-ce que vous avez passé les dernières vacances d'hiver? _____

   _____

6.   En général, combien d'heures dormez-vous par nuit? _____

   _____

7.   Depuis quand portez-vous les chaussures que vous avez aux pieds, en ce moment?

   _____

Situations: **Une promenade dans le parc**

In this dialogue, Paul and Caroline are spending a Sunday walking through the park. How do you like to spend your free time?

PAUL: C'est vraiment une bonne journée pour se promener,[a] hein?

CAROLINE: Oui, tu as raison. Il fait beau!

PAUL: J'ai toujours aimé me promener ici le dimanche.

CAROLINE: Oui?

PAUL: Les gens flânent.[b]

CAROLINE: On peut bien se détendre[c] et oublier le stress de la semaine...

CAROLINE: Regarde ces enfants qui chantent. Comme ils sont mignons[d]!

PAUL: Il joue bien de la guitare, celui-là, hein?

CAROLINE: Pas mal!

PAUL: La femme sur la chaise, elle a l'air de lire[e] quelque chose d'amusant là!

CAROLINE: Je me demande ce qu'elle lit...

PAUL: Eh! Regarde le voilier[f]!

CAROLINE: Oh, qu'est-ce qu'il est beau! Ce n'est pas comme ce bateau à moteur! Quel bruit[g]!

Compréhension

Indiquez si les phrases suivantes sont vraies (**V**) ou fausses (**F**). Corrigez les phrases qui sont fausses.

1. **V F**   Caroline suggère de faire un voyage à l'étranger.

   _____.

2. **V F**   En cette saison, il y a peu de gens sur la Côte d'Azur.

   _____.

3. **V F**   Une des spécialtiés culinaires bretonnes, ce sont les crêpes.

   _____.

4. **V F**   Paul propose d'aller sur la côte basque.

   _____.

5. **V F**   Biarritz est situé en Bretagne.

   _____.

[a]se... to walk   [b]stroll   [c]se... relax   [d]cute   [e]to read   [f]bateau à voiles   [g]Quel... What a racket!

Le monde francophone

A. Bonnes vacances! Associez chaque description à un dessin. Puis entourez d'un cercle les mots du texte qui confirment votre choix.

L'aventure

Promenades à travers le désert, rencontres insolites, trekking au bout du monde, face à face avec des animaux sauvages : tout est possible pour l'aventurier que vous êtes.

1. _____

La croisière

Découvrir de nouveaux horizons, apprécier le confort d'un bateau de rêve, profiter de la beauté de l'océan, paresser au bord de la piscine : toute la mer est à vous.

3. _____

La forme

Grand air, calme, détente, sport, thalassothérapie ou bienfaits de la montagne : prenez soin de vous pendant vos prochaines vacances.

5. _____

Réservé aux vacances pleines d'idées !

La gastronomie

Des plus fines épices de l'Asie aux meilleurs foies gras du Périgord, du sirop d'érable aux pâtisseries orientales : votre périple touristique saura trouver ses haltes gourmandes.

2. _____

Le tourisme vert

Rivières, cascades, forêts, alpages, randonnées à pied, à cheval ou à vélo : votre cœur vert vous poussera à retourner vers la nature.

4. _____

La culture

Musées, châteaux, routes historiques, festivals, sites archéologiques : découvrez tout un monde de richesses.

6. _____

b.

c.

d.

a.

e.

f.

B. **Réalités francophones.** Complétez les phrases selon le commentaire culturel de la page 200 de votre livre.

1. Cette grande ville francophone et cosmopolite se trouve en Amérique du Nord. C'est _____

   _____

2. C'est le pays des montagnes, du fromage, des horloges et des montres. On y parle quatre

   langues. C'est _____

3. Dans ce pays francophone en Afrique de l'Ouest, on trouve des déserts, des plages tropicales,

   de grandes villes cosmopolites et des villages typiquement africains. C'est _____

   _____

4. Nommez deux autres pays francophones en Afrique. _____

5. Nommez un pays francophone en Amérique du Sud. _____

6. Nommez une grande île francophone dans l'océan Indien. _____

Journal intime

✦Avant d'écrire dans votre journal, lisez les questions suivantes et cochez (✔) les réponses convenables. (*Also feel free to jot down notes about any of the answers so that you will have more ideas to work with when you write.*)

Qu'est-ce que vous avez fait l'été passé?

J'ai...

_____ travaillé.

_____ voyagé. (Où?)

_____ passé beaucoup de temps avec des amis.

_____ fait des études.

_____ beaucoup regardé la télévision.

_____ fait beaucoup de natation.

_____ (autre) _____.

Maintenant décrivez brièvement ce que vous avez fait l'été passé.

- Qu'est-ce que vous avez fait?
- Avec qui?
- Où?
- Qu'est-ce que vous avez appris, acheté, vu, etc.?

Contrôle

A. Magalie décrit (*describes*) les vacances de sa famille. Formez des phrases complètes à partir des éléments suivants.

1. mes parents et moi / venir de (présent) / passer / vacances / plage

    _____

2. je / faire (passé comp.) / planche à voile / et / mon / frère / faire (passé comp.) / surf

    _____

3. mes parents / faire (passé comp.) / ski / tous les jours

    _____

4. ma sœur / partir (passé comp.) / montagne / avec / amis

    _____

5. elle / ne pas vouloir (passé comp.) / venir / avec nous / plage

    _____

6. elle / préférer (présent) / ski / et / alpinisme

    _____

7. je / aimer mieux (présent) / nager / et / bronzer

    _____

8. pendant / vacances / mon père / beaucoup / dormir (passé comp.)

    _____

B. Complétez les phrases suivantes avec **pendant, depuis** ou **il y a.**

Tiens! (*What a surprise!*) Vous parlez chinois! Mes amis apprennent le chinois

_____ [1] trois mois. Ils vont faire un voyage en Chine. Ils vont rester

en Chine _____ [2] un mois. Moi aussi je suis allée en Chine

_____ [3] neuf ans. Et vous? _____ [4] quand

est-ce que vous parlez chinois?

CHAPITRE HUIT

Voyages et transports

Étude de vocabulaire

A. Complétez chaque analogie.

1. _____ : voler (*to fly*) = le voyage : voyager

2. l'aéroport : l'avion = _____ : le train

3. le steward : l'hôtesse de l'air = le passager : _____

4. l'avion : l'atmosphère = _____ : l'eau

5. le conducteur : le train = _____ : l'avion

6. Paris : France = Berlin : _____

7. Suisse : Europe = Chine : _____

8. _____ : le billet (*ticket*) = la boulangerie : le pain

B. **Thierry et Serge partent en Suisse.** Racontez leur départ. Mentionnez les objets marqués d'une flèche (*arrow*).

1. Thierry et Serge sont _____

   Ils portent _____

   Ils vont probablement _____

2. Le train _____

   Thierry et Serge _____

   Il est _____

3. Maintenant Thierry et Serge sont _____

   Quelle surprise! Devant les jeunes gens, _____

   _____

C. **Test de géographie.** Au nord, au sud, à l'est ou à l'ouest?

   Rappel: La forme féminine est **de la;** au masculin, c'est **du.**

   MODÈLE: la France / Luxembourg → La France est au sud du Luxembourg.

   1. le Mexique / les États-Unis _____

   2. la Colombie / le Brésil _____

   3. le Portugal / l'Espagne _____

   4. l'Allemagne / la Belgique _____

   5. l'Italie / la Grèce _____

   6. l'Algérie / le Maroc _____

D. Quelle marque de voiture conduisent les personnes suivantes? Si vous ne le savez pas, devinez!

MODÈLE: Renate Lupin, amateur de voitures allemandes, *conduit une BMW.*

1.   Mme Johnson, mère de quatre enfants, _____

_____

2.   Mario Andretti, chauffeur de course, _____

_____

3.   M. et Mme Smith, 50 ans, _____

_____

4.   Jean-Claude de Vernay, Président-directeur général d'une grosse société de produits chimiques,

_____

5.   Mes parents _____

_____

6.   Maintenant, moi, _____

Dans cinq ans, je vais _____

_____

E.   Vocabulaire. Répondez aux questions suivantes.

1.   Où est-ce qu'on prend l'avion?

_____

2.   Qui apporte les repas et les boissons dans l'avion?

_____

3.   Si vous ne fumez pas, dans quelle zone est-ce que vous voulez voyager en avion?

_____

4.   Qui attend le train sur le quai de la gare?

_____

5.   Comment s'appelle chaque (*each*) voiture d'un train?

_____

6.   Qu'est-ce qu'on fait régulièrement pour sa voiture à la station-service?

_____

Étude de grammaire

28. Introduction to the Present Conditional

MAKING POLITE REQUESTS

avoir		pouvoir		vouloir	
j'	aurais	je	pourrais	je	voudrais
tu	aurais	tu	pourrais	tu	voudrais
vous	auriez	vous	pourriez	vous	voudriez

A. Le savoir-faire. Complétez les phrases ci-dessous de façon polie en utilisant le conditionnel du verbe entre parenthèses.

1. (vouloir) _____-vous nous envoyer (*send us*) une réponse avant le 15 septembre?

2. (pouvoir) _____-vous téléphoner à Michèle avant de venir?

3. (avoir) _____-vous envie d'investir un peu d'argent?

4. (vouloir) Je _____ bien faire un voyage cet été.

B. Un week-end à Londres. Cette conversation a lieu dans une agence de voyages. Complétez-la avec un de ces verbes au conditionnel: **avoir, aimer, vouloir, pouvoir.**

LE CLIENT: Est-ce que vous _____ des tarifs intéressants pour Londres en ce moment?

L'EMPLOYÉ: Vous tombez bien! Nous avons un vol aller-retour (*round-trip flight*) en promotion à 550 F.

LE CLIENT: Et _____-vous me réserver une chambre d'hôtel du 3 au 7 septembre?

L'EMPLOYÉ: Bien sûr. À Londres, où est-ce que vous _____ être?

LE CLIENT: Je _____ trouver un hôtel pas trop cher près de Hyde Park.

29. Prepositions with Geographical Names

EXPRESSING LOCATION

	to/at/in	from
villes/îles	à	de
pays masc.	au (aux)	du (des)
pays fém. et continents	en	de (d')
états et régions masc.	dans le	du (de l')
états et régions fém.	en	de (d')

A. **Parlons des voyages.** Complétez la conversation suivante avec les articles et/ou les prépositions qui conviennent.

MIREILLE: L'année dernière, je suis allée en Europe. J'ai voyagé _____¹ Angleterre,

_____² Allemagne, _____³ Grèce et _____⁴ Belgique.

J'ai adoré _____⁵ Angleterre et _____⁶ Grèce! Cette année, nous

allons _____⁷ Afrique. Nous voulons aller _____⁸ Sénégal,

_____⁹ Côte-d'Ivoire et _____¹⁰ Kenya.

CHANTAL: Est-ce que vous avez déjà visité _____¹¹ Amérique du Nord?

MIREILLE: Moi, je suis allée _____¹² Canada et _____¹³ États-Unis. Thomas

a de la chance aussi. Il est allé _____¹⁴ Hawaii il y a cinq ans.

CHANTAL: Mes parents sont partis _____¹⁵ Mexique il y a un mois. Ils vont revenir

_____¹⁶ Mexique vendredi prochain.

MIREILLE: Ma grand-mère aime beaucoup voyager. Elle aime passer ses vacances dans des pays

lointains comme _____¹⁷ Chine ou _____¹⁸ Brésil. Mon grand-père

préfère rester _____¹⁹ Paris!

CHANTAL: Pour Noël, nous allons partir _____²⁰ Japon. Nous allons rester trois jours

_____²¹ Tokyo et quatre jours _____²² Osaka. Puis nous allons

quitter _____²³ Japon et rentrer _____²⁴ France.

B. On a publié ces annonces dans un magazine pour étudiants, *Le Monde de l'éducation*. Lisez-les et répondez aux questions.

```
┌─────────────────────────────────────────────────────────────────────────┐
│  ┌──────────────────┐   Le Maroc en bus, 21 jours    ─────────────────   │
│  │                  │   août, 4.600 F tt comp., cam-  VACANCES ANGLAISES  │
│  │ Stages           │   ping style cool. Doc. à Foyer     POUR JEUNES     │
│  │                  │   rural, 52000 Euffigneix.      ─────────────────   │
│  │ et loisirs       │   Tél. : 25-32-31-46, soir.     Joignez l'utile à   │
│  │                  │                                 l'agréable.         │
│  └──────────────────┘   Voyage en Chine, Route de     Améliorez votre     │
│                         la soie, 1 mois, juillet, août, anglais sans      │
│  ─────────────────────  15 900 F TC, M. Chen,         peine dans          │
│  Prof. organise voyage en 60 bd Magenta, 75010 Paris.  l'ambiance cha-    │
│  août,      Chine-Tibet-Népal                         leureuse de notre   │
│  et H.-Kong, circuit complet, Corse Porticcio, loue été, home. Cours      │
│  bonnes prestations.    F3, dans villa calme, 500 m   particuliers et     │
│  Tél. : 43-40-66-84, soir.    de la plage              sorties variées.   │
│                         Tél. : 93-20-18-14 ou         FAMILY INTERNATIONAL│
│                         93-63-42-22, le soir.          11 Ashwell Road     │
│                                                        Whissendine, OAKHAM │
│                                                        Leics LE 15 7EN. G. B.│
│                                                        Tel : 19 44 66 479 219.│
└─────────────────────────────────────────────────────────────────────────┘
```

1. Que proposent ces annonces?

   _____

2. Où est-ce qu'on peut passer 21 jours en août?

   _____

3. À 6 F = $1.00, combien coûte le voyage en Chine sur la route de la soie (*silk*)?

   _____

   _____

4. Quels sont les quatre pays où le professeur organise un voyage?

   _____

5. Dans quelle ville de Corse est-ce qu'on loue une villa?

   _____

6. Où est-ce qu'on propose d'apprendre une langue étrangère?

   _____

   _____

✦7. Quelle annonce vous intéresse (*interests you*) le plus? Où est-ce que vous aimeriez aller? Pourquoi?

   _____

   _____

C. **Voyages d'affaires.** M. Auteuil est commis voyageur (*traveling salesman*) pour une entreprise internationale. Il voyage énormément. Racontez ses voyages selon son calendrier.

Verbes utiles: arriver, partir, quitter, visiter, rentrer, être, aller, revenir

septembre

lundi	mardi	mercredi	jeudi	vendredi	samedi	dimanche
				1	2	3
4	5 *Rio* ————	6	7 ————→	8	9	10
11	12 *Marseille*	13 *Italie*	14 *Allemagne* —	15	16 ——→	17
18	19	20 *Japon* ——	21	22	23	24
25 ————	26 ——→	27	28	29 *Angleterre* ——→	30	

MODÈLE: Mardi le cinq il va à Rio où il passe trois jours. Il rentre du Brésil le huit.

1. Mardi le douze _____

_____

2. Mercredi le treize _____

_____

3. Jeudi le quatorze _____

_____

4. _____

_____

5. _____

_____

30. Affirmative and Negative Adverbs

EXPRESSING NEGATION

affirmatif	négatif
toujours ⎫	
souvent ⎬	ne... jamais
parfois ⎭	
encore	ne... plus
déjà	ne... pas encore

For emphasis, use **ne... pas du tout** instead of **ne... pas**.
Another way of saying **seulement** is **ne... que**.

A. **Mais non!** Roger adore contredire (*to contradict*) son ami Bernard. Observez le modèle et aidez Roger à contredire son ami!

MODÈLE: BERNARD: Marie aime beaucoup l'opéra.

ROGER: Mais non, elle n'aime pas du tout l'opéra.

1. BERNARD: Maurice est toujours à l'heure.

   ROGER: Mais non, _____

2. BERNARD: Henri est déjà allé en Italie.

   ROGER: Mais non, _____

3. BERNARD: Il part souvent en vacances.

   ROGER: Mais non, _____

4. BERNARD: Sa femme ne part jamais avec lui.

   ROGER: Mais si, _____

5. BERNARD: Henri travaille encore chez Renault.

   ROGER: Mais non, _____

6. BERNARD: Sa fille est déjà mariée.

   ROGER: Mais non, _____

7. BERNARD: Son fils n'est plus à l'université.

   ROGER: Mais si, _____

8. BERNARD: Moi, j'adore Henri et sa femme.

   ROGER: Moi, _____

9. BERNARD: Toi, tu n'es jamais content!

   ROGER: Mais si, _____

10. BERNARD: Ta femme ne t'a pas encore abandonné?

    ROGER: Mais si, _____

B. **À l'agence de voyages.** Pauvre Yves. Il a toujours moins (*less*) de chance que les autres. Écrivez son rôle dans le dialogue suivant puis répondez à la question.

> MODÈLE: MARC: Chic! (*Neat!*) J'ai mille dollars à dépenser (*spend*) cet été.
>
> YVES: Moi, je n'ai que deux cents dollars.

MARC: J'ai six semaines de vacances cette année.

YVES: Moi, je _____

MARC: Il y a une douzaine d'endroits que je voudrais visiter.

YVES: _____

MARC: Je peux choisir entre six grands hôtels dans plusieurs villes européennes.

YVES: _____

MARC: Je vais partir pour trois semaines au soleil.

YVES: _____

Avez-vous la chance de Marc ou d'Yves, lorsque vous voyagez? _____

_____

31. Affirmative and Negative Pronouns

EXPRESSING NEGATION

affirmatif	négatif
quelqu'un tout le monde }	ne... personne, personne ne...
quelque chose } tout	ne... rien, rien ne...

A. **Amies improbables.** Marie est très différente de son amie Sophie. Observez le modèle et complétez les phrases suivantes.

> MODÈLE: Tout le monde admire Marie, mais *personne n'admire Sophie.*

1. Marie mange quelque chose après le cours, mais Sophie...

   _____

2. Marie parle à quelqu'un dans le bus, mais Sophie...

   _____

3. Sophie ne sort avec personne en ce moment, mais Marie...

   _____

4. Marie aime tout le monde, mais Sophie...

   _____

5. Marie va rendre visite à quelqu'un en Allemagne, mais Sophie...

_____

6. Marie aime regarder quelque chose à la télé le soir, mais Sophie...

_____

7. Personne ne parle à Sophie, mais...

_____ à Marie.

8. Tout est possible pour Marie, mais...

_____ pour Sophie.

B. Un esprit négatif. Jean-Louis est de mauvaise humeur. Il n'a rien de bon à dire. Répondez à sa place (au négatif!).

MODÈLE: Avez-vous vu quelqu'un d'intéressant ce matin? →
          Non, je n'ai vu personne d'intéressant.

1. Avez-vous quelque chose à faire cet après-midi?

_____

2. Avez-vous quelqu'un à voir aujourd'hui?

_____

3. Y a-t-il quelque chose de bon au cinéma?

_____

4. Est-ce que quelqu'un comprend vos problèmes?

_____

5. Avez-vous déjà consulté un psychologue?

_____

6. Vous êtes toujours satisfait de votre travail?

_____

Mise au point

A. Associations. À quels autres mots associez-vous les mots suivants?

MODÈLE: le professeur: les étudiants, la salle de classe, les livres

1. l'avion: _____, _____, _____

2. conduire: _____, _____, _____

3. le wagon: _____, _____, _____

4. le passager: _____, _____, _____

B. La politesse. Récrivez les phrases suivantes de manière plus polie.

      MODÈLE: Je veux manger quelque chose. → Je voudrais manger quelque chose.

   1. Est-ce que vous pouvez me dire où est la gare?

      _____

   2. Jean, est-ce que tu as le temps d'aller faire les courses?

      _____

   3. André, est-ce que je peux te demander un service?

      _____

   4. Céline, est-ce que tu veux aller au cinéma?

      _____

   5. Monsieur, excusez-moi, est-ce que vous avez l'heure?

      _____

   6. Madame, est-ce que vous voulez danser avec moi?

      _____

   7. Est-ce que tu as le courage de me conduire à l'aéroport?

      _____

C. Questionnaire. Complétez chaque phrase avec **quelque chose de** ou **quelqu'un de** + un adjectif.

Adjectifs utiles: amusant, charmant, cher, facile, formidable, frais, intellectuel, nouveau, passionnant (*fascinating*), surprenant

      MODÈLE: Je voudrais manger quelque chose de frais.

   1. Je voudrais épouser (*to marry*) _____

   2. Je voudrais boire _____

   3. Je voudrais faire _____

   4. Je voudrais parler avec _____

   5. Je voudrais danser avec _____

   6. Je voudrais voir _____

D. Vous quittez Paris en avion pour passer le mois d'août dans le sud-ouest de la France, sur les belles plages de Biarritz. Examinez bien les horaires avant de choisir votre vol. Vous êtes obligé(e) de partir un samedi après-midi, parce que vous devez travailler samedi matin. («Q sf Sa Di» veut dire tous les jours excepté le samedi et le dimanche.)

Table 1

FRÉQUENCE	VALIDITÉ du au	DÉPART ARRIVÉE	N° VOL	PRES	✈

Légende:
W : Orly/Ouest
G : Roissy/ Ch.-de-Gaulle
S : Orly/Sud

PARIS Réservation ☎ (1) 539.25.25

FRÉQUENCE	VALIDITÉ du au	DÉPART ARRIVÉE	N° VOL	PRES
BIARRITZ				
Q sf Sa Di	01/04 29/07 / 27/08 31/10	08 45W 10 00	IT 915	CRS
Q sf Di	30/07 26/08	08 45W 09 55	IT 5915 ●	DAM
Sa	01/04 29/07 / 27/08 31/10	08 45W 09 55	IT 915	DAM
Lu Je Ve	01/04 31/10	12 00W 13 15	IT 5815 ●	CRS
Sa	01/04 31/10	14 10W 15 20	IT 5615 ●	DAM
Q sf Sa Di	01/04 15/07 / 10/09 31/10	19 45W 21 00	IT 715	CRS
Lu Ma Me Je	16/07 29/07 / 27/08 31/10	19 45W 20 55	IT 715	DAM
Lu Ma Me Je	30/07 26/08	19 45W 20 55	IT 5715 ●	DAM
Ve	16/07 09/09	19 45W 20 55	IT 715	DAM
Di	01/04 31/10	19 45W 20 55	IT 5715 ●	DAM
BORDEAUX				
Q sf Sa Di	01/04 15/07 / 10/09 31/10	07 30W 08 35	IT 7213 ●	CRS
Sa	01/04 29/07 / 27/08 31/10	09 20W 10 25	IT 313	CRS
Sa	30/07 26/08	09 20W 10 25	IT 5313 ●	CRS
Di	01/04 31/10	09 20W 10 25	IT 5313 ●	CR3
Q sf Sa Di	01/04 29/07 / 27/08 31/10	09 20W 10 15	IT 313	DAM
Q sf Sa Di	30/07 26/08	09 20W 10 15	IT 5313 ●	DAM
Q sf Sa Di (1)	01/04 29/07 / 27/08 31/10	10 50W 11 55	IT 5013 ●	CRS
Sa	01/04 31/10	13 10W 14 15	IT 5413 ●	CRS
Q sf Sa Di	01/04 31/10 / 10/09 31/10	13 10W 14 05	IT 413	DAM
Q sf Sa Di	16/07 09/09	13 10W 14 05	IT 5413 ●	DAM

(1) en CR3 du 16/07 au 29/07 et du 27/08 au 09/09
(2) 1 h plus tôt a/c du 10/10
(3) 1 h plus tôt a/c du 30/09
(4) Vol blanc du 29 07 au 24 08

Table 2

PARIS Réservation ☎ (1) 539.25.25

Légende:
W Orly Ouest
G Roissy Ch.-de-Gaulle
S Orly Sud

FRÉQUENCE	VALIDITÉ du au	DÉPART ARRIVÉE	N° VOL	PRES
Ma (2)	14/08 12/10	14 50G 16 00	UT 813	DC8
Q sf Sa Di	01/04 15/07 / 10/09 31/10	15 00G 16 05	IT 5165 ●	DAM
Q sf Sa Di	16/07 29/07 / 27/08 09/09	15 00G 16 15	IT 5165 ●	CR3
Q sf Sa Di	30/07 26/08	16 45W 17 50	IT 5613 ●	CRS
Sa Di	01/04 29/07 / 27/08 31/10	16 45W 17 50	IT 5613 ●	CRS
Q sf Sa Di	01/04 29/07 / 27/08 31/10	16 45W 17 40	IT 7613 ●	DAM
Di (3)	01/04 31/10	16 50G 18 05	IT 285	AB3
Sa (3)	01/04 31/10	18 40W 20 00	IT 085	CR3
Ve (4)	24/06 29/09	18 40W 20 00	IT 7085 ●	CR3
Ma Me Je Ve	01/04 15/07 / 09/09 31/10	19 40W 20 35	IT 7713 ●	DAM
Sa	01/04 31/10	20 00W 21 05	IT 5913 ●	CRS
Q sf Sa Di	01/04 15/07 / 09/09 31/10	20 40G 21 55	IT 065	CR3
Q sf Sa Di	16/07 08/09	20 40G 21 55	IT 5065 ●	CR3
Di	09/07 08/09	20 40G 21 55	IT 5065 ●	CR3
Di	01/04 08/07 / 09/09 31/10	20 40G 21 55	IT 5769 ●	CR3
Q sf Ve Sa	01/04 28/07 / 25/08 31/10	21 35W 22 30	IT 5813 ●	DAM
Ve	01/04 15/07 / 09/09 31/10	21 35W 22 30	IT 5813 ●	DAM
Q sf Ve Sa	29/04 24/08	21 35W 22 40	IT 5813 ●	CR3
Ve	16/07 08/09	21 35W 22 40	IT 5813 ●	CR3
Lu (3)	01/04 31/10	22 05G 23 25	IT 385	CR3

1. Quel vol allez-vous prendre? _____

    _____

2. De quel aéroport allez-vous partir? _____

    _____

3. À quelle heure devez-vous partir? _____

    _____

4. Combien de temps dure (*lasts*) le vol? _____

    _____

✦**E.** **Et vous?** Donnez votre réponse, en utilisant les nouvelles expressions du chapitre.

1. Avez-vous déjà des neveux? _____

    _____

2. Prenez-vous toujours du vin au petit déjeuner? _____

    _____

3. Qui dans votre classe parle turc? _____

    _____

4. Voyez-vous quelque chose d'intéressant en ce moment? Quelqu'un d'intéressant? _____

    _____

F. Répondez au négatif aux questions suivantes.

1. Est-ce que Jacques étudie encore?

   _____

2. Est-ce que l'avion est toujours à l'heure?

   _____

3. Est-ce que Nicolas prend parfois le train?

   _____

4. Est-ce que les valises sont déjà arrivées?

   _____

5. Est-ce que vous fumez encore?

   _____

6. Est-ce qu'il y a encore des billets pour le match de basket?

   _____

7. Est-ce que vous êtes déjà en vacances?

   _____

8. Est-ce que vous voulez encore répondre à des questions?

   _____

Situations: **L'agence de voyages**

In this dialogue, Paul has brought Michel along to meet with his travel agent. Pay close attention as Paul and the agent finalize the details of his summer trip to Morocco. How will he travel? How much will it cost? What does that price include?

AGENT: Vous allez pouvoir découvrir le pays en quinze jours, pour 6 450 francs.

PAUL: Et pour ce prix là, j'aurai droit à quoi[a]?

AGENT: Le prix inclut le billet d'avion aller-retour, un hôtel confortable et deux repas par jour.

PAUL: Ce n'est pas mal.

AGENT: Vous allez aussi pouvoir faire des excursions pour un petit supplément.

MICHEL: Ça, c'est super! C'est un bon moyen[b] de visiter le pays.

PAUL: C'est vrai! Pour ça, j'aurai besoin de[c] vaccinations ou d'un visa?

AGENT: Non, seulement d'un passeport.

PAUL: Ça, je l'ai. Et quelles sont les dates que vous proposez?

AGENT: Il nous reste encore beaucoup de choix pour la fin juillet et le début[d] août.

MICHEL: C'est super. C'est juste le moment où tu veux partir en vacances!

[a]j'aurai... *what am I entitled to?* [b]*way* [c]j'aurai... *will I need* [d]*beginning*

(Continued)

Compréhension

Indiquez si les phases suivantes sont vraies (**V**) ou fausses (**F**). Corrigez les phrases qui sont fausses.

1. **V** **F** Paul a envie de visiter le Maroc.

   _____

2. **V** **F** Paul n'a pas eu de problèmes durant ses vacances en Italie.

   _____

3. **V** **F** Il n'a pas de photo de Giovanna.

   _____

4. **V** **F** Le prix inclut le billet aller-retour, un hôtel confortable et deux repas par jour.

   _____

5. **V** **F** Paul va avoir besoin de vaccinations et d'un visa.

   _____

Le monde francophone

A. En savoir plus. Répondez selon le commentaire culturel à la page 230 de votre livre.

1. En France, votre permis de conduire américain
   a. est valide pendant 90 jours.
   b. ne peut pas être utilisé.
   c. est valide si vous venez du Michigan ou du Kentucky.

2. Si vous avez une carte de séjour ou une carte de résidence,
   a. il faut demander un permis de conduire international.
   b. vous pouvez utiliser votre permis de conduire américain accompagné d'une traduction faite par un traducteur expert-juré.
   c. le gouvernement français recommande que vous fassiez une demande de permis de conduire français.

3. Si vous venez de l'Illinois ou de la Caroline du Sud,
   a. vous avez le droit de conduire sans permis.
   b. vous êtes obligé(e) d'avoir une traduction de votre permis de conduire faite par un traducteur expert-juré.
   c. vous pouvez échanger votre permis de conduire américain contre le permis équivalent français.

4. Si vous voulez échanger votre permis de conduire américain contre le permis équivalent français,
   a. vous n'avez que 90 jours pour le faire.
   b. vous devez en faire la demande trois mois avant la fin de votre première année en France.
   c. vous devez avoir un permis de conduire américain valide dans l'état de New Hampshire.

B. **Invitation au voyage.** Lisez cette annonce publicitaire, puis répondez aux questions.

1. De quel pays est-il question dans la publicité? _____

   _____

2. Qu'est-ce que cette publicité vous invite à faire? _____

   _____

3. Qu'est-ce qu'on appelle l'Andorre? _____

   _____

4. Où se trouve l'Andorre? _____

   _____

5. Qu'est-ce qu'on peut faire dans ce pays? _____

   _____

6. Quelles qualités attirent (*attract*) les touristes dans ce pays? _____

   _____

Journal intime

✦Décrivez un voyage que vous avez fait.

- Où êtes-vous allé(e)?
- Avec qui?
- À quel moment?
- Pour quelles raisons?
- Qu'est-ce que vous avez fait de mémorable?
- Qu'avez-vous appris?
- Mentionnez aussi deux ou trois endroits que vous avez envie de visiter et expliquez pourquoi.

Contrôle

Phrases à composer. Formez des phrases complètes à partir des éléments suivants.

1. les Couturier / partir (passé comp.) / vacances / Égypte

   _____

2. ils / prendre (passé comp.) / avion / et / train

   _____

3. moi, je / visiter (passé comp.) / États-Unis / avec / mes parents

   _____

4. nous / aller (passé comp.) / Los Angeles / et / New York

   _____

5. mon père / ne pas parler (présent) / anglais / et / il / ne / pouvoir (passé comp.) / parler / personne!

   _____

6. Et vous? est-ce que / vous / vouloir (condit.) / aller / Égypte / ou / États-Unis?

   _____

Vue d'ensemble: Chapitres 5 à 8

A. **Parlons recettes** (*recipes*). Complétez la conversation avec les articles nécessaires: **de, une, de la,** etc.

— En général, je n'aime pas _____[1] soupe, mais celle-ci (*this one*) est extraordinaire.

Donnez-moi _____[2] recette, s'il vous plaît.

— C'est simple comme bonjour. Vous prenez _____[3] carottes, _____[4] pomme

de terre, _____[5] jambon et un peu _____[6] vin blanc.

— Il n'y a pas _____[7] crème?

— Non, mais il est possible d'utiliser un verre _____[8] lait.

— Mais il y a _____[9] poivre et _____[10] sel?

— _____[11] sel n'est pas nécessaire avec _____[12] jambon.

B. Identifiez chaque dessin (*drawing*). N'oubliez pas l'article indéfini ou partitif!

MODÈLE: du coca

   un poisson

   1. _____

   2. _____

   3. _____

   4. _____

   5. _____

   6. _____

   7. _____

   8. _____

9. _____

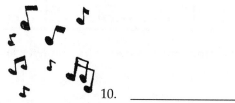

10. _____

C. Camille et Janine. Camille est très directe. Janine est plus polie. Indiquez ce qu'elles disent (*what they say*).

MODÈLES: CAMILLE: vous / proposer une solution / ! →
Proposez une solution!

JANINE: tu / pouvoir / proposer une solution / ? →
Est-ce que tu pourrais proposer une solution?

1. CAMILLE: vous / aller chez le boucher / !

_____

2. JANINE: vous / pouvoir / aller chez le boucher / ?

_____

3. CAMILLE: tu / faire la vaisselle / !

_____

4. JANINE: tu / avoir la gentillesse / faire la vaisselle / ?

_____

5. CAMILLE: nous / rendre visite à Grand-mère / !

_____

6. JANINE: je / vouloir / rendre visite à Grand-mère / .

_____

D. Arnauld et Régine parlent des restau-u. Complétez leur discussion avec des adjectifs démonstratifs.

ARNAULD: _____[1] tarte aux abricots est excellente. Tu veux la goûter?

RÉGINE: Merci, je déteste _____[2] abricots en conserve (*canned*). Pourquoi est-ce que

_____[3] cafétéria ajoute (*adds*) toujours _____[4] fruits médiocres aux

desserts?

ARNAULD: On veut te rendre malade (*to make you sick*), sans doute. Mais goûte! _____[5]

dessert est vraiment extraordinaire.

RÉGINE: N'insiste pas, s'il te plaît. _____[6] crème et _____[7] noix (*nuts*) ne

sont pas du tout appétissantes. Passe-moi plutôt de _____[8] gâteau au moka.

• Qui aime bien les desserts aux fruits? _____

_ Date_____ Cours_____

E. Remèdes. Les personnes suivantes ont de petits problèmes. Proposez une solution logique.

> MODÈLE: La maison de Mme Lecoq est complètement en désordre après sa soirée de samedi dernier. Qu'est-ce qu'elle doit faire? → Elle doit faire le ménage.

1. Deux amies ont préparé un dîner délicieux. Maintenant leur cuisine est remplie d'assiettes et de tasses sales. Qu'est-ce qu'elles doivent faire? _____

_____

2. Vous avez besoin de faire un peu d'exercice physique, mais vous n'avez pas d'équipement. Qu'est-ce que vous pouvez faire? _____

_____

3. Vos parents sont curieux parce que vous avez un nouveau petit ami (une nouvelle petite amie). Qu'est-ce qu'ils veulent faire? _____

_____

4. Vous avez des devoirs à faire pour votre cours d'anglais de demain. Mais il est neuf heures du soir. Qu'est-ce que vous devez faire? Qu'est-ce que vous voulez faire? _____

_____

5. Vous avez perdu votre sac à dos et votre portefeuille (*wallet*) avec cinquante dollars. Qu'est-ce que vous pouvez faire? Qu'est-ce que vous allez faire? _____

_____

F. Faites votre choix. Votez pour quelqu'un dans votre classe de français. Nommez un étudiant (une étudiante) de votre classe et utilisez une forme de **quel**.

> MODÈLE: bon / sérieux / étudiant → Marie Smith: Quelle bonne étudiante sérieuse!

1. jeune / sympathique / homme _____

_____

2. enthousiaste / petit / femme _____

_____

3. intéressant / nouveau / étudiant _____

_____

4. jeune / sociable / homme _____

_____

5. intelligent / gentil / étudiante _____

_____

G. Qu'est-ce qu'on fait samedi? Faites des phrases affirmatives.

1. Albert / prendre / photos

   _____

2. nous / boire / un coca / avec / amis

   _____

3. tu / dormir / l'après-midi

   _____

4. les amis / sortir / ensemble / samedi soir

   _____

5. je / sentir / fleurs / au jardin (*garden*)

   _____

6. les Bizet / venir / dîner / chez moi (*at my house*)

   _____

7. vous / conduire / votre Porsche

   _____

H. Jules et Laurette parlent de leurs études de langues étrangères. Complétez leur conversation avec **pendant, depuis** ou **il y a.**

JULES: _____[1] quand est-ce que tu fais du russe?

LAURETTE: J'ai commencé _____[2] trois ans.

JULES: Et _____[3] ce temps-là (*that time*) tu étudies avec M. Lansky?

LAURETTE: Non, j'ai débuté (*began*) avec Mlle Makarova. Je suis dans le cours de M. Lansky

_____[4] un an seulement.

JULES: Je connais (*know*) M. Lansky _____[5] deux ans déjà, et je le trouve vraiment

formidable.

LAURETTE: Oui, il est vraiment bien. Je vais continuer à étudier avec lui (*with him*) _____[6]

deux ans avant d'entrer à l'université.

• Une question: Depuis combien d'années est-ce que Laurette étudie le russe? _____[7]

I. Consultez le «Climat pour vos voyages», tiré du journal *Le Figaro*. Puis ajoutez les prépositions qui manquent (*are missing*) à cet article et choisissez les meilleures réponses parmi les mots en italique.

CLIMAT POUR VOS VOYAGES

- **Première colonne :** temps à 13 heures (heure de Paris), le 22 mars. (S : soleil ; N : nuageux ; C : couvert ; P : pluie ; A : averse ; O : orage ; B : brouillard ; ° : neige.)
- **Deuxième colonne :** température à 7 heures (heure de Paris), le 22 mars.
- **Troisième colonne :** température à 13 heures (heure de Paris), le 22 mars.

Étant donné l'important décalage horaire entre Paris et certaines stations étrangères (celles d'Extrême-Orient en particulier), les températures qui y sont relevées à 7 heures (heure de Paris) peuvent être parfois supérieures à celles relevées à 13 heures (heure de Paris).

FRANCE

Ajaccio	N	7	16
Biarritz	N	12	17
Bordeaux	P	11	14
Brest	A	11	10
Cherbourg	C	9	11
Clermont-F	N	10	13
Dijon	A	10	13
Dinard	P	10	11
Embrun	N	7	11
Grenoble	N	10	17
La Rochelle	C	11	12
Lille	P	9	11
Limoges	C	10	10
Lorient	N	11	14
Lyon	N	11	17
Marseille	N	12	16
Nancy	A	10	14
Nantes	P	12	13
Nice	N	12	15
Paris	P	12	13
Pau	N	11	16
Perpignan	N	10	17
Rennes	P	11	13
Rouen	C	9	12
St-Étienne	P	10	14
Strasbourg	N	10	13
Toulouse	N	8	17
Tours	P	11	13

EUROPE

ILES BRITANNIQUES

Brighton	P	9	10
Edimbourg	A	4	4
Londres	C	10	13
Cork	S	3	8
Dublin	N	4	8

ALLEMAGNE - AUTRICHE

Berlin	C	–	14
Bonn	P	–	13
Hambourg	C	–	14
Munich	C	–	15
Vienne	–	–	–

BENELUX

Luxembourg	C	5	10
Bruxelles	C	8	13
Amsterdam	C	8	13

ESPAGNE - PORTUGAL

Barcelone	S	11	17
Las Palmas	C	18	25
Madrid	N	6	17
Marbella	S	15	22
Palma de Maj.	N	7	18
Séville	S	13	21
Lisbonne	C	15	17
Madère	C	17	19
Porto	C	14	14

ITALIE

Florence	N	10	15
Milan	C	11	16
Naples	C	9	22
Olbia	C	11	12
Palerme	C	14	23
Reggio Cal.	S	14	18
Rimini	C	10	13
Rome	N	9	18

GRÈCE - TURQUIE

Athènes	N	12	19
Corfou	N	13	16
Patras	S	10	18
Rhodes	S	14	17
Salonique	N	6	16
Ankara	S	–1	15
Istanbul	S	10	16

PAYS NORDIQUES

Copenhague	C	0	7
Helsinki	S	3	5
Oslo	S	–4	5
Stockholm	S	2	10

SUISSE

Bâle	C	10	15
Berne	C	10	13
Genève	–	10	15

C.E.I.

St-Pétersbrg	C	1	3
Moscou	P	2	3
Odessa	C	5	7

CROATIE - SERBIE

Belgrade	S	6	23
Dubrovnik	–	–	–

RESTE DU MONDE

AFRIQUE DU NORD

Agadir	C	15	23
Alger	S	14	20
Casablanca	N	15	19
Djerba	–	–	–
Marrakech	C	15	23
Tunis	–	–	–

AFRIQUE

Abidjan	S	24	29
Dakar	S	20	25
Le Cap	S	19	23

PROCHE-ORIENT

Beyrouth	S	14	17
Eilat	S	15	25
Le Caire	S	12	21

ÉTATS-UNIS - CANADA

Boston	C	4	4
Chicago	°	1	1
Houston	–	16	–
Los Angeles	C	16	16
Miami	C	21	21
New York	S	4	3
Nouv.-Orléans	C	16	16
San Francisco	S	12	11
Montréal	S	–1	–3

CARAÏBES

Ft-d.-France	S	23	26
Pte-à-Pitre	C	22	23
San Juan	N	24	25

EXTRÊME-ORIENT

Bangkok	C	30	30
Hongkong	–	–	–
Pékin	N	15	12
Singapour	C	31	28
Tokyo	S	14	11

AMÉR. CENTR. ET SUD

Acapulco	S	24	20
Buenos Aires	S	19	18
Cancun	N	22	20
Lima	C	21	20
Mexico	–	–	–
Rio de Jan.	–	–	–
Santiago	S	13	12

PACIFIQUE

Papeete	S	28	26

1. La deuxième colonne donne la température _____ Paris à sept heures du *soir / matin*.

2. _____ Chicago il *neige / pleut*.

3. _____ Abidjan _____ Afrique il fait *chaud / froid*.

4. Il gèle (*It's freezing*) dans *six / trois* villes du monde.

5. _____ Fort-de-France aux Caraïbes on est *bien / mal* dans un maillot de bain.

6. _____ Italie il fait *beau / mauvais*, surtout _____ Palerme.

7. _____ France il fait surtout *nuageux / beau*.

8. _____ Suisse, dans les grandes villes on *peut / ne peut pas* faire du ski.

9. _____ Portugal il fait *frais / froid*.

10. _____ Allemagne il va probablement *neiger / pleuvoir*.

J. Dans le cours de français. Mettez les phrases suivantes au négatif.

1. Seth parle toujours en cours de français.

    _____

2. Paul pose (*asks*) encore des questions.

    _____

3. Sylvie a déjà fait les devoirs.

    _____

4. Aimée répond parfois en anglais.

    _____

5. Nous allons souvent dans des restaurants français.

    _____

6. Je comprends très bien.

    _____

7. Le professeur a quelque chose d'intéressant à dire.

    _____

8. Tout le monde aime le professeur.

    _____

K. Moments mémorables de la vie de Paul et Paulette. Lisez bien les phrases avant de choisir les verbes.

MODÈLE: (grandir [*to grow up*]/naître) → Ils sont nés en 1892 et ils ont grandi aux États-Unis.

1. (tomber / grandir) Ils _____ d'un arbre un jour mais ils

    _____ sans autre incident.

2. (sortir / voir) Ils _____ un soir avec des amis et ils _____

    le président des États-Unis.

3. (louer / entrer) La mère de Paul et de Paulette _____ un appartement

    pour ses enfants quand ils _____ à l'université.

4. (faire / partir) Ils _____ un héritage en 1911 et ils _____

    en Europe.

5. (rester / descendre) Ils _____ à l'hôtel Georges V à Paris puis ils

    _____ à Nice.

6. (passer / nager) Ils _____ par Nice où ils _____

    dans la Méditerranée.

L. Complétez les paragraphes de façon logique avec le vocabulaire donné.

1. Vous étiez au régime (*on a diet*) la semaine passée. (sortir au restaurant / essayer (*to try*) de manger beaucoup de légumes / boire de l'eau / prendre de l'exercice) **Vous n'êtes pas sorti au restaurant. Vous avez essayé de manger beaucoup de légumes...**

   _____

   _____

2. Chantal avait très mal à la tête (*headache*) hier soir. (dormir / prendre de l'aspirine / perdre patience / aller au cinéma) _____

   _____

   _____

   _____

3. Fleurette et Blandine, qui sont très conservatrices, sont venues vous voir hier soir. (arriver à l'heure / prendre du whisky / essayer les escargots / rester après minuit) _____

   _____

   _____

   _____

CHAPITRE NEUF

Bonnes nouvelles

Étude de vocabulaire

A. Communications. Associez chaque mot avec sa définition.

1. _____ On achète des timbres ici.

2. _____ On trouve des magazines ici.

3. _____ On cherche un numéro de téléphone dans ce livre.

4. _____ Ce qu'on fait pour téléphoner.

5. _____ Ce que nous faisons des lettres que nos amis

   nous écrivent.

6. _____ Il y a au moins (*at least*) cinq _____ en France,

   plus si on a le câble.

7. _____ C'est ici qu'on poste les lettres.

8. _____ On regarde cette partie du journal si on cherche

   du travail.

a. les petites annonces
b. l'annuaire
c. les lire
d. la boîte aux lettres
e. le kiosque
f. chaînes
g. la poste
h. composer le numéro

B. Des verbes pour communiquer. Complétez le tableau.

	DIRE	LIRE	ÉCRIRE	METTRE	DÉCRIRE
nous					
tu					
on					
vous					
les petits					
je					
past participle					

C. Complétez les phrases suivantes avec les verbes indiqués.

lire

1. Nous _____ beaucoup de magazines et de journaux français.

2. Est-ce que tu _____ des revues?

3. Marie et Jean-Paul _____ beaucoup parce qu'ils étudient la littérature anglaise.

4. L'année dernière, Catherine _____ (passé composé) un roman de Balzac.

écrire

5. J'_____ des cartes postales à mes amis.

6. Est-ce que vous _____ à vos grands-parents?

7. Jean et Michel _____ des articles pour un journal local.

8. Josette n'_____ pas souvent à ses parents.

dire

9. Qu'est-ce que vous _____? Je n'entends pas bien!

10. Je _____ que je vais aller au kiosque.

11. Nous _____ toujours la vérité parce que nous sommes honnêtes.

12. Hier, j'_____ (passé composé) à Marcel de faire le ménage.

mettre

13. Yvette _____ souvent sa robe noire.

14. Et vous, qu'est-ce que vous _____ souvent?

D. Voici la table des matières d'un des principaux journaux français, *Le Monde*. À quelle page les personnes suivantes vont-elles ouvrir leur journal?

Le Monde

POLITIQUE	SOCIÉTÉ	ECONOMIE	SERVICES
8 La fin du voyage de M. Mitterrand en Basse-Normandie.	33 Le procès de Klaus Barbie.	37 Les états généraux de la Sécurité sociale.	Radio-télévision 30
— Le débat sur le mécénat à l'Assemblée nationale.	34 La collision de deux pétroliers sur la basse Seine.	38 M. Chirac conteste l'importance des hausses de loyers.	Annonces classées . 14 à 17
10 Le testament culturel de M. Philippe de Villiers.	35 Le rapport de la commission d'enquête sur les manifestations étudiantes de décembre.	39 La reprise de Lesieur-Cotelle par Henkel.	Météorologie 30
32 Communication.	31 Tennis : les Internationaux de Grande-Bretagne.	39 La réunion de l'OPEP à Vienne.	Mots croisés 30
		42-43 Marchés financiers.	Carnet 31
			Loterie nationale 31
			Expositions 27
			Spectacles . . . . . . 28 et 29

1. M. Timon a acheté un billet de loterie et veut savoir (*to know*) les résultats. _____

2. Mme Renaud a investi sa grande fortune en actions (*stocks*). _____

3. Mlle Didier a participé aux manifestations (*demonstrations*) étudiantes. _____

4. M. Sarraute s'intéresse à tous les voyages du président de la République. _____

5. Ghislaine Millet veut acheter une voiture d'occasion (*used car*). _____

6. Jacques veut savoir quel temps il va faire demain soir. _____

✦ 7. Et vous? _____ Pourquoi? _____

_____

Quelles sont les rubriques (*newspaper sections*) américaines que vous ne trouvez pas ici? _____

_____

E. **Les nouvelles technologies?** Donnez une légende aux dessins suivants, puis répondez à la question.

MODÈLE: une télécarte

1. _____ 2. _____

3. _____ 4. _____

5. _____ 6. _____

7. _____ 8. _____

Quelle forme de communication utilisez-vous le plus? Commentez. _____

_____

_____

Étude de grammaire

32. The *imparfait*

DESCRIBING THE PAST

	parler	finir	vendre	être
je	parlais	finissais	vendais	étais
tu	parlais	finissais	vendais	étais
il, elle, on	parlait	finissait	vendait	était
nous	parlions	finissions	vendions	étions
vous	parliez	finissiez	vendiez	étiez
ils, elles	parlaient	finissaient	vendaient	étaient

A. Le professeur est arrivé cinq minutes en retard. Que faisaient les étudiants quand il est entré dans la salle de classe? Complétez les phrases selon le modèle, puis entourez d'un cercle le nom de l'étudiant(e) ayant le moins de (*the least*) patience.

MODÈLE: (regarder sa montre) → Paul et Paule regardaient leur montre.

1. (finir ses devoirs) Françoise _____

_____

2. (dormir) François _____

_____

3. (mettre ses affaires sous sa chaise) Simone _____

_____

4. (lire le journal) Michel et Robert _____

_____

5. (sortir) Patrice _____

_____

6. (penser partir) Nous _____

_____

7. (prendre sa place) Claudine _____

_____

8. (écrire au tableau) Pierre et Janine _____

_____

9. (être à côté de la porte) J' _____

_____

B. **«Quand j'avais ton âge... »** Complétez les phrases du grand-père.

MODÈLE: je / réussir à mes examens →
Je réussissais à mes examens.

1. mon père / travailler douze heures par jour _____

_____

2. ma mère / commencer à faire le ménage à sept heures du matin _____

_____

3. nous / ne... pas avoir beaucoup d'argent _____

_____

4. ... mais nous / être / heureux _____

_____

5. on / aller à pied à l'école _____

_____

✦ Maintenant, donnez trois commentaires que vous entendiez souvent quand vous étiez petit(e).

6. Mon oncle (Ma tante) disait que _____

7. Ma mère disait que _____

8. _____ disait que _____

C. **Histoires.** Vous êtes romancier/romancière (*novelist*) et vous commencez un nouveau livre. Vous avez déjà composé le paragraphe suivant:

Il est huit heures du matin. De ma fenêtre, je vois le kiosque de la rue de la République. Les rues sont pleines de gens* qui vont au travail. Un groupe d'hommes attend l'autobus. Un autre groupe descend dans la station de métro. Près d'une cabine téléphonique un homme lit le journal et une jeune femme met des enveloppes dans une boîte aux lettres. À la terrasse du café, les garçons servent du café et des croissants. Il fait chaud. Je suis content(e).

_____

*The French use **les gens** (*m. people*) to refer to an indeterminate number of people (**Ces gens-là sont très polis**). If the number of people can be counted, the French use **les personnes (Il y avait dix personnes dans la salle)**. One person is always **une personne.**

Mais non! Vous n'êtes pas satisfait(e). Recommencez. Mettez le paragraphe à l'imparfait: «Il était... »

_____

_____

_____

_____

_____

_____

D. Grand-père et Grand-mère. Grand-père nous raconte une histoire mais il y a un problème: il oublie de mettre les verbes à l'imparfait! Aidez-le (*Help him*) en récrivant les phrases de son histoire à l'imparfait.

Il fait noir et je suis fatigué. Mon chat a l'air fatigué aussi! Quelle heure est-il? Minuit! Je dois aller dormir mais je veux continuer à lire mon roman. Encore quelques minutes... Bon, j'ai faim! Le frigo est vide... Qu'est-ce que je vais faire? Attendre le lendemain et dormir!

_____

_____

_____

_____

Maintenant, c'est Grand-mère qui nous raconte une histoire mais elle aussi oublie de mettre les verbes à l'imparfait. Aidez-la (*Help her*) à remettre les verbes à l'imparfait.

En 1938, je suis étudiante à l'université. Il n'y a pas beaucoup de femmes à l'université à cette époque. J'étudie le droit et je veux être avocate. J'ai des amis américains qui aiment manger au restaurant le soir. Nous n'avons pas beaucoup d'argent, mais nous allons au cinéma et nous dansons le samedi soir de temps en temps. C'est la belle vie!

_____

_____

_____

_____

33. Direct Object Pronouns

SPEAKING SUCCINCTLY

me (m')	nous
te (t')	vous
le (l')	les
la (l')	

A. Récrivez la deuxième phrase en remplaçant les mots en italique par un pronom objet direct.

> MODÈLE: J'ai écrit ces lettres. Est-ce que tu peux poster *ces lettres*? →
> Est-ce que tu peux les poster?

1. Quand Thomas était petit, il adorait la télévision. Il regardait *la télévision* tous les jours!

   _____

2. J'aime lire le journal. Je ne lis pas *le journal* le dimanche matin.

   _____

3. C'est l'anniversaire de notre amie Sophie. Nous invitons *notre amie Sophie* à dîner.

   _____

4. Où est-ce que vous trouvez vos journaux? Vous achetez *vos journaux* au kiosque?

   _____

5. Hélène aime regarder le journal télévisé. Elle regarde *le journal télévisé* tous les soirs.

   _____

6. Cette robe n'est pas belle. Je ne vais pas acheter *cette robe*.

   _____

7. J'adore les fraises. Toi, aussi, tu adores *les fraises*, n'est-ce pas?

   _____

B. Répondez aux questions suivantes en employant des pronoms objets directs (**le, la, les**).

1. Est-ce que vous lisez le journal le matin?

   _____

2. Est-ce que vos parents regardent souvent la télévision?

   _____

3. Est-ce que vous aimez faire vos devoirs?

   _____

4. Est-ce que vous allez finir cet exercice?

   _____

5. Est-ce que vos grands-parents aiment le rock?

   _____

6. Est-ce que vous faites souvent la lessive?

   _____

7. Est-ce que vous comprenez toujours le professeur?

   _____

8. Est-ce que vous allez porter votre short demain?

   _____

C. Complétez ces conversations avec les pronoms qui manquent.

Une question de goût.

FLORETTE: Pourquoi veux-tu sortir avec André?

PÉNÉLOPE: Parce que je _____[1] trouve sympathique. Mais aussi parce qu'il

_____[2] écoute et il _____[3] comprend.

FLORETTE: Et toi, tu _____[4] comprends? Moi, je _____[5] trouve souvent bizarre.

PÉNÉLOPE: C'est vrai. Il _____[6] surprend (*surprises*) parfois, mais je _____[7]

trouve charmant quand même (*anyway*).

Maman est curieuse.

MAMAN: Avez-vous des nouvelles de Tante Mariette?

LES JUMEAUX (*twins*): Elle _____[8] a appelés la semaine passée de Londres.

MAMAN: Est-ce qu'elle _____[9] a invités à venir à Londres cet été?

LES JUMEAUX: Non, mais nous _____[10] avons vue à Noël et nous espérons

_____[11] revoir au printemps.

D. **Georges est impossible!** Votre ami Georges pense que tout lui appartient. Imaginez une réponse et utilisez un pronom objet direct. Attention aux participes passés. Utilisez les verbes suivants: **boire, écouter, emprunter, lire, louer, mettre, regarder.**

MODÈLE: Qu'est-ce que Georges a fait de notre voiture? → Il l'a empruntée.

1. Qu'est-ce qu'il a fait des vins français de son père? _____

_____

2. Qu'est-ce qu'il a fait des lettres de Madeleine? _____

_____

3. Qu'est-ce qu'il a fait de la chambre de son ami? _____

_____

4. Qu'est-ce qu'il a fait des chaussures de son camarade de chambre? _____

_____

5. Qu'est-ce qu'il a fait des disques de sa voisine? _____

_____

6. Qu'est-ce qu'il a fait de nos photos? _____

_____

E. **Grand-mère rend visite à la famille.** Elle est très curieuse. Répondez à ses questions en remplaçant les mots en italique par des pronoms objets directs. Attention aux accords!

1. Paul et toi, est-ce que vous avez écouté *la radio* hier soir?

   Non, _____

2. Est-ce que Paul a lu *les journaux* ce matin?

   Non, _____

3. Est-ce que les enfants ont fait *leurs devoirs*?

   Oui, _____

4. Est-ce que tu as mangé *le chocolat qui était dans le frigo*?

   Non, _____

5. Est-ce que Paul a mis *ses chaussures noires* aujourd'hui?

   Non, _____

6. Est-ce que Sylvain a posté *les cartes postales*?

   Oui, _____

34. Indirect Object Pronouns

SPEAKING SUCCINCTLY

me (m')	nous
te (t')	vous
lui	leur

A. **Test de logique.** De quoi parle-t-on?

1. _____ Marc ne **le** parle pas.

2. _____ Marc **lui** prête de l'argent.

3. _____ Marc **l'**envoie à son hôtesse.

4. _____ Marc **lui** lit le soir.

5. _____ Marc **l'**emprunte à son père.

6. _____ Marc ne **lui** parle pas.

7. _____ Marc ne **le** prête pas.

8. _____ Marc **lui** envoie des lettres.

9. _____ Marc **la** lit tous les soirs.

10. _____ Marc **lui** emprunte de l'argent.

a. le français
b. la voiture
c. son devoir
d. à sa tante en France
e. sa réponse
f. à son père
g. la Bible
h. à son petit frère
i. à son ennemi
j. à son meilleur ami

B. Remplacez les mots en italique par des pronoms objets indirects.

1. Je parle *à mon grand-père*.

   _____

2. Tu rends visite *à tes parents*.

   _____

3. Nous avons écrit *à notre amie Sylvie*.

   _____

4. Ils ne vont pas parler *aux étudiants*.

   _____

5. Marie a demandé *à sa mère* de la conduire au cinéma.

   _____

6. Vous aimez téléphoner *à vos amies Chantal et Denise*.

   _____

C. Jouez le rôle d'un(e) philanthrope anonyme et distribuez vos cadeaux. Utilisez un pronom objet indirect.

MODÈLE: À votre professeur de français? → Je lui donne mon numéro de téléphone.

1. Aux enfants? (un gros poste de télé) _____

   _____

2. À votre camarade de chambre? (un roman d'aventures) _____

   _____

3. À votre grand-mère? (une semaine de vacances) _____

   _____

4. Au recteur (*president*) de l'université? (50 millions de dollars) _____

   _____

5. À une très bonne amie? (la clé de ma voiture) _____

   _____

6. À vos camarades de classe? (un voyage en France) _____

   _____

7. À un ami sportif? (des skis) _____

   _____

8. Aux gens qui préparent les repas au restaurant universitaire? (un livre de cuisine) _____

   _____

D. Interview. Vous allez interviewer des gens célèbres. Qu'est-ce que vous allez leur demander?

> MODÈLE: Sting →
>
> Je vais lui demander s'il veut danser.
>
> *ou*   Je vais lui demander son âge.

1. Sigourney Weaver et Nicole Kidman _____

    _____

2. le président des États-Unis _____

    _____

3. votre prof de français _____

    _____

4. votre équipe sportive favorite _____

    _____

5. un lauréat du prix Nobel en physique _____

    _____

35. The Verbs *voir* and *croire*

EXPRESSING OBSERVATIONS AND BELIEFS

A. Écrivez la forme convenable de chaque verbe.

	VOIR *présent*	CROIRE *présent*	VOIR *passé composé*	CROIRE *passé composé*
tu				
mes amis				
tout le monde				
Paul et moi				
ton frère et toi				
je (j')				

B. **Alpinisme dans le brouillard.** Malheureusement ces deux personnes se sont perdues (*got lost*) en montagne. Complétez leur conversation avec les verbes **voir** et **croire**.

JULIE: Tu _____[1] où on est?

ALAIN: Non, je ne _____[2] pas cette montagne sur la carte (*map*).

YVES: Vous faites confiance à (*have confidence in*) cette vieille carte?

JULIE: Non, nous _____[3] ce qu'a dit Annick, notre guide.

ALAIN: Elle a beaucoup d'expérience et elle _____[4] que cette route est bonne.

YVES: Moi, je pense qu'elle _____[5] à la chance.

JULIE: Très drôle... mais dis, Alain, tu _____[6] (passé composé) notre guide récemment?

ALAIN: J'_____[7] (passé composé) Annick, mais il y a environ (*around*) une heure.

YVES: Cette fois, je _____[8] que nous sommes perdus! Est-ce que vous _____[9] aux miracles? Seule (*Only*) la chance peut nous faire retrouver notre chemin (*find our way*).

Mise au point

A. **Un récit.** La mère de Monique lui raconte la période de l'après-guerre (*postwar period*) à Clermont-Ferrand (Auvergne). Choisissez un des verbes de la liste à droite pour compléter chaque phrase à l'imparfait.

J'_____[1] encore très jeune; j'_____[2] seulement sept ans,

mais mes souvenirs (*memories*) de cette époque-là sont encore très vifs (*vivid*).

Mon père n'_____[3] pas encore à la maison; il _____[4]

toujours (*still*) à Londres. Mais après la Libération, il nous _____[5]

beaucoup. J'_____[6] ses lettres avec impatience. Il _____[7]

bientôt rentrer chez nous.

écrire
habiter
aller
avoir
être (2 fois)
attendre

    La vie _____[8] difficile. Il n'y _____[9] pas toujours

assez à manger. Nous _____[10] certaines choses sur le marché noir à

des prix exorbitants. Mais les fermiers (*farmers*) _____[11] peu à peu à

vendre leurs produits au marché de la ville. Aux repas, nous _____[12]

de nouveau (*once again*) du beurre, de la viande et du poisson.

commencer
manger
acheter
avoir
être

    Les habitants de la ville _____[13] de nouveau dans les usines

(*factories*) qui _____[14] des choses ordinaires—choses qui

n'_____[15] pas de rapport avec la guerre: vêtements, meubles, pneus

(*tires*) de voitures privées. Ils _____[16] des salaires suffisants (*adequate*).

Le week-end, nous _____[17] sortir à la campagne en toute liberté.

Nous _____[18] des pique-niques et nous _____[19] avec nos amis.

faire
pouvoir
fabriquer
  (*to make*)
gagner (*to earn*)
avoir
travailler
jouer

B. Lisez la lettre suivante, puis répondez aux questions.

Cameyrac, le 8-05-94

Chère Lora,

Je m'appelle Vanina, j'ai seize ans et c'est chez moi que tu viens cet été. Ta lettre nous a fait plaisir, elle nous a permis de te connaître un petit peu. Je ne t'ai pas écrit avant car j'étais en Espagne, à Madrid, avec le lycée.

Moi, je suis en seconde au lycée et il me reste deux ans avant d'aller à l'université. Cela fait cinq ans que j'étudie l'anglais et j'aimerais bien aller aux Etats-Unis. Je pense que je vais y aller l'année prochaine. Ma mère a passé un mois en Nouvelle-Angleterre et elle m'a beaucoup parlé de cette région. J'aimerais aller là, moi aussi.

Dans ta lettre, tu nous dis que tu fais beaucoup de sport. Moi, je fais un peu de golf et de la G.R.S (gymnastique rythmique et sportive).

J'adore faire les magasins et aller à la plage. J'aime aussi le cinéma et le théâtre mais surtout les livres.

J'espère que tu aimes l'océan et que tu aimes te baigner car nous avons de très belles plages sur la côte Atlantique...

Nous t'attendons avec impatience...

Je t'embrasse, Vanina

1. Entourez d'un cercle les pronoms objets. Combien en avez-vous trouvé? _____

2. Qu'est-ce que vous avez appris sur Lora dans cette lettre? _____

   _____

   _____

3. Quelles activités voudriez-vous faire avec Vanina? _____

   _____

   _____

C. Répondez aux questions suivantes en employant des pronoms objets directs et indirects. Observez bien la syntaxe des questions!

1. Est-ce que tu as téléphoné à tes parents hier soir?

   Oui, _____

2. Est-ce que tu vas faire les courses aujourd'hui?

   Non, _____

3. Ton camarade de classe et toi, est-ce que vous allez visiter le musée du Louvre demain?

   Non, _____

4. Est-ce que tu as acheté cette robe à Paris?

   Oui, _____

5. Est-ce que tu aimes les épinards (*spinach*)?

   Non, _____

6. Est-ce que tu as fini l'exercice?

   Oui, _____

D. **Question d'identité.** Conjuguez **croire** et **voir** dans les phrases suivantes.

—Je _____[1] que j'ai oublié mon passeport dans la chambre. Est-ce que tu _____[2]

   mon sac?

—Le voilà. Tu as ta carte d'identité?

—Je ne _____[3] pas. (*Elle cherche.*) Non, je ne la _____[4] pas dans mon sac.

   Tu _____[5] qu'on doit retourner à l'hôtel?

—Non. Quand on _____[6] tes cheveux blonds, et quand on entend ton accent, on va

   _____[7] tout de suite que tu es américaine.

E. **Voici des timbres-poste.** Regardez-les et répondez aux questions.

1. On a payé combien pour envoyer cette lettre? _____

   _____

2. Quel jour est-ce qu'on l'a envoyée? _____

   _____

3. Combien coûte chaque timbre? À peu près 3$, .60$, ou .34$? _____

   _____

4. Qui est commémoré par ce timbre? _____

   _____

5. Qu'est-ce qui s'est passé (*happened*) en 1917? _____

   _____

Situations: **La télévision: pour ou contre**

In this dialogue, Paul, Bénédicte, and Michel are debating the value of television. Listen to their arguments. Which of them do you agree with?

MICHEL: Salut, Paul. Quoi de neuf?

PAUL: Je suis en train de chercher[a] l'heure d'un programme que je veux regarder lundi soir à la télé.

BÉNÉDICTE: Je ne savais pas[b] que tu aimais tant[c] la télé!

PAUL: Ah si! J'aime bien. Il y a des programmes éducatifs et culturels.

MICHEL: Oh, pas beaucoup hein, et seulement sur certaines chaînes et à certaines heures.

BÉNÉDICTE: Moi, je pense que la télé est néfaste.[d]

PAUL: Pourquoi néfaste?

BÉNÉDICTE: Parce qu'elle est responsable du manque[e] de communication dans les familles.

MICHEL: C'est vrai, les enfants passent de plus en plus de temps devant le petit écran...

BÉNÉDICTE: À voir de la violence...

PAUL: Mais c'est quand même[f] un moyen de s'informer et de se distraire.[g]

MICHEL: Se distraire, je veux bien, mais s'informer? Je ne crois pas.

PAUL: Ben si! C'est un moyen d'information, comme la presse...

BÉNÉDICTE: De toute façon, les gens feraient mieux[h] de lire.

Compréhension

Est-ce que c'est Bénédicte (**B**), Paul (**P**) ou Michel (**M**) qui parle?

1. _____ «J'aime bien. Il y a des programmes éducatifs et culturels.»

2. _____ «Je pense que la télé est néfaste.»

3. _____ «Les enfants passent de plus en plus de temps devant le petit écran.»

4. _____ «C'est un moyen de s'informer et de se distraire.»

5. _____ «Moi, j'avoue, je la regarde mais je sélectionne les programmes.»

[a]Je... *I'm busy looking for*   [b]Je... *I didn't know*   [c]*so much*   [d]*harmful*   [e]*lack*   [f]quand... *all the same*   [g]se... *entertaining oneself*   [h]*would do better*

Le monde francophone

A. **Réalités francophones.** Indiquez si les phrases suivantes sont vraies (V) ou fausses (F) d'après le commentaire culturel à la page 260 de votre livre. Si la phrase est fausse, corrigez-la.

1. _____ Les Français n'aiment pas la technologie.

2. _____ Peu de Français ont un téléphone chez eux.

3. _____ Le Minitel permet de faire des réservations dans toute la France.

4. _____ La compagnie de l'électricité et du gaz de France s'appelle France Télécom.

5. _____ Le Bi-Bop est une nouvelle sorte de téléphone mobile.

6. _____ Les téléphones sans fil deviennent très communs.

7. _____ France Télécom offre depuis peu (*recently*) le Tatoo, le Tam-Tam et le Kobby, qui sont des radiomessageries.

B. La télé française. Dans votre livre (pages 256–257) on parle de la télévision en France et de ce qu'on voit d'habitude sur chaque chaîne. Regardez ces extraits du magazine *VSD* et décidez quelle liste correspond aux programmes de Canal +, M6 et France 3.

8. Victor. *Leçon d'anglais.* **8.15** Amuse 3. Graine d'ortie. *Feuilleton avec Yves Coudray (8ᵉ ép.).* Boumbo. Les papas. Petit ours brun. **9.** Espace 3. Ouverture de l'antenne aux entreprises et aux associations. **12.** 12/14. *Télévision régionale.* **14.** Génies en herbe. *Jeu présenté par Patrice Drevet.* **14.30** Fastoche ou le plaisir d'apprendre. *Télévision scolaire.* **15.30** Thalassa. *Magazine (rediffusion).* **16.** Sports loisirs. *Magazine de Bernard Pero.* Championnat de France de cross. La croisière blanche. Golf triangulaire. **17.** Flash. **17.05** Samdynamite. *Divertissement présenté par Brenda et le dragon Denver.* Goldie. Les Aventures d'une famille ours. Boulevard des toons. Maguilla le gorille. Le cheval de feu. Et un épisode de la série américaine « Le Vagabond ». **19.** 19/20. *Magazine de l'information.* **19.10** Actualités régionales. **19.30** 19-20 *(suite).* **19.55** Il était une fois la vie. *Dessin animé :* **Les hormones.** **20.05** La Classe. *Divertissement animé par Fabrice.*

6. Dessins animés. **6.20** Boulevard des clips. **8.30** Contact 6. **8.45** Boulevard des clips. **9.** Clip dédicace. *Une série de clips présentés par Laurent Boyer.* **10.30** M6 boutique. **11.** Zap 6. *Jeu-concours.* **11.55** Infoprix. **12.** Flash. **12.05** Capital. *Présenté par Emmanuel Chain.* **12.10** Turbo. *Magazine de l'automobile de Dominique Chapatte.* **12.40** La Petite Maison dans la prairie. *Série avec Michael Landon.* **13.30** L'Incroyable Hulk. *Série.* **14.20** Section IV. *Série américaine avec Steve Forrest, Robert Urich.* **15.10** Hexagone 60-80. **16.20** Hit, hit, hit, hourra ! **16.30** Hit 92. *Actualité du disque présentée par Nagui.* **17.30** Adventure. *Magazine de l'aventure présenté par Christopher Reeve.* **18.** Flash. **18.05** Brigade de nuit. *Série américaine avec Scott Hylands.* **19.** Les Envahisseurs. *Série américaine avec Roy Thinnes :* **Vikor.** **19.54** Flash. **20.** Cosby Show. *Comédie américaine.*

7. Décode pas Bunny. *Dessins animés.* **8.25** T.N.T. *Série canado-américaine.* **8.45** Cabou Cadin. **9.** Adieu, mon salaud. *Film policier américain. Avec Robert Mitchum (2ᵉ dif.).* **10.40** La Maison assassinée. *Film de Georges Lautner (1987).* **Emissions diffusées en clair :** **12.30** Rapido. *Magazine d'Antoine de Caunes.* **13.** Flash. **13.05** Cinémode. *Magazine.* **Fin des émissions en clair.** **14.** Double Trahison. *Téléfilm américain.* **15.30** Handball. U.S. Créteil/Crvenka (Yougoslavie). **17.** Basketball américain. Atlanta/Los Angeles. **17.55** Sport flash. **18.** En route vers le sud. *Western américain de Jack Nicholson (1979). (2ᵉ dif.).* **Emissions diffusées en clair :** **19.45** Flash. **19.50** Ça cartoon ! *Dessins animés.* **Fin des émissions en clair.** **20.25** Tranches de l'art.

1. _____   2. _____   3. _____

✦ Quelles émissions de télévision aimez-vous regarder?

Dites pourquoi. _____

_____

_____

C. **La technologie française.** Voici un article tiré du *Figaro Magazine* sur les nouveaux téléphones portatifs en France. Lisez-le et complétez les phrases suivantes.

Le petit dernier

La famille ERICSSON s'agrandit et présente sa nouvelle gamme de téléphones portatifs avec notamment le GH 388. Pesant seulement 170 g, cet appareil fait partie des téléphones GSM les plus légers au monde. Il gagne également en autonomie puisqu'il peut fonctionner plus de 4 heures 30 en mode communication et 3 jours en mode veille. Des atouts qui, ajoutés à l'écran cristaux liquides et aux nouvelles fonctions (calculette, réception et envoi de messages courts vers d'autres terminaux...) permettent au GH 388 d'être un des appareils les mieux placés sur le marché.
Informations : 3615 ERICSSON (1,01 F / min).

1. Le nom du nouveau téléphone est *l'ERICSSON / le GH 388.*

2. Ce téléphone est *un des plus légers / un des moins chers* du monde.

3. Avec cette technologie, on peut parler continuellement pendant *4 heures et demie / trois jours.*

4. Ce téléphone est un des meilleurs appareils sur le marché à cause de *sa légèreté / ses nouvelles fonctions.*

5. Pour avoir plus de renseignements sur cet appareil, on peut *téléphoner chez la famille ERICSSON / composer le 3615 ERICSSON sur le Minitel.*

Journal intime

✦**Première partie:** Décrivez comment vous passiez l'été quand vous étiez à l'école primaire. Donnez autant de détails que possible.

- Est-ce que vous alliez quelquefois en colonie de vacances (*summer camp*) ou est-ce que vous restiez à la maison?
- Qu'est-ce que vous faisiez le matin? l'après-midi? le soir?

Rappel: On utilise l'imparfait pour parler des actions habituelles au passé, et le passé composé pour indiquer qu'une action a eu lieu une fois.

✦**Deuxième partie:** Maintenant décrivez (au passé composé) un voyage que vous avez fait l'été passé.

Nom_____ Date_____ Cours_____

Contrôle

Faites des phrases à partir des éléments suivants. Utilisez des pronoms objets directs et indirects quand ils sont nécessaires.

1. hier, nous / lire (passé composé) / journal / et / nous / regarder (passé composé) / télévision

   _____

2. quand Patrick / être (imparfait) / petit / son grand-père / aimer (imparfait) / donner / cadeaux (*gifts*)

   _____

3. quand nous / être (imparfait) / Paris / nous / manger (imparfait) / souvent / restaurant

   _____

4. mes parents / partir (passé composé) / vacances / et / ils / écrire (passé composé) / cartes postales / leurs amis

   _____

5. qu'est-ce que / tu / mettre (présent) / pour / faire / ski / ?

   _____

6. dire (impératif, vous) / bonjour / à / Simon / si / vous / voir (présent)

   _____

CHAPITRE DIX

La vie urbaine

Étude de vocabulaire

A. En ville. Regardez bien le plan de la ville. Puis complétez le paragraphe en utilisant un seul mot par blanc.

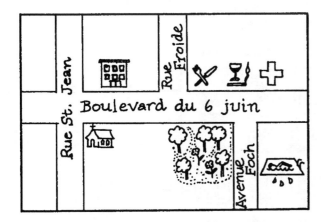

L'église Saint-Jean est au _____[1] de la rue. Si on descend le boulevard

du 6 juin en direction de la piscine, on trouve la mairie à _____.[2]

On _____[3] la rue Froide, et on passe devant un restaurant et des

magasins. En _____[4] du restaurant, il y a un parc. On prend la première

rue à _____[5] pour aller à la piscine.

B. Les endroits importants. Où est-ce qu'on doit aller?

1. En France, si on ne possède que des dollars, on cherche tout de suite un bureau de change ou

   une _____.

2. Quand on n'habite pas au bord de la mer ou d'un lac, et si on a envie de nager, on doit aller

   à la _____.

3. Pour obtenir un passeport et pour régler toutes sortes d'affaires on est obligé d'aller à la

   _____.

4. Quand on a besoin de médicaments, on cherche une croix (*cross*) verte. On achète de l'aspirine

   dans une _____.

5. Les touristes qui ont des difficultés à trouver une chambre pour la nuit vont au _____
    _____

6. En cas d'urgence ou simplement pour demander des renseignements (*information*), on cherche

    un agent de police au _____

C. Vous distribuez des invitations pour une fête dans le quartier aux personnes de votre immeuble.
    Il n'y a que le nom de famille sur les enveloppes. Regardez le dessin et décidez où vous allez
    laisser (*to leave*) chaque invitation. (Remarquez que le **premier étage** correspond au *second floor*
    en Amérique du Nord.)

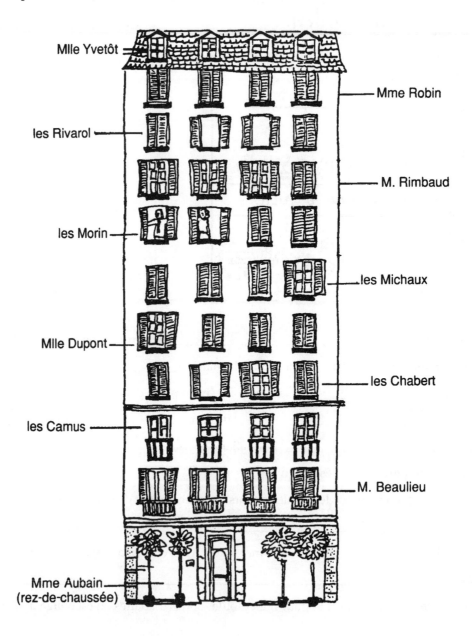

MODÈLE: Les Morin habitent au sixième étage.

1. Les Chabert _____
2. M. Beaulieu _____
3. Mlle Dupont _____
4. Les Rivarol _____
5. M. Rimbaud _____
6. Les Camus _____
7. Mme Aubain _____
8. Les Michaux _____
9. Mme Robin _____
10. Mlle Yvetot _____

Étude de grammaire

36. The *passé composé* Versus the *imparfait*

DESCRIBING PAST EVENTS

A. **Toute une journée de moments embêtants** (*annoying*). Mettez les verbes au passé composé ou à l'imparfait selon le cas. Attention à la logique des phrases.

MODÈLE: (téléphoner / être) → J'*étais* sous la douche (*shower*) quand vous *avez téléphoné*.

(parler / entrer) En cours ce matin on _____[1] du professeur quand il

_____.[2] (penser / poser) Au moment où il _____[3]

sa première question, je (j') _____[4] aux prochaines (*next*) vacances et je n'ai

pas pu répondre. (parler / perdre) Je (J') _____[5] devant

tout le monde quand je (j') _____[6] ma voix (*voice*). Quel désastre!

Le soir nous sommes sortis, Arnaud et moi. (arrêter / conduire) Je (J') _____[7]

la voiture de ma mère quand un agent de police me (m') _____[8] pour

avoir brûlé un feu rouge (*run a red light*). (sortir / arriver) Plus tard (*later*), nous

_____[9] chez les Dufort au moment où ils _____.[10] Mais

ils nous ont invités à entrer. (tomber / servir) Pendant que Mme Dufort _____[11]

les boissons, je (j') _____[12] malade (*sick*). Quelle journée!

✦ Racontez un moment embêtant (embarrassant) que vous avez vécu (*that you had*). _____

_____

_____

B. **Souvenir d'enfance.** Mettez les verbes de cette petite histoire au passé composé ou à l'imparfait. Ensuite répondez aux questions.

Quand j'_____¹ (être) enfant, j'_____²

(avoir) un chien noir que j'_____³ (aimer) beaucoup. Un jour il

_____⁴ (quitter) la maison et quand je (j')_____⁵

(revenir) de l'école, il _____⁶ (ne pas être) là. Je l'_____⁷

(appeler), je (j') _____⁸ (aller) chez nos voisins pour essayer de le retrouver (*find*).

Ma mère _____⁹ (téléphoner) à la police, mais nous

_____¹⁰ (ne pas réussir) à retrouver mon chien.

J'_____¹¹ (être) très triste (*sad*) et le soir, je (j')

_____¹² (refuser) de dîner. Enfin, vers dix heures du

soir, mon père _____¹³ (entendre) du bruit à la porte. Nous y (*there*)

_____¹⁴ (aller) et nous _____¹⁵ (voir) notre chien

qui _____¹⁶ (attendre) devant la porte. Nous _____¹⁷

(être) tous heureux de le revoir.

Pourquoi est-ce que l'enfant de l'histoire était triste? _____

_____

✦ Quel animal est-ce que vous aviez quand vous étiez petit(e)? Décrivez-le brièvement (*briefly*).

_____

C. **Les Trois Ours** (*The Three Bears*). Complétez l'histoire en mettant les verbes au passé composé où à l'imparfait.

Il était une fois (*Once upon a time, there were*) trois ours qui _____¹ (habiter)

une petite maison au fond de (*deep in*) la forêt. Un jour la maman ours _____²

(préparer) de la soupe, mais parce qu'elle _____³ (être) trop chaude, les

ours _____⁴ (décider) de faire une petite promenade.

Pendant leur absence, une petite fille qui s'_____⁵ (appeler) Boucles

d'or et qui _____⁶ (faire) aussi une promenade,

_____⁷ (voir) la maison et _____⁸ (entrer).

Elle _____⁹ (être) fatiguée et elle _____¹⁰

(essayer) les trois chaises des ours. Comme (*As*) elle _____¹¹ (avoir) très

faim, elle _____¹² (goûter) la soupe du papa ours, mais elle était trop

chaude. La soupe de la maman ours _____¹³ (être) trop froide, mais la soupe du bébé ourson était parfaite, et Boucles d'or _____[14] (dévorer) tout

ce qu'il y avait dans le bol.

Parce qu'elle _____[15] (avoir) sommeil, Boucles d'or

_____[16] (monter) au premier étage. Elle _____[17]

(essayer) le lit du papa ours, qui était trop dur (*hard*). Le lit de la maman ours

_____[18] (être) trop mou (*soft*). Mais le lit du bébé ourson

était parfait, et elle _____[19] (fermer) les yeux tout de suite.

Pendant qu'elle _____[20] (dormir), les ours

_____[21] (rentrer). Le papa ours _____[22] (voir) que

quelqu'un s'était assis (*had sat*) sur sa chaise. Le bébé ourson _____[23] (dire)

que quelqu'un avait mangé toute sa soupe. Les ours _____[24] (monter) au

premier étage où Boucles d'or _____[25] (dormir).

Finissez cette histoire: _____

_____

_____

_____

_____

_____

_____

_____

D. On a eu peur! Traduisez ce passage en français sur une autre feuille de papier.

It was late and it was raining. There was nobody in the streets. Jacques and I were going home, along (**le long de**) the boulevard Saint-Michel. Suddenly we heard a noise on our right. Someone was coming (**arriver**). We couldn't see anything. I got (**avoir**) scared.

Then I saw Christophe, a friend from the office. He was bringing me my keys (**clés** [*f.*]). We were so (**tellement**) happy that we invited him to have dinner with us.

E. Reconstituez chaque paragraphe. Mettez les phrases dans le bon ordre en utilisant **d'abord, puis, ensuite** et **enfin.**

1. **La gourmandise** (*gluttony*): Nous sommes rentrés chez nous aussi vite que (*as fast as*) possible.

   Elle nous a donné notre boîte (*package*). Nous avons choisi la pâtisserie la plus appétissante.

   Nous avons payé la boulangère. _____

   _____

   _____

   _____

   _____

2. **Une question difficile**: Il a compris le sens. Il l'a relue trois ou quatre fois. Gilles a lu la question sans (*without*) la comprendre. Il a écrit sa réponse. _____

_____

_____

_____

_____

37. The Pronouns *y* and *en*

SPEAKING SUCCINCTLY

A. Problèmes de maths. Lisez les trois problèmes suivants, tirés d'un manuel scolaire français. Soulignez le pronom **en** chaque fois qu'il apparaît. Ensuite, répondez aux questions.

Addition et soustraction

Quel énoncé?[a]

$$120 - (35 + 48)$$

Lequel des 3 énoncés ci-dessous correspond à cette écriture? _____

1. • En partant à l'école, José a 120 billes[b] Le matin, il en perd[c]35; l'après-midi, il en gagne[d]48.
Combien de billes lui reste-t-il à la fin de la journée?

2. • Céline a 35 bonbons. Elle en achète 120, puis en donne 48 à sa petite sœur.
Combien lui en reste-t-il?

3. • Maman est allée au marché. Elle a dépensé[e]48 francs chez le fromager et 35 francs chez le marchand de légumes.
Sachant qu'avant[f]de partir elle avait dans son portefeuille[g]un billet de 100 francs et un billet de 20 francs, *combien lui reste-t-il?*

[a]*statement* [b]*marbles* [c]*loses* [d]*wins* [e]*spent* [f]*before* [g]*wallet*

B. Questions personnelles. Répondez en utilisant le pronom **y** pour remplacer les parties en italique.

MODÈLE: Qu'est-ce que vous trouvez *dans votre poche* (*pocket*) maintenant? (de l'argent) →
J'y trouve de l'argent.

1. Vous avez dîné *au restaurant universitaire* hier soir? (oui) _____

_____

2. Vous êtes déjà allé(e) *au Canada*? (non) _____

_____

3. Que faites-vous *dans votre chambre*? (faire mes devoirs) _____

_____

4. Est-ce que vous répondez immédiatement *aux lettres de vos amis*? (non) _____

_____

5. Est-ce que vous pensez *à l'argent* quand vous faites vos projets de vacances? (oui, toujours)

_____

6. Qu'est-ce que vous mettez *sur votre bureau*? (du papier, des livres et des crayons) _____

_____

7. Combien de temps passez-vous *chez vos amis* chaque semaine? (tout le samedi) _____

_____

C. **Questionnaire.** Répondez en utilisant le pronom **en** pour remplacer les parties en italique.

   MODÈLE: Mangez-vous des carottes? Non, → Non, je n'en mange pas.

1. Est-ce que vos amis ont envie *de devenir riches*? Oui, _____

_____

2. Avez-vous besoin *d'argent* pour l'année prochaine? Oui, _____

_____

3. Vous prenez souvent *du jus d'ananas* (*pineapple*) le matin? Non, _____

_____

4. Est-ce que vous écrivez parfois *des poèmes*? Non, _____

_____

5. Est-ce qu'on va encore passer *des examens*? Bien sûr, _____

_____

D. Complétez avec **y** ou **en.**

Une visite au grand magasin

MARIANE: J'_____[1] suis allée seulement faire du lèche-vitrine (*window shopping*), mais

j'ai trouvé des parfums extraordinaires dans le rayon (*department*) parfumerie. Il y

_____[2] avait qui étaient sensationnels.

STÉPHANIE: Tu _____[3] as acheté?

MARIANE: Non, c'était bien trop cher. Mais j'espère (*hope*) _____[4] retourner avec mon

père: peut-être qu'il va m'_____[5] acheter. C'est bientôt mon anniversaire.

En route pour la bibliothèque

RAOUL:　Tiens, tu veux venir avec moi à la bibliothèque?

PIERRE:　Pourquoi est-ce que tu _____⁶ vas? Tu as du travail?

RAOUL:　J'_____⁷ ai un peu, mais je veux aussi prendre quelques (*several*) romans
policiers pour les vacances. Mado m'a dit qu'il y _____⁸ a des nouveaux.

PIERRE:　J'_____⁹ ai trois ou quatre à la maison. Je te les passe. Comme ça, tu n'auras
pas besoin (*will not need*) de les rendre la semaine prochaine.

RAOUL:　Bon, d'accord. Allons-_____¹⁰ tout de suite.

38. *Savoir* and *connaître*

SAYING WHAT AND WHOM YOU KNOW

A.　**Les experts sur Paris.** Utilisez le verbe **savoir** ou **connaître**.

1.　Jean _____ comment toucher un chèque à Paris.

2.　Nous _____ les rues du Quartier latin.

3.　Mon père _____ un bon restaurant, pas cher.

4.　_____-vous où se trouve la Sorbonne?

5.　Tout le monde _____ les jardins du Luxembourg.

6.　Mon professeur de français _____ une dame qui habite à côté d'une librairie.

7.　Mais il ne _____ pas son numéro de téléphone.

8.　Nous ne _____ personne dans cet arrondissement.

B.　**Questionnaire.** Savez-vous ou connaissez-vous?

MODÈLES:　Parler français? → Je le sais.
Marilyn Abbot? → Je ne la connais pas.

1.　Votre nom? _____

2.　Jouer au tennis? _____

3.　Suzanne Flaubert? _____

4.　Les pièces de Shakespeare? _____

5.　La date d'aujourd'hui? _____

6.　Quelle est l'autoroute pour aller dans le sud? _____

7.　Venise? _____

8.　Chanter *La Marseillaise*? _____

9.　Compter en espagnol? _____

10.　Les plages de la Côte d'Azur? _____

Mise au point

A. Une excursion mémorable. Utilisez le passé composé ou l'imparfait.

Quand (je / visiter) _____[1] la France pour la première fois, (je / avoir)

_____[2] 18 ans et (je / être) _____[3] assez

naïve, mais (je / vouloir) _____[4] tout voir et tout essayer. (Je / faire)

_____[5] la connaissance d'un jeune homme un jour sur la plage. (Il / me /

inviter) _____[6] à aller à une conférence (*lecture*). Après, (nous / aller)

_____[7] prendre une bière. Ensuite (il / suggérer)

_____[8] une promenade en motocyclette, mais (il / dire)

_____[9] que (nous / devoir) _____[10] aller chez

lui chercher le siège arrière (*back seat*) de sa moto. (Je / hésiter) _____[11]

longtemps à l'accompagner parce que (je / ne / le / connaître / pas) _____,[12]

mais enfin (je / accepter) _____.[13] (Nous / faire) _____[14]

un tour de la ville en moto pendant que Jopie, qui ne (parler) _____[15] pas

un mot d'anglais, (chanter) _____[16] «My Blue Heaven» très fort

(*loudly*). (Ce / être) _____[17] magnifique. (Il / me / conduire)

_____[18] chez moi et (me / dire) _____[19] bonsoir.

Le lendemain (*next day*) (il / partir) _____[20] en Bretagne pour l'été, et

(je / ne / le / revoir / jamais) _____.[21]

B. Une soirée agréable. Faites une ou deux phrases pour décrire ce que vous voyez sur chaque dessin. Utilisez le passé composé et l'imparfait.

1. Maryvonne et Jacques _____

_____

_____

_____

2. Il faisait froid et il _____

_____

_____

_____

3. Maryvonne et Jacques _____

    _____

    _____

    _____

4. _____

    _____

    _____

    _____

5. _____

    _____

    _____

    _____

6. Dans le café, des gens _____

    _____

    _____

    _____

Situations: **Comment aller à la gare**

In this dialogue, Paul is stopped on the street by a woman who needs directions. Where is she trying to go? Would *you* be able to follow Paul's directions?

FEMME: S'il vous plaît, monsieur, vous pourriez m'indiquer le chemin[a] pour aller à la gare?

PAUL: Oui, oh oui, la gare n'est pas très loin d'ici. Vous allez prendre la deuxième à gauche, vous allez tout droit jusqu'au deuxième feu,[b] là vous prenez la rue à droite, ensuite vous...

FEMME: Oh là là, non, je suis vraiment désolée.[c] Vous pourriez répéter, s'il vous plaît? C'est compliqué.

PAUL: Pas de problème. Vous prenez la deuxième rue à gauche, tout droit, au deuxième feu, vous prenez la rue à droite...

FEMME: D'accord, alors deuxième à gauche.

PAUL: Oui.

FEMME: Deuxième à droite.

PAUL: Voilà.

FEMME: Oh ben, ce n'est pas trop difficile.

PAUL: Attendez. Après, vous marchez pendant cinq minutes...

FEMME: Cinq minutes? Mais c'est à quelle distance?

PAUL: Environ cinq cent mètres.

FEMME: Bon, alors, et qu'est-ce que je fais?

PAUL: Après, vous continuez tout droit. Là, vous prenez la troisième ou quatrième rue à droite et la gare est juste là.[d] Vous ne pouvez pas la rater.[e]

Compréhension

Indiquez l'ordre dans lequel ces phrases apparaissent dans la vidéo.

a. _____ «La gare n'est pas très loin d'ici.»

b. _____ «Vous allez prendre la deuxième à gauche.»

c. _____ «Vous pourriez répéter, s'il vous plaît?»

d. _____ «Après, vous marchez pendant cinq minutes.»

e. _____ «Je peux vous accompagner.»

f. _____ «Environ cinq cents mètres.»

[a]*road* [b]*traffic light* [c]*sorry* [d]*juste... right there* [e]*la... miss it*

Le monde francophone

A. Au Canada. Cherchez les réponses aux questions ci-dessous dans ce texte tiré du magazine français *Elle*.

QUÉBEC PRATIQUE
Formalités : passeport en cours de validité.
Décalage horaire : moins 6 h.
Monnaie : 1 dollar canadien = 4,30 F env.
Indicatif téléphonique : Montréal (19 1) 514, Québec (19 1) 418.
Renseignements : Office du tourisme du Québec, 4, avenue Victor-Hugo, 75016 Paris. Tél. : 44 17 32 35. Ambassade du Canada, division du tourisme, 35, avenue Montaigne, 75008 Paris. Tél. : 44 43 29 00. Ouvert au public du lundi au vendredi, de 14 h à 17 h.

Le Château-Frontenac fête son centenaire.

NUITS ÉTOILÉES
A Montréal.
Hôtel Vogue. Le favori des rock stars. Restaurant chic, le Société Café. (1425, rue de la Montagne, tél. : (514) 285-5555.)
A Québec.
Auberge Saint-Antoine. Charmante et conviviale. Ancien entrepôt restauré et décoré avec goût, particulièrement les chambres qui donnent sur le Saint-Laurent.

(10, rue Saint-Antoine, tél. : (418) 692-2211.)
Le Château-Frontenac, Célébrissime établissement qui fête son centenaire. Incontournable ! (1, rue des Carrières, tél. : (418) 692-3861.)
Sur la rive du Saint-Laurent. Auberge des Falaises. Vue incomparable sur le fleuve. (18, chemin des Falaises, Pointe-à-Pic, Charlevoix. Tél. : (418) 665-3731.)

1. Dans quel hôtel

    a. est-ce qu'on trouve des musiciens célèbres? _____

    b. est-ce qu'on fête les 100 ans de l'établissement? _____

    c. est-ce qu'il y a un restaurant remarquable? _____

2. S'il est quatorze heures à Paris, quelle heure est-il à Montréal? _____

3. De quel document un Français a-t-il besoin pour entrer au Canada? _____

4. Peut-on visiter l'ambassade du Canada à Paris le lundi à une heure de l'après-midi? *oui / non*

B. **Réalités francophones.** Complétez selon le commentaire culturel aux pages 289–290 de votre livre.

1. Montréal a été fondé en... *1442 / 1642 / 1842.*

2. Quels adjectifs décrivent la ville de Montréal? *cosmopolite / ultra-moderne / bilingue / conservatrice / vieille / animée / petite*

3. La ville est connue pour... *son architecture / ses maisons de mode / son industrie / son équipe de basket-ball / ses magasins souterrains / ses plages.*

✦Est-ce que vous aimeriez visiter Montréal? Pourquoi (pas)? _____

_____

_____

C. **Réalités francophones.** Complétez selon la carte de France et le commentaire culturel à la page 304 de votre livre.

1. V*ingt-cinq / soixante-quinze* ...pour cent des Français habitent en ville.

2. Indiquez si ces villes se trouvent dans le nord (**N**) ou dans le sud (**S**) de la France:

_____ Lille   _____ Marseille

_____ Bordeaux   _____ Paris

_____ Lyon   _____ Toulouse

_____ Strasbourg   _____ Nice

3. La majorité des villes françaises datent... *de l'époque romaine / du Moyen Âge / de la Renaissance.*

4. *Beaucoup de / Peu de* ...Français habitent et travaillent au centre-ville.

✦En quoi les villes américaines que vous connaissez sont-elles différentes des villes françaises?

_____

_____

_____

Journal intime

✦**Des moments inoubliables.** Racontez un événement émouvant, quelque chose qui vous a rendu(e) heureux/euse, furieux/euse, honteux/euse (*embarrassed*), etc. Utilisez les questions suivantes comme guide:

- Quand cela s'est-il passé? (*When did this happen?*)
- Où?
- Pourquoi est-ce que vous y étiez?
- Quelle heure était-il?
- Quel temps faisait-il?
- Vous étiez avec qui?
- Qu'est-ce que vous faisiez?

- Qu'est-ce qui est arrivé?
- Quelles ont été les réactions de tout le monde?
- Comment l'épisode s'est-il terminé?

Contrôle

A. Formez des phrases complètes à partir des éléments suivants.

1. année / dernier / Marie / aller (passé composé) / Paris

   _____

2. elle / visiter (passé composé) / musées / fantastique

   _____

3. il / faire (imparfait) / beau / quand / elle / arriver (passé composé) / aéroport

   _____

4. malheureusement / il / pleuvoir (passé composé) / les autres jours

   _____

5. Marie / avoir (présent) / amis / France / et / elle / pouvoir (passé composé) / leur / rendre visite

   _____

   _____

B. Mettez les verbes des phrases suivantes au passé composé ou à l'imparfait.

Hier soir, je (j') _____[1] (être) fatigué et je (j') _____[2]
(décider) d'aller me coucher. Je (J') _____[3] (ne pas pouvoir) dormir parce
que je (j') _____[4] (avoir) faim. Je (J') _____[5]
(aller) à la cuisine et mon frère y _____[6] (être) aussi! Je lui
_____[7] (demander): «Qu'est-ce que tu fais là?» Il me (m')
_____[8] (répondre): «Je ne peux pas dormir parce que j'ai faim!» Nous
_____[9] (préparer) des pâtes et nous _____[10]
(manger) ensemble!

CHAPITRE ONZE

Les arts

Étude de vocabulaire

A. **Quel monument est-ce qu'on décrit?** Lisez les quatre descriptions et identifiez les monuments ci-dessous.

On a commencé à construire l'église de Beauvais en 1225. Mais après 25 ans de construction, la partie terminée est tombée. On l'a rebâtie, mais il n'y a jamais eu assez d'argent pour terminer l'énorme cathédrale gothique.

Le 17 août 1661 dans son nouveau château de Vaux-le Vicomte, Nicolas Fouquet offre une fête somptueuse à Louis XIV. Dix-neuf jours plus tard, Louis, envieux de la splendeur du château, met Fouquet en prison. Le salon sous le grand dôme central n'a jamais été décoré.

François Ier (roi de France de 1515 à 1547) venait chasser (*to hunt*) dans la forêt de Chambord, qui a donné son nom à ce château remarquable pour ses 365 cheminées.

Pendant le Premier Empire (1804–1815), Napoléon donne l'ordre de construire un temple à la gloire de la Grande Armée. Cette église, qui s'appelle la Madeleine, ressemble à un temple grec.

1. monument _____

   époque _____

   siècle _____

2. monument _____

   époque _____

   siècle _____

3. monument _____

   époque _____

   siècle _____

4. monument _____

   époque _____

   siècle _____

B. Classez les mots suivants: actrice, cinéaste, compositeur, écrivain, peintre, pièce de théâtre, poème, roman, sculpteur, sculpture, tableau.

ARTISTES	ŒUVRES (*works*)
_____	_____
_____	_____
_____	_____
_____	_____
_____	_____
_____	_____

C. **Dialogues.** Conjuguez les verbes au présent. S'il est indiqué, utilisez le passé composé.

vivre

— Où est-ce que vous _____[1]?

— Nous _____[2] dans le sud de la France. Et vous?

— Je _____[3] en Allemagne et mon amie Aline _____[4] en Hollande.

poursuivre

— Est-ce que tu _____[5] toujours des études de sociologie?

— Non, j'ai changé. Je _____[6] maintenant des études de droit.

suivre

— Est-ce que vous _____[7] des cours en ce moment?

— Oui, nous _____[8] des cours de français. Notre amie Sylvie _____[9] un cours d'espagnol et nos amis Robert et Jean _____[10] un cours d'arabe.

Mes grands-parents _____[11] (vivre, passé composé) en Grèce et en Italie.

Aujourd'hui, ils _____[12] (vivre) en France. En Italie, ma grand-mère

_____[13] (suivre, passé composé) des cours de psychologie.

D. Robert, un étudiant américain, parle de ses expériences en Afrique avec un étudiant du Congo. Complétez la conversation avec **vivre, poursuivre** ou **suivre.** Attention au temps du verbe.

SIMON: Tu _____[1] au Mali pendant quatre ans?

ROBERT: Oui, j'y suis allé en 1996 avec le Corps de la Paix (*Peace Corps*). Je suis rentré aux États-

Unis pour _____[2] des études de génie (*engineering*) civil, mais

j'ai envie de retourner y _____[3] un jour.

SIMON: Alors tu espères (*hope*) _____[4] ta carrière en Afrique?

ROBERT: Oui, les cours que je _____[5] maintenant m'y préparent.

• En quelle année est-ce que Robert a quitté le Mali? _____

• En quoi est-ce qu'il se spécialise à l'université? _____

✦**E.**   **Les arts.** Créez une carte sémantique pour chacun (*each*) des mots suivants de la liste. Sur une autre feuille de papier, écrivez un mot de la liste au centre et les quatre catégories dans le modèle. Puis ajoutez toutes les idées que vous associez aux quatre catégories. (Il n'est pas nécessaire de vous limiter au vocabulaire de ce chapitre.)

MODÈLE: la peinture →

réalisme
impressionnisme
cubisme

genres

créateur   la peinture   produits

un (e) peintre   tableaux
                                        chefs-d'œuvre

actions

peindre
dessiner

La liste

1. la musique
2. le cinéma
3. la littérature
4. l'architecture

Étude de grammaire

39. Stressed Pronouns

EMPHASIZING AND CLARIFYING

moi	nous
toi	vous
lui	eux
elle	elles
soi	

A. Invitation. Complétez les phrases suivantes avec des pronoms disjoints.

— En août nous partons en vacances avec Thomas, sa femme Virginie et leurs enfants Ronan

et Danièle. Thomas, _____,[1] aime faire du vélo mais Virginie, _____,[2]

préfère aller à la plage. Les enfants, _____,[3] aiment jouer au tennis et faire du cheval.

Nous aimons partir avec _____[4] parce que ce sont de très bons amis. Danièle et

_____,[5] nous jouons aux cartes. Et _____[6] est-ce que vous voudriez venir?

Tu sais, Thomas et _____,[7] vous pouvez pêcher ensemble.

— Non, merci, nous ne pouvons pas. Nous devons rester chez _____[8] en août.

✦**B. Opinions et préférences.** Vous parlez de gens que vous connaissez. Répondez brièvement avec
un de ces pronoms: **moi, lui, elle, eux, elles.** Utilisez **non plus** si vous êtes d'accord (*if you agree*)
ou **si,** si vous n'êtes pas d'accord.

> MODÈLE: Mon père n'aime pas la musique baroque. Et votre père? →
>
> Lui non plus. (Il n'aime pas la musique baroque.)
>
> *ou* Lui si. (Il aime la musique baroque.)

Ma mère n'aime pas la peinture moderne.

1. Et vous? _____

2. Et votre meilleur ami (meilleure amie)? _____

3. Et vos frères et vos sœurs? _____

_____

4. Et votre professeur de français? _____

Ma sœur n'aime pas écrire des poèmes.

5. Et vos parents? _____

6. Et vos meilleures amies? _____

7. Et votre camarade de chambre? _____

8. Et vous? _____

40. Using Double Object Pronouns

SPEAKING SUCCINCTLY

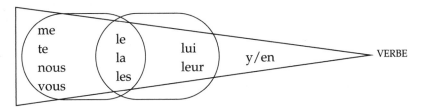

A. Répondez aux questions suivantes en remplaçant les éléments en italique par deux pronoms objets.

> MODÈLE: Est-ce que tu as présenté *tes parents à Marcel*?
>
> Oui, je les lui ai présentés.

1. Est-ce que tu as mis *les livres sur l'étagère*?

   Oui, _____

2. Est-ce que vous racontez souvent *cette histoire à votre enfant*?

   Oui, _____

3. Est-ce que tu vas acheter *des fleurs à ta grand-mère*?

   Non, _____

4. Est-ce que tu as rencontré *ton ami, Antonio, en Espagne*?

   Oui, _____

5. Est-ce qu'elle a donné *le gâteau à ses amis*?

   Non, _____

6. Est-ce qu'il y a *du bon vin en France*?

   Oui, _____

7. Est-ce que vous parlez souvent *de politique à vos professeurs*?

   Non, _____

B. **Exercice récapitulatif.** Répondez aux questions suivantes en employant des pronoms.

1. Est-ce que vous aimez les tableaux de Renoir?

   Oui, _____

2. Est-ce que vous parlez souvent à votre professeur de français?

   Oui, _____

3. Est-ce que vous mettez du sucre dans votre café?

   Non, _____

4. Est-ce que vous voyez vos amis à l'université?

   Oui, _____

5. Est-ce que vous avez déjà dîné avec Jerry Seinfeld?

   Non, _____

6. Est-ce que vous allez boire du champagne aujourd'hui?

   Non, _____

7. Est-ce que vous voudriez aller en France?

   Oui, _____

8. Est-ce que vous avez donné des chocolats à vos grands-parents à Noël?

   Non, _____

C. **Conseils pour la fin de l'année scolaire.** Justin est assez timide et très prudent. Julie a beaucoup de courage. Quels sont leurs conseils dans les situations suivantes? (Utilisez deux pronoms objets si possible.)

   MODÈLE: Marcel et Françoise veulent donner des bonbons au chien. →

         JUSTIN: Ne lui en donnez pas!

         JULIE: Donnez-lui-en!

   1. Les Dupont veulent emprunter la BMW à leur voisin.

      JUSTIN: _____

      JULIE: _____

   2. Chantal veut montrer sa nouvelle sculpture à un groupe d'étudiants.

      JUSTIN: _____

      JULIE: _____

   3. Simon veut enseigner (*to teach*) l'alpinisme à son amie.

      JUSTIN: _____

      JULIE: _____

   4. Nicole et Patrick veulent écrire une lettre à Bill Clinton.

      JUSTIN: _____

      JULIE: _____

D. **Quelles sont les limites de l'amitié** (*friendship*)? Donnez votre réponse pour chaque situation. Utilisez un pronom objet.

   MODÈLE: Votre camarade de chambre veut montrer vos photos à ses amis.
            Vous lui dites: *Ne les leur montre pas.*
      ou   *Montre-les-leur.*

   1. Votre camarade de chambre vous demande s'il (si elle) peut prêter la clé de votre chambre à

      un autre ami.

      Vous lui dites: _____

   2. Une camarade veut envoyer un de vos poèmes à sa mère, poète célèbre.

      Vous lui dites: _____

3. Une amie veut montrer à tous les étudiants les questions de l'examen d'histoire qu'elle a trouvées dans le bureau du professeur.

Vous lui dites: _____

4. Un camarade de classe veut fumer des cigarettes.

Vous lui dites: _____

5. Une voisine veut vous donner six petits chats.

Vous lui dites: _____

41. Prepositions after Verbs

EXPRESSING ACTIONS

A. Quels verbes exigent l'emploi d'une préposition après un infinitif? Cochez (✔) les cases appropriées.

	à	de	—
1. aller			✔
2. refuser		✔	
3. devoir			
4. aider			
5. demander			
6. désirer			
7. choisir			
8. oublier			
9. rêver			
10. vouloir			
11. enseigner			
12. chercher			
13. permettre			
14. savoir			
15. aimer			
16. empêcher			
17. espérer			
18. commencer			
19. apprendre			
20. continuer			

B. Complétez les phrases suivantes avec la préposition **à** ou **de**.

Attention: Si une préposition n'est pas nécessaire, laissez un blanc.

1. Sophie a accepté _____ faire les courses, mais elle a refusé _____ faire le ménage.

2. Est-ce que tu sais _____ skier?

3. Oui, j'ai appris _____ skier quand j'avais sept ans.

4. André rêve _____ voyager au Canada. Il va _____ faire des économies pour son voyage.

5. Oh, non! J'ai oublié _____ acheter des œufs. Je voulais _____ faire un gâteau. Dommage!

6. Le professeur demande aux étudiants _____ écrire des phrases au tableau.

7. Qui va venir _____ dîner à la maison ce soir?

8. Les étudiants essayent _____ parler français en cours de français.

9. Vous espérez _____ pouvoir visiter Paris bientôt.

10. Marie pense _____ travailler tout l'été.

11. Thomas n'a pas faim. Il vient _____ manger!

12. Je vais vous inviter _____ dîner au restaurant ce soir.

C. Formez des phrases complètes à partir des éléments suivants.

1. nous / rêver / parler / français / parfaitement (*perfectly*)

_____

2. nous / essayer / faire / devoirs / tous les jours

_____

3. nous / décider (passé composé) / aussi / participer / pendant / cours de français

_____

4. est-ce que / vous / vouloir / manger?

_____

5. oui / je / commencer / avoir / très faim

_____

6. est-ce que / tu / pouvoir / aider / Christelle / faire / vaisselle?

_____

7. non / je / devoir / partir / travailler / . / demander (impératif, tu) / Daniel / !

_____

8. est-ce que tu / choisir (passé composé) / rester / ou / partir?

_____

42. Adverbs

DESCRIBING ACTIONS

A. **Aveux** (*Confessions*). Répondez à ce que dit Marc, selon votre point de vue personnel. Si vous êtes de la même opinion, dites «Moi aussi, je... » Si vous n'êtes pas d'accord, utilisez un des adverbes **trop, peu** ou **ne... pas du tout.** Attention à la place des adverbes.

MODÈLE: MARC: J'ai beaucoup voyagé le semestre dernier.

VOUS: *Moi, je n'ai pas du tout voyagé le semestre dernier.*

ou *Moi aussi, j'ai beaucoup voyagé.*

1. MARC: J'ai trop dormi hier soir.

   VOUS: _____

2. MARC: J'ai peu étudié à l'école secondaire.

   VOUS: _____

3. MARC: Je n'ai pas du tout travaillé l'été passé.

   VOUS: _____

4. MARC: J'ai beaucoup mangé ce matin.

   VOUS: _____

5. MARC: J'ai beaucoup pensé aux cours que je vais suivre l'année prochaine.

   VOUS: _____

6. MARC: J'ai bien compris le dernier chapitre du manuel de français.

   VOUS: _____

B. Rendez cette histoire plus vivante en mettant l'adverbe correspondant à la place de l'adjectif proposé. Barrez (*Cross out*) les adjectifs.

Le téléphone a sonné (*rang*) _____[1] (violent) à deux heures du

matin. Le détective a essayé _____[2] (vain) de trouver l'appareil. Il l'a

décroché _____[3] (final) et a dit «Allô?» Une voix (*voice*) de femme lui

a répondu _____[4] (rapide) avec des mots qu'il n'a pas compris

_____[5] (immédiat). «Répétez plus _____[6]

(lent), s'il vous plaît, Madame» lui a-t-il demandé _____[7] (poli).

«Il est mort» a dit _____[8] (bref) la dame. «Qui?» lui a-t-il demandé

_____[9] (gentil). «Mon chien. N'êtes-vous pas le vétérinaire?»

C. Complétez chaque phrase à l'aide d'un adverbe.

MODÈLE: Il est vrai que je suis américaine. → Je suis vraiment américaine.

1. Elle parle français de manière rapide.

   Elle parle français _____

2. Il est patient quand il attend.

   Il attend _____

3. Tu as une attitude sérieuse quand tu étudies.

   Tu étudies _____

4. Je suis lent quand je conduis.

   Je conduis _____

5. Nous sommes polis quand nous parlons à nos parents.

   Nous leur parlons _____

6. Vous êtes actifs dans le cours de français.

   Vous participez _____

7. Ils sont gentils quand ils jouent.

   Ils jouent _____

8. Tu es franc avec tes amis.

   Tu leur parles _____

Mise au point

STUDY HINT: USING A BILINGUAL DICTIONARY

A French-English/English-French dictionary or vocabulary list is an excellent study aid but one that should be used very carefully. Follow these guidelines to minimize the pitfalls.

1. When you look in an English-French dictionary for the French equivalent of an English word, keep in mind the part of speech—noun (**substantif**), verb, adjective, and so on—of the word you are looking for. By doing so, you will avoid many mistakes. Imagine the confusion that would arise if you chose the wrong word in the following case:

   can: **boîte** (noun, "tin can") but **pouvoir** (verb, "can, to be able")

2. If the French word that you find is not familiar to you, or if you simply want to check its meaning and usage, look up the new word in the French-English section. Do the English equivalents given there correspond to the meaning you want to convey?

3. Remember that there is rarely a one-to-one equivalency between French and English words. **Un journal** is a paper (newspaper), **une dissertation** or **un devoir** is a paper students write for a course, and **une feuille de papier** is a piece of paper.

4. Minimize the number of "dictionary words" you use when writing. It is best to limit yourself to words you know because you already know how they are used. And when you do have to use the dictionary, try to check your word choice by looking at examples of the word used in a whole phrase or sentence. Many good dictionaries provide these, especially all-French dictionaries.

A. **Quelle panique!** Traduisez cette conversation en français sur une autre feuille de papier.

CHRISTOPHE: What did you do with (*de*) my chemistry book?
CHRISTIANE: Me? I lent it to Robert.
CHRISTOPHE: But why?
CHRISTIANE: He needed it for an exam. He is going to give it back to me this afternoon.
CHRISTOPHE: Unfortunately, *I* need it too! I have to study for the same exam. If he doesn't give it back before three o'clock, I'm going to fail it.
CHRISTIANE: You aren't going to fail it. Chemistry is easy for you!

✦**B.** Vous pensez étudier en France cette année. Donnez tous les renseignements demandés.

DEMANDE D'INSCRIPTION

ETAT-CIVIL

Nom et Prénom:
Date de naissance:

Sexe: F/M
Nationalité:

Adresse postale complète:

Pays:

Collez ici une photo récente de vous-même

Téléphone:
Indiquez les heures durant lesquelles on peut vous rejoindre:

VOTRE SITUATION

Précisez ici l'établissement scolaire/universitaire que vous fréquentez cette année (nom et adresse)

Vous êtes inscrit(e) en (matière principale)

Sinon, indiquez ici votre profession:

HOBBIES ET GOUTS

En dehors de votre occupation principale, précisez ici vos occupations secondaires et vos goûts:

CONNAISSANCE DE LA FRANCE ET DU FRANCAIS

Etes-vous déjà venu en France?   Oui/Non

Indiquez vos motivations principales pour (re)venir en France:

Estimez-vous que vous comprenez et parlez le français:
très bien
moyennement
passablement
médiocrement
pas du tout

✦**C.** **Questionnaire.** Complétez chaque phrase avec le verbe de votre choix à l'infinitif. N'oubliez pas les prépositions nécessaires.

      MODÈLE: J'aime faire la cuisine.

1. Je veux _____

2. Avant la fin de l'année, je vais essayer _____

3. Depuis mon arrivée à l'université, je me suis habitué(e) _____

   _____

4. Je ne sais pas _____

5. Cet été je vais commencer _____

6. Je voudrais inviter mes amis _____

7. J'oublie parfois _____

8. Je rêve _____

9. À l'université je me prépare _____

10. Au lycée j'ai appris _____

Situations: **Matisse: ses chefs-d'œuvre**

L'exposition du centre Georges Pompidou s'ouvre au moment où Matisse va se laisser emporter par la couleur. Il a alors trente-cinq ans. *Luxe, calme et volupté* montre les thèmes qui vont nourrir toute l'œuvre de Matisse. Les couleures, pures et complémentaires, sont appliquées par petites touches. Par la suite, Matisse va refuser cette tyrannie de la division.

Matisse fera deux versions de *La Danse*, commanditées par Szerga et Stchoukine. Matisse est plus attiré par les visages que par les natures mortes ou les paysages. Voici le portrait de Madame Matisse. Ses tableaux paraissent l'aboutissement[a] d'une quête spirituelle. Quand on lui demande s'il croit en Dieu, il répond:«Oui, quand je travaille.»

Dans la peinture de Matisse, tout est résumé. Seul l'essentiel est retenu. Poursuivant la beauté, Matisse s'approchait de la sérénité et de la sagesse. Sa peinture est une invitation au bonheur.

[a]*result*

(Continued)

Compréhension

Indiquez si les phrases suivantes sont vraies (**V**) ou fausses (**F**). Corrigez les phrases qui sont fausses.

1. **V F**   Cette exposition met l'accent sur la couleur dans l'œuvre de Matisse.

    _____

2. **V F**   Les couleurs, toujours sombres, sont appliquées par petites touches.

    _____

3. **V F**   Matisse a fait une seule version de *La Danse*.

    _____

4. **V F**   Matisse a toujours préféré peindre les natures mortes et les paysages.

    _____

5. **V F**   Matisse a fait des études précises et analytique du corps humaine dans ses œuvres.

    _____

Le monde francophone

A. Réalités francophones. Indiquez si les phrases suivantes sont vraies (**V**) ou fausses (**F**), selon le commentaire culturel sur la musique francophone à la page 318 de votre livre. Si la phrase est fausse, corrigez-la.

1. _____ Les Français de tous les âges apprécient énormément la musique.

2. _____ La Fête de la musique a lieu (*takes place*) au printemps.

3. _____ Il est interdit (*forbidden*) de passer des chansons en français plus de 40% du temps à la radio.

4. _____ Parmi les musiciens canadiens connus en Europe, on compte Patricia Kaas et MC Solaar.

5. _____ Le raï et le zouk sont d'origine québécoise.

6. _____ La musique semble permettre aux jeunes francophones de communiquer entre eux.

B. Visite à la Citadelle de Metz. Vous visitez Metz, une ville française où l'histoire se manifeste dans chaque quartier. Consultez la brochure sur l'Arsenal de la Citadelle et décidez si les phrases suivantes sont vraies ou fausses.

Arsenal

- Arsenal, charme et prestige d'espace d'une exceptionnelle beauté pour la musique, la danse, les arts.

L'Arsenal accueille les manifestations des grandes associations musicales qui ont, à Metz, suscité et entretenu la vie musicale, la Philharmonie de Lorraine, l'Alam, pour n'évoquer que les principales.

L'Arsenal développe aussi sa propre politique artistique, politique ambitieuse pour exister dans un univers musical et chorégraphique de plus en plus riche et novateur.

John Adams, Celibidache, Penderecki, Jordi Savall, Teresa Berganza, Shlomo Mintz, la Philharmonie Tchèque... dirigent, chantent, jouent, enregistrent à l'Arsenal. Cunningham, Carlson, Preljocaj... y dansent. Kuroda, Truphémus, Pons, Mühl y exposent.

- Arsenal, 10 000 m² pour les Arts.
Deux salles de concerts et de spectacles, un grand salon de réception, une galerie d'exposition, une muséo-boutique, un restaurant.

- Arsenal, merveilleux lieu de mémoire.
Réinventé par Ricardo Bofill, dans un arsenal du 19ᵉ siècle, inauguré le 26 février 1989 par Rostropovitch, l'Arsenal anime une basilique romaine, Saint-Pierre-aux-Nonnains, une chapelle de Templiers, et redonne vie à l'ancienne Citadelle de Metz.

La Salle de l'Esplanade

352 places
Cadre aux dimensions très humaines.
Particulièrement adapté à la musique et à l'accueil de réunions professionnelles ou de conférences.

La Salle du Gouverneur

Lieu d'animation et de réception
à caractère privé ou professionnel.

Le restaurant l'Orangerie

Un cadre de rencontre
à vocation culturelle et conviviale.
Traité comme une orangerie du XVIIIème siècle.
Des stores à l'italienne et sièges houssés de larges rayures. Conçu par Agnès Comar.

La Boutique Cité-d'Arts, au cœur même de l'Arsenal, livres et objets d'art, cartes postales, affiches, télécartes de collection...
La Galerie d'Exposition accueille Goutin, Kuroda, Truphémus, Münz, Les Palais Siciliens, La Figuration des Années 60, Denmark, Eighty, Louis Pons, Les Photos de Lagerfeld, Les Bijoux allemands, La mode en dentelles, Les Guerriers de l'Eternité venus de Chine.

La Salle d'Exposition

1354 places
Des murs recouverts de marqueterie de hêtre et de sycomore.
"Cette maison a une acoustique fantastique, des proportions idéales pour la musique et une atmosphère que je trouve exeptionnelle..." disait d'elle Mstislav Rostropovitch, le 26 février 89, alors qu'il donnait le concert inaugural de l'Arsenal.

La Grande Salle

"Dans La Grande Salle, de forme rectangulaire, les artistes sont au centre de l'espace et du public et, celui-ci, reçoit de partout la musique. C'est un lieu de communion entre tous les assistants" aime à dire Ricardo Bofill

1. _____ On peut aller à l'Arsenal pour voir un ballet.

2. _____ Il y a rarement des concerts à l'Arsenal.

3. _____ Vous pouvez y manger avant de regarder un spectacle.

4. _____ L'Arsenal abrite aussi un musée d'art.

5. _____ L'Arsenal rénové s'est ouvert en 1993.

Journal intime

✦Expliquez votre opinion sur les arts.

- Quel rôle est-ce qu'ils jouent dans votre vie?
- Qui sont les auteurs, poètes, compositeurs, peintres et cinéastes que vous trouvez intéressants? Pourquoi?
- Si vous lisez un roman (ou regardez un film), est-ce pour vous détendre ou pour vous faire réfléchir?

Contrôle

A. Répondez aux questions suivantes avec des pronoms objets directs et indirects.

1. Est-ce que vous téléphonez souvent à vos amis?

   _____

2. Est-ce que vous avez acheté vos livres de cours hier?

   _____

3. Est-ce que vous donnez des bonbons aux chiens?

   _____

4. Est-ce que vous pensez voyager en Europe l'année prochaine?

   _____

5. Est-ce que vous avez déjà essayé de bâtir une maison pour votre mère?

   _____

B. Répondez aux questions en utilisant un adverbe.

1. Comment est-ce que vous conduisez une voiture?

   _____

2. Comment est-ce que vous parlez français?

   _____

3. Comment est-ce que vous parlez à vos parents?

   _____

4. Comment est-ce que vous refusez une invitation?

   _____

CHAPITRE DOUZE

La vie de tous les jours

Étude de vocabulaire

A. L'amour et le mariage. Entourez d'un cercle la meilleure expression pour compléter les phrases suivantes.

1. Le coup de foudre *précède* / *suit* le voyage de noces (*honeymoon*).

2. On voit les nouveaux mariés pour la première fois *à l'église* / *pendant leur voyage de noces*.

3. Les gens qui préfèrent le célibat *ne se marient pas* / *se marient*.

4. En général, les gens qui ne s'entendent pas *se disputent* / *se marient*.

5. La période où on se promet de se marier s'appelle *les rendez-vous* / *les fiançailles*.

6. Pour s'installer dans une nouvelle maison, on a besoin *d'amis* / *de meubles*.

B. Aïe! (*Ouch!*) Ça fait mal! À quelles parties du corps a-t-on mal?

MODÈLE: J'ai un rhume (*cold*). → J'ai mal à la gorge.

1. Henri et Paul écoutent quinze disques de rock. Ils ont mal _____

_____

2. Je vais chez le dentiste ce matin. J'ai mal _____

_____

3. Nous portons des cartons très lourds (*heavy*). Nous avons mal _____

_____

4. Les nouvelles chaussures de Charles sont trop petites. Il a mal _____

_____

5. Vous apprenez à jouer de la guitare. Vous avez mal _____

_____

6. Mathilde lit un roman pendant douze heures sans s'arrêter (*without stopping*). Elle a mal _____

_____

7. Il fait très froid et Raymond n'a pas de chapeau. Il a mal _____

_____

8. Mireille court (*is running*) dans un marathon. Elle a mal _____

_____

C. **Une journée typique.** Numérotez les phrases suivantes pour les mettre dans un ordre logique.

___**1**___ Laure et Lucette se réveillent.

_____ Elles s'en vont.

_____ Elles s'habillent.

_____ Elles s'endorment.

_____ Elles se couchent.

_____ Elles se maquillent.

_____ Elles se lèvent.

Étude de grammaire

43. Pronominal Verbs

EXPRESSING ACTIONS

se reposer			
je	me repose	nous	nous reposons
tu	te reposes	vous	vous reposez
il, elle, on	se repose	ils, elles	se reposent

A. Tiffani et Marie-France sont étudiantes de première année dans une université américaine. Elles vont partager (*to share*) une chambre à la maison française. Complétez leur conversation avec les verbes suivants: **s'arrêter, se demander, se dépêcher, se détendre, s'installer.**

Tiffani et Marie-France _____[1] dans leur nouvelle chambre. Elles ont

toutes sortes de cartons (*boxes*) et de valises.

TIFFANI: Je _____[2] où nous allons ranger (*to put*) toutes nos

affaires. Cette chambre est vraiment trop petite.

MARIE-FRANCE: Nous devons _____[3] Je ne veux pas être en retard au

premier repas.

TIFFANI: Écoute, on a encore trois heures. Je propose que nous _____⁴

de travailler dans deux heures et demie. Qu'en penses-tu? Comme ça, nous avons

trente minutes pour _____⁵ un peu. Tu es d'accord?

Complétez avec les verbes suivants: **s'amuser, se demander, s'entendre, se rappeler, se souvenir (de)**
(*Plus tard.*)

MARIE-FRANCE: Je _____⁶ si nous allons nous comprendre.

D'habitude je _____⁷ bien avec les autres. Mais je

_____⁸ d'une fille insupportable (intolérable) avec

qui j'ai été obligée de partager une chambre. Elle n'écoutait que de l'opéra. Je

_____⁹ un jour où j'ai eu tellement besoin de (*I was so

in need of*) silence que j'ai caché (*hid*) sa radio.

TIFFANI: Je suis sûre que nous allons _____¹⁰ ensemble. Mais

tiens, où est ma radio?

B. Un étudiant décrit son prof. Améliorez (*Improve*) cette description en remplaçant les expressions
entre parenthèses par des verbes pronominaux. Barrez (*Cross out*) les expressions entre parenthèses.

Si Mlle Signoret (fait une erreur) _____,¹ elle (demande

pardon) _____.² Voilà pourquoi elle (a de bons rapports)

_____³ avec tous ses étudiants. Et si nous (faisons des erreurs)

_____,⁴ elle nous encourage sans se moquer de nous. Elle a l'air

de (passer des moments agréables) _____⁵ en classe.

En cours elle (n'oublie pas) _____⁶ nos objectifs, et nous

travaillons dur. Nous n'avons pas le temps de (nous reposer) _____,⁷

en général; nous (allons vite) _____⁸ pour tout finir. Mais nous

(passons des moments agréables) _____⁹ aussi.

C. Commentaires. Vous faites un album de photos. Au-dessous de chaque photo, vous écrivez un
commentaire. Utilisez des verbes pronominaux de la liste à la page 348 de votre livre.

MODÈLE: Ce facteur se dépêche parce qu'il pleut.

un facteur

une vieille dame

des chiens

1. _____
   _____
   _____

2. _____
   _____
   _____

Deux femmes

Où est le musée?

Jean-Luc

3. _____
   _____
   _____

4. _____
   _____
   _____

Excusez-moi

un jeune homme

STOP

5. _____
   _____
   _____

6. _____
   _____
   _____

44. Pronominal Verbs

REPORTING EVERYDAY EVENTS

A. Choisissez les contraires:

1. _____ s'en aller		a.	avoir raison
2. _____ s'endormir		b.	se calmer
3. _____ s'entendre		c.	arriver
4. _____ s'ennuyer		d.	finir
5. _____ se fâcher		e.	faire ses valises
6. _____ s'installer		f.	trouver sa route
7. _____ se mettre à		g.	se réveiller
8. _____ se perdre		h.	s'amuser
9. _____ se tromper		i.	se disputer

B. Conjuguez les verbes entre parenthèses au présent.

1. Bonjour, Mademoiselle! Je m'appelle Bernard. Comment est-ce que vous _____ _____ (s'appeler)?

2. Pendant le week-end, nous _____ (se détendre).

3. Les étudiants _____ (s'excuser) quand ils arrivent en retard.

4. Je _____ (se tromper) parfois quand je parle français.

5. Est-ce que tu _____ (se souvenir) de cette personne?

6. Ma fille _____ (ne pas s'endormir) facilement.

7. Bon, je vais _____ (s'en aller) maintenant.

8. Est-ce que vous _____ (se dépêcher) le matin?

9. Robert _____ (se perdre) dans les rues de Paris.

10. Les femmes _____ (se maquiller) et les hommes _____ (se raser).

11. Nous n'aimons pas _____ (se réveiller) tôt le matin.

12. À quelle heure est-ce que vous _____ (se lever) le matin?

13. Mes parents et moi, nous _____ (s'entendre) bien.

14. Tu _____ (ne pas s'arrêter) au feu rouge (*red light*)?!

15. Mon grand-père _____ (se fâcher) souvent.

✦C. **Habitudes.** Tout le monde a des habitudes différentes. Faites des phrases complètes avec les mots donnés, puis imaginez une explication.

    MODÈLE: Geoffroy / se raser / samedi soir →
                       Geoffroy se rase le samedi soir parce qu'il sort avec sa petite amie.

1. Marcel / se réveiller tôt / lundi matin _____

_____

2. tu / se lever à midi / jeudi _____

_____

3. M. Dupont / se coucher / cinq heures _____

_____

4. je / s'habiller bien / après-midi _____

_____

5. les enfants / s'ennuyer / week-end _____

_____

6. Laure / se regarder / miroir / à minuit _____

_____

D. Choisissez la forme du verbe qui convient pour chaque phrase.

    MODÈLE: s'endormir / endormir →
                       La mère endort son enfant.
                       L'enfant s'endort très vite.

amuser / s'amuser

1. Le clown _____ les enfants.

2. Les enfants _____ beaucoup!

promener / se promener

3. Nous _____ le soir après le dîner.

4. Jean-Pierre _____ son chien au bord du lac.

laver / se laver

5. Est-ce que tu vas _____ la voiture?

6. Est-ce que tu vas _____ aujourd'hui?

réveiller / se réveiller

7. Attention! Tu _____ tout le monde avec ta musique!

8. À quelle heure est-ce que tu _____?

demander / se demander

9. Je _____ si le professeur va nous donner un examen.

10. Je _____ au professeur si nous allons avoir un examen.

entendre / s'entendre

11. Elle _____ bien avec sa sœur.

12. Elle _____ un oiseau dans son jardin.

fâcher / se fâcher

13. Les parents _____ quand leurs enfants ne font pas leurs devoirs.

14. Les enfants _____ leurs parents.

aller / s'en aller

15. Où est-ce que tu _____?

16. Je _____. Je dois partir travailler.

coucher / se coucher

17. Le père _____ ses enfants à huit heures.

18. Puis, il _____ à onze heures.

E. **Synonymes.** Racontez l'histoire suivante. Remplacez l'expression entre parenthèses par un verbe pronominal. Barrez l'expression entre parenthèses.

À sept heures du matin, Sylvie (ouvre les yeux) _____,[1] elle (sort de

son lit) _____,[2] (fait sa toilette [*washes*]) _____[3]

et (met ses vêtements) _____.[4] À huit heures, elle (quitte la maison)

_____.[5] Au travail, elle (commence à) _____[6]

parler au téléphone. Sylvie (finit) _____[7] de travailler vers six heures; elle

(fait une promenade) _____[8] et parfois ses amies et elle vont

(nager) _____[9] à la piscine. Le soir, elle (trouve le sommeil)

_____[10] très vite!

45. Pronominal Verbs

EXPRESSING RECIPROCAL ACTIONS

A. Les personnes suivantes se rencontrent pour la première fois. Décrivez leurs réactions. Utilisez des verbes pronominaux et non-pronominaux.

Verbes utiles: (s')adorer, (se) détester, (se) disputer, (s')écouter, (se) parler, (se) regarder

MODÈLES:

Paul et Marie se regardent.

Gérard parle à Marthe. Marthe écoute Gérard.

1. Denise et Pierre _____

    _____

    _____

2. Béatrice _____

    _____ Yves _____

    _____

3. Marie _____

    _____ Paul _____

    _____

4. Marcel et Eugénie _____

    _____

    _____

5. Véronique et Denis _____

_____

_____

B. Racontez l'histoire que suggèrent ces dessins sur une autre feuille de papier. Ajoutez (*Add*) au moins un détail complémentaire à chaque verbe pronominal.

1.

2.

3.

4.

5.

6.

46. Pronominal Verbs

TALKING ABOUT THE PAST AND GIVING COMMANDS

se baigner (à l'affirmatif du passé composé)			
je	me suis baigné(e)	nous	nous sommes baigné(e)s
tu	t'es baigné(e)	vous	vous êtes baigné(e)(s)
il	s'est baigné	ils	se sont baignés
elle	s'est baignée	elles	se sont baignées
on	s'est baigné		

se baigner (au négatif du passé composé)	
je	ne me suis pas baigné(e)
etc.	

s'habiller (à l'affirmatif de l'impératif)	se fâcher (au négatif de l'impératif)
Habille-toi! Habillons-nous! Habillez-vous!	Ne te fâche pas! Ne vous fâchez pas! Ne nous fâchons pas!

A. **La journée d'une famille.** Mettez les phrases suivantes au passé composé.

1. Juliette se réveille à sept heures.

   _____

2. Elle se lave, elle se brosse les dents et elle s'habille.

   _____

3. Dominique et André se lèvent à neuf heures et ils prennent un café.

   _____

4. Juliette, Dominique et André s'en vont à 9h30.

   _____

5. Après le travail, Juliette se met à préparer le dîner.

   _____

6. Toute la famille mange et se détend.

   _____

7. Après le dîner, ils se promènent au parc et ils se parlent.

   _____

8. Dominique et André se couchent à neuf heures et Juliette se couche à dix heures.

   _____

B. Yves donne des conseils aux invités (*guests*). Son ami, Paul, qui est de mauvaise humeur, contredit tout ce qu'il dit. Utilisez les verbes suivants: **s'amuser, se brosser les dents, se coucher, s'en aller, s'excuser, se marier.**

   MODÈLE: Suzette dit qu'elle veut partir. →
       YVES: Alors va-t'en.
       PAUL: Non, ne t'en va pas.

1. Danielle dit qu'elle n'aime pas la vie de célibataire.

   YVES: _____

   PAUL: _____

2. Richard dit qu'il a un goût (*taste*) horrible dans la bouche.

   YVES: _____

   PAUL: _____

3. Nous annonçons que nous prenons nos vacances demain.

    YVES: _____

    PAUL: _____

4. Claude Robin dit qu'il a sommeil.

    YVES: _____

    PAUL: _____

5. Les Robin disent qu'ils ont oublié de dire bonsoir aux amis qui les ont invités.

    YVES: _____

    PAUL: _____

Mise au point

✦**A.** Dessinateur professionnel, vous travaillez pour un journal. On vous donne la description d'un être qui vient d'arriver de la planète Mars. Dessinez-le. (*Draw it.*)

Il était assez grand. Sa tête et son corps étaient ronds et séparés par un long cou. Ses trois bras étaient aussi courts que ses huit jambes. Ses mains et ses pieds ne portaient que trois doigts. Sa petite bouche ronde était juste au centre de son visage avec une seule dent pointue (*pointed*). Ses cinq yeux formaient un cercle. Je n'ai pas réussi à voir s'il avait des cheveux parce qu'il portait un chapeau en forme de croissant.

B. Commentaires personnels. Complétez chaque phrase en expliquant à quel moment ces événements arrivent et pourquoi.

   MODÈLE: Je / se dépêcher → Je me dépêche le matin parce que je me lève souvent tard.

À la maison

1. Mes amis / se détendre _____

   _____

2. Mes amis et moi / s'amuser _____

   _____

3. Mes parents et moi / s'entendre _____

   _____

4. Je / s'installer / devant mes livres _____

   _____

En cours

5. Mon professeur de français / s'excuser _____

_____

6. On / s'arrêter de travailler _____

_____

7. Nous / se souvenir du vocabulaire _____

_____

8. Je / se tromper _____

_____

C. Complétez chaque conversation avec la forme correcte du verbe qui correspond. Répondez ensuite aux questions personnelles.

1. **Chez le médecin** (s'endormir / se coucher)

   LE MÉDECIN À L'ENFANT: Est-ce que tu _____ facilement?

   LA MAMAN DE L'ENFANT: Oui, s'il ne _____ pas trop tôt.

   L'ENFANT: Moi, je ne _____ jamais avant minuit!

   ✦Et vous? _____

2. **Chez le dentiste** (se brosser)

   LE DENTISTE: Combien de fois par jour est-ce que vous _____ les dents?

   LA CLIENTE: J'essaie de _____ les dents trois fois par jour, mais il est

   souvent difficile de _____ les dents à midi.

   ✦Où et quand est-ce que vous vous brossez les dents? _____

   _____

3. **Chez le psychiatre** (s'appeler / se tromper / s'installer)

   LE PSYCHIATRE: Comment _____-vous? Pierre?

   LE CLIENT: Non, vous _____. Maintenant, je

   _____ Napoléon.

   LE PSYCHIATRE: Eh bien, Napoléon. _____ sur le divan et parlez-moi.

   ✦Est-ce que cette personne a des complexes de supériorité ou d'infériorité? _____

D. Le coup de foudre. Voici l'histoire d'amour de Pierre et de Sophie. Complétez les phrases suivantes avec un verbe pronominal au passé composé. Ensuite, créez d'autres conclusions possibles.

Verbes à utiliser: se dire, se disputer, s'embrasser, s'entendre, se marier, se parler, se prendre, se promener, se quitter, se regarder, se rencontrer, se téléphoner.

Pierre et Sophie _____[1] chez des amis l'année dernière. Le lendemain

matin ils _____[2] très tôt. Ils _____[3] longtemps.

L'après-midi ils _____[4] dans le parc.

    D'abord ils _____[5] du coin de l'œil, puis ils _____[6]

par la main. Ils _____[7] des mots d'amour et ils _____[8]

timidement.

    Après, ils (ne... plus) _____[9] Ils _____[10]

deux mois plus tard. Ils forment le couple parfait. Ils _____[11] (présent)

très bien et depuis qu'ils sont mariés, ils (ne... jamais) _____.[12]

Situations: **Chez le médecin**

In this dialogue, Mme Lefèvre's doctor has just diagnosed her as having bronchitis. Pay attention to the instructions he gives her. It looks as if his recommendations conflict with her busy schedule!

MME LEFÈVRE: Ce n'est pas grave?

DOCTEUR: Non, ce n'est pas grave, mais vous avez besoin de repos.[a] Il est nécessaire que vous restiez bien au chaud[b] pendant quelques jours.

MME LEFÈVRE: Mais c'est impossible, Docteur! Il faut absolument que je parte en voyage d'affaires demain, à Lille.

DOCTEUR: Ça ne va malheureusement pas être possible. Ouvrez la bouche et dites «ahahah».

MME LEFÈVRE: Ahahah...

DOCTEUR: Vous avez aussi la gorge irritée. Je vais vous prescrire des antibiotiques. Êtes-vous allergique à un médicament?

MME LEFÈVRE: Non. Mais vous savez bien que je suis journaliste et il faut absolument que je parte en reportage demain à Lille.

DOCTEUR: J'insiste. Il est indispensable[c] que vous restiez au lit et que vous vous reposiez.

MME LEFÈVRE: Des vacances forcées, je suppose.

DOCTEUR: Profitez-en[d] donc! Je veux aussi que vous buviez beaucoup.

MME LEFÈVRE: Entendu, Docteur. Je vais porter mon ordonnance[e] à la pharmacie.

DOCTEUR: Si cela ne va pas mieux dans quelques jours, je passerai chez vous. En attendant, reposez-vous bien. Au revoir, Madame Lefèvre.

MME LEFÈVRE: Au revoir, Docteur. Merci!

[a]*rest*   [b]restiez... *keep yourself warm*   [c]*essential*   [d]Profitez... *take advantage of it*   [e]*prescription*

(Continued)

Le monde francophone

A. Réalités francophones. Lisez le commentaire à la page 345 de votre livre et donnez les expressions qui correspondent aux phrases suivantes.

1. Ce qui (*That which*) est couvert par le régime d'assurance maladie en France: _____

_____

2. Quand la Sécurité Sociale vous rend l'argent que vous avez depensé (*spent*) pour un service

médical: _____

_____

3. En moyenne, le nombre de fois qu'un Français va chez le médecin par an: _____

_____

4. L'organisation qui rembourse les soins (*care*) médicaux: _____

_____

◆Nommez les deux différences que vous trouvez les plus frappantes (*striking*) entre la médecine en

France et la médecine aux États-Unis. _____

_____

_____

B. La chirurgie et la technologie. Choisissez la meilleure réponse selon l'article tiré du magazine, *Le Figaro*.

Chirurgie assistée par ordinateur

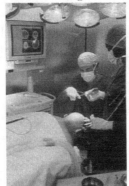

La société Philips a profité du congrès de neurochirurgie de langue française qui vient de se tenir à Lyon pour annoncer le lancement de l'EasyGuide Neuro. Il s'agit d'un système de chirurgie assistée par ordinateur, associée à une imagerie en trois dimensions. Cet appareil permet une visualisation en temps réel de la trajectoire de l'outil chirurgical dans l'anatomie du malade. Philips le présente comme étant *« au chirurgien ce que le radar est au pilote de ligne ».*

Une technologie de pointe pour suivre l'outil chirurgical dans le corps.

1. La Société Philips a annoncé son nouveau système de chirurgie *à Paris / à Lyon / à New York.*

2. Ce système est différent parce qu'il utilise *un ordinateur / des outils chirurgicaux différents.*

3. Grâce à ce système, on peut *guérir plus vite les malades / voir en trois dimensions l'anatomie du malade.*

4. Le nouveau système de chirurgie est comparé *au radar d'un pilote / à la souris d'un informaticien.*

C. Les pharmaciens. L'article suivant provient d'un magazine français. Lisez-le et puis choisissez les meilleures réponses.

IL Y A TOUJOURS , PARTOUT EN FRANCE, À N'IMPORTE QUELLE HEURE DU JOUR OU DE LA NUIT, UNE OFFICINE OUVERTE À PROXIMITÉ OU VOUS POUVEZ CONSULTER GRATUITEMENT, SANS RENDEZ-VOUS, CE VÉRITABLE SPÉCIALISTE QU'EST LE PHARMACIEN, MAILLON INDISPENSABLE DE LA CHAINE SANTÉ.

SONGEZ[a] LORSQUE VOUS LE RENCONTREREZ, QU'IL PARTICIPE QUOTIDIENNEMENT À LA PROTECTION DE L'ENVIRONNEMENT, PAR LA RÉCUPÉRATION DES MÉDICAMENTS PÉRIMÉS.[b]

SONGEZ ÉGALEMENT QU'IL CONTRIBUE ACTIVEMENT A LA PRÉVENTION DES GRANDES MALADIES DE NOTRE TEMPS NOTAMMENT PAR LA DIFFUSION DE L'INFORMATION.

VOICI DES RAISONS POUR LESQUELLES L'ETAT CONFIE DEPUIS TOUJOURS LA DISPENSATION DES MÉDICAMENTS AUX SEULS PHARMACIENS, GARANTISSANT AINSI LA SANTÉ PUBLIQUE ET LA PROTECTION DE CHACUN.

FEDERATION DES SYNDICATS[c] PHARMACEUTIQUES DE FRANCE

... Depuis 1878*, nous contribuons par la récupération des médicaments périmés, à la sauvegarde de l'environnement.

[a]penser [b]qui ne sont plus bons [c]groupements de professionnels

1. C'est...

   a. une annonce publicitaire pour une pharmacie.

   b. un extrait d'un article sur les pharmaciens.

   c. une publicité pour une organisation professionnelle de pharmaciens.

2. Comment est-ce que le syndicat contribue à la protection de l'environnement?

   a. Il distribue des médicaments.

   b. Il reprend les vieux médicaments.

3. Comment est-ce que les pharmaciens contribuent à la prévention des maladies graves?

   a. Ils distribuent des informations sur ces maladies.

   b. Ils travaillent dans l'informatique.

   c. Ils garantissent la santé publique.

4. En France, qui a le droit de vendre des médicaments?

   a. L'État.

   b. La Santé publique.

   c. Seuls les pharmaciens.

Journal intime

✦Choisissez *un* des sujets suivants.

- Racontez comment deux personnes que vous connaissez se sont connues: vos parents, votre meilleur ami (meilleure amie) et vous, par exemple.
- Racontez ce que vous avez fait ce matin, à partir de votre réveil jusqu'à midi. Expliquez en quoi votre matinée a été normale ou anormale.

Contrôle

A. Formez des phrases complètes à partir des éléments suivants.

1. dimanche / Sophie et Marie / se lever (passé composé) / 10 heures

   _____

2. Sophie / se laver (passé composé) / cheveux / et / Marie / s'habiller (passé composé)

   _____

3. elles / se dépêcher (passé composé) / parce que / elles / être (imparfait) / en retard

   _____

4. elles / rendre visite (passé composé) / leur / grands-parents

   _____

5. grand-mère / ne pas pouvoir (imparfait) / faire / courses / parce que / elle / avoir (imparfait) / mal / jambes

   _____

6. ils / décider (passé composé) / aller / restaurant

   _____

7. Sophie et Marie / rentrer (passé composé) / tard / et / elles / se disputer (passé composé)

   _____

8. lundi matin / elles / ne pas se parler (passé composé)

   _____

9. lundi soir / elles / se mettre (passé composé) / rire / et / elles / ne plus être (imparfait) / fâchées

   _____

B. **Impératif et verbes pronominaux.** Utilisez les indications suivantes pour donner des ordres.

   1. Dites à vos enfants de se coucher.

      _____

   2. Dites à votre frère de s'en aller.

      _____

   3. Dites à vos amis de se détendre.

      _____

   4. Dites à votre mari de ne pas se dépêcher.

      _____

   5. Dites à votre professeur de ne pas se fâcher.

      _____

   6. Dites à votre ami de s'amuser.

      _____

   7. Dites à votre enfant de se réveiller.

      _____

   8. Dites à votre grand-père de ne pas se perdre.

      _____

Vue d'ensemble: Chapitres 9 à 12

A. Mme Levis est veuve. Son mari est mort il y a cinq ans. Dans le passé Mme et M. Levis dépensaient beaucoup d'argent pendant leurs voyages. Maintenant, elle est obligée d'économiser. Comparez sa vie d'aujourd'hui avec sa vie d'autrefois (du passé).

MODÈLE: Maintenant je voyage en autocar. → Autrefois nous voyagions en avion.

1. Maintenant je descends dans des hôtels modestes. _____

2. Maintenant j'aime regarder la télévision et lire. _____

3. Maintenant je laisse de petits pourboires. _____

4. Maintenant je dîne dans des restaurants bon marché. _____

5. Maintenant j'achète des cadeaux simples. _____

6. Maintenant je réfléchis avant de dépenser mon argent. _____

B. Un conte pour Halloween. Lisez ce conte, puis faites l'exercice ci-dessous.

Il fait mauvais et le ciel est noir. Ma sœur et moi nous nous promenons dans la rue. C'est le 31 octobre mais nous sommes trop grands pour demander des bonbons aux voisins. Nous accompagnons notre petit frère Joël. Il est huit heures et nous sommes sur le point de rentrer quand Joël arrive vers nous, sans sac, le visage couvert de larmes (*tears*). Il est difficile de comprendre parce qu'il parle entre ses dents (*mumbles*). Quand nous comprenons enfin qu'il s'agit d'un vol (*it's about a theft*), nous rentrons vite à la maison. Maman téléphone à la police, qui trouve rapidement les malfaiteurs et rend les bonbons à Joël. Joël les mange et tombe malade. Il n'y a pas de justice.

D'abord, soulignez (*underline*) tous les verbes conjugués. Il y en a 21. Ensuite, entourez d'un cercle les verbes qui répondent à la question «Qu'est-ce qui se passe après?» ("*What happens next?*") Recopiez le texte au passé sur une autre feuille de papier. Les verbes marqués d'un cercle sont au passé composé, les autres à l'imparfait. (Le dernier verbe reste au présent.)

✦**C.** **Des vacances réussies?** Regardez les images et racontez les vacances de Mireille et de Max au passé composé et à l'imparfait. Utilisez les questions suivantes comme guide, et imaginez d'autres détails.

Où est-ce que Mireille et Max sont allés en vacances? Est-ce qu'ils vivaient près ou loin de cet endroit? Comment y sont-ils allés? Qu'est-ce qu'ils ont emporté (*take along*)? Dans quel hôtel est-ce qu'ils sont descendus? Quel temps faisait-il là-bas? Est-ce qu'ils s'y sont bien amusés? Qu'est-ce qu'ils ont fait pendant la journée? Est-ce qu'ils ont eu des expériences mémorables?

_____

_____

_____

_____

_____

_____

_____

_____

_____

_____

D. **Que fait-on pour un ami?** Objet direct ou indirect?

MODÈLE: téléphoner souvent → On lui téléphone souvent.

1. offrir des cadeaux _____

2. prêter de l'argent _____

3. écouter avec patience _____

4. parler souvent _____

5. raconter sa journée _____

6. écrire à Noël _____

7. montrer son journal intime _____

8. présenter à ses amis _____

9. oublier _____

E. Des ordres. Un soldat anxieux pose des questions à son père au téléphone. À vous d'anticiper ses réponses.

MODÈLE: Qu'est-ce que je fais de mes médailles (*medals*)? → Porte-les.

1. SOLDAT: Le général veut que je lui parle cet après-midi.

PÈRE: _____

2. SOLDAT: Il veut aussi que j'assiste au cours d'espionnage.

PÈRE: _____

3. SOLDAT: Il ne veut pas que je redouble le cours d'été.

PÈRE: _____

4. SOLDAT: Il ne veut pas que je lui raconte mes projets.

PÈRE: _____

5. SOLDAT: En effet, il ne s'intéresse pas beaucoup à moi. Qu'est-ce que je fais de tous les documents secrets si je suis capturé?

PÈRE: _____

6. SOLDAT: Et si le général ne veut pas que je les mange?

PÈRE: _____

F. Sur la place du village. Vous entendez parler plusieurs personnes (à la terrasse d'un café, devant un magasin, dans un petit parc, etc.). Décrivez une situation où vous pouvez entendre les propos suivants.

MODÈLE: Vas-y! → Une mère dit à son enfant: Monte sur ton vélo! (Elle l'encourage.)

1. Ne m'en donne plus, s'il te plaît.

_____

2. Donnez-nous-en plusieurs, s'il vous plaît.

_____

3. Explique-le.

_____

4. Ne le lui dis pas!

_____

5. Ne les leur montre pas!

_____

6. Installez-vous là, s'il vous plaît.

_____

G. Questionnaire. Donnez une réponse personnelle à chaque question en utilisant le pronom **en** ou **y.**

MODÈLE: Combien de sœurs avez-vous? → J'en ai deux.

1. Nommez une activité que vous faites dans votre chambre. _____

_____

2. Est-ce que vous écrivez des lettres? À qui? _____

_____

3. Combien de fois par semaine est-ce que vous allez en cours? _____

_____

4. Combien de cours est-ce que vous avez ce semestre? _____

_____

5. Est-ce que vous avez étudié à la bibliothèque récemment? Quelle matière? _____

_____

6. Quand est-ce que vous allez rentrer chez vous pour rendre visite à vos parents? _____

_____

H. Connaissances. Complétez chaque phrase avec les verbes **savoir** ou **connaître,** à la forme affirmative ou négative.

1. Mes parents _____ le président.

2. Je _____ où se trouve Djibouti.

3. Vous _____ les secrets de l'univers.

4. Nous, les Américains, nous _____ bien la géographie.

5. Les étudiants ici _____ Mel Gibson.

6. Je _____ les rues de Paris.

7. En classe de français nous _____ tout le monde.

8. Mes amis _____ danser le tango.

9. Je _____ mon adresse.

✦**I.** **Bilan** (*Evaluation*) **du cours.** Utilisez un infinitif pour créer des commentaires personnels.

MODÈLE: Nous apprenons *à utiliser un vocabulaire plus riche.*

1. Les étudiants dans notre cours ne refusent jamais _____

_____

2. Dans le chapitre suivant, nous commençons _____

3. Je sais _____

4. Mon professeur de français n'accepte pas souvent _____

_____

5. Le professeur devrait continuer _____

6. Mes camarades viennent tous les jours _____

7. La plupart des étudiants veulent _____

8. Nous demandons parfois au professeur _____

J. **Un joueur de football.** Complétez le paragraphe suivant avec les adverbes nécessaires.

Adverbes: aussi, beaucoup, couramment, donc, ensuite, facilement, naturellement, probablement, souvent, très bien

Gilbert est joueur de football. Il fait partie (*belongs*) d'une équipe (*team*) française qui voyage

_____.[1] _____,[2] il joue _____[3]

au football, mais il aime _____[4] les voyages et les langues étrangères.

Il parle _____[5] le portugais et peut _____[6]

communiquer _____[7] avec les joueurs brésiliens et portugais avec qui il

aime _____[8] passer la soirée. Gilbert ne va _____[9]

pas rester joueur toute sa vie. Il adore le sport, mais il veut _____[10] faire des

études de commerce international.

✦**K.** **Amis et famille.** Imaginez les rapports de Thierry, un jeune homme de 18 ans, avec les personnes ci-dessous. Complétez chaque phrase en imitant le modèle.

Suggestions: s'amuser, se détendre, se disputer, s'entendre, se souvenir

MODÈLE: Mes parents? Je (ne) me dispute (pas) souvent avec eux.

1. Ma meilleure amie? _____

2. Les copines de ma meilleure amie? _____

3. Ma mère? _____

4. Mon père? _____

5. Mes copains de l'école secondaire? _____

6. Ma grand-mère? _____

L. **Une journée typique.** Pour chaque expression en italique mettez la forme équivalente d'un verbe pronominal. Barrez l'expression entre parenthèses.

À sept heures du matin Marie-Louise (ouvre les yeux) _____.[1] Elle (sort de

son lit) _____,[2] (faire sa toilette) _____[3] et (met ses

vêtements) _____.[4] Elle (part) _____[5] à son bureau

vers huit heures et demie. À six heures du soir, Marie-Louise (finit) _____[6]

de travailler et elle (fait une promenade) _____[7] avec une copine qui

(est nommée) _____[8] Annick. Elle (n'a pas la vie ennuyeuse)

_____.[9] Le soir, elle (passe souvent de bons moments)

_____[10] avec ses copains. Elle (va au lit) _____[11]

vers onze heures et, en général, elle (trouve le sommeil) _____[12] très vite.

Vrai ou faux? Corrigez les phrases incorrectes.

13. Marie-Louise se lève tard en semaine. _____

_____

14. Elle s'arrête de travailler vers six heures. _____

_____

15. L'amie avec qui elle aime se promener s'appelle Corinne. _____

_____

16. Marie-Louise n'a pas le temps de s'amuser le soir. _____

_____

M. **Vacances de rêve.** Dans une lettre à une amie, Mireille raconte son week-end au Georges V, un hôtel très élégant à Paris. Complétez ce qu'elle dit en mettant les verbes pronominaux au passé composé. Attention à l'accord du participe passé.

C'était formidable. Je _____[1] dans la chambre

samedi vers deux heures. Quel luxe! C'était évidemment trop tôt pour

_____,[2] mais je _____[3]

s'habiller
s'endormir
s'installer
se coucher

sur le lit et j'ai passé une bonne demi-heure à faire mes projets. Je

_____[4] et je suis descendue prendre le thé au salon.

Plus tard je _____[5] pour le bal. Je _____[6] les cheveux.

Je _____[7] très légèrement, seulement un peu de mascara et du

se brosser
se maquiller
s'amuser
se préparer

rouge à lèvres. Au bal Geoffroy et moi nous _____[8] comme des

fous. Nous avons dansé jusqu'à deux heures du matin. J'étais crevée,

mais très heureuse.

✦**N.** **Le surmenage** (*Overwork*). Un copain / Une copine travaille trop. Il/Elle est surmené(e) (*overworked*). Complétez le mot (*note*) que vous allez laisser sur sa commode selon les indications. Après chaque paragraphe, ajoutez des conseils selon vos propres (*own*) idées.

Mon cher _____ / Ma chère _____,

(Au passé composé)

Tu (*se surmener*) _____[1] la semaine dernière.

Tu (*se réveiller*) _____[2] très tôt le matin. Tu (*aller*)

_____[3] à trop de réunions pendant la semaine. Tu

(*retourner*) _____[4] travailler le soir. Tu (*s'énerver* [*to get edgy*])

_____.[5] De plus, tu... _____

_____

(À l'impératif)

Ce week-end, (*se reposer*) _____,[6] (*s'arrêter de*)

_____[7] travailler, (*se coucher*) _____[8]

tôt, (*se lever*) _____[9] tard... _____

_____

Va (*se baigner*) _____[10] et (*faire*) _____[11] des

promenades tranquilles, (*s'amuser*) _____[12] en famille et

(*se nourrir* [manger]) _____[13] bien... _____

Amicalement,

_____

CHAPITRE TREIZE

Au travail

Étude de vocabulaire

A. Complétez les phrases suivantes de manière logique. Suivez le modèle.

MODÈLE: Marc est ouvrier. Sophie est *ouvrière.*

1. Gérard est directeur. Sylvie est _____.

2. Monique est agricultrice. Michel est _____.

3. Gilles est coiffeur. Marie est _____.

4. Bernard est boucher. Corinne est _____.

5. Sonia est pharmacienne. Yves est _____.

6. Martin est architecte. Martine est _____.

7. Nicolas est médecin. Nadia est _____.

8. Maurice est instituteur. Marguerite est _____.

9. Stéphane est employé de poste. Stéphanie est _____.

10. Julie est plombier. Robert est _____.

11. Charles est artiste peintre. Christine est _____.

12. Olivier est avocat. Anne est _____.

B. Complétez chaque phrase en utilisant le vocabulaire du chapitre.

Au travail

1. Les gens qui travaillent normalement 35–40 heures par semaine dans une usine (*factory*) sont

    des _____.

2. Les gens qui travaillent pour l'État sont des _____.

3. Un homme qui apporte le courrier (*mail*) à la maison est un _____.

4. Une femme qui a la responsabilité des comptes d'une entreprise est une

    _____.

5. Les gens qui protègent (*protect*) le public contre le crime sont des _____.

Question d'argent

6. Si vous n'aimez pas avoir de l'argent liquide sur vous, mais vous aimez faire des courses, vous avez probablement un compte-_____.

7. Dans un magasin, le caissier (*cashier*) calcule le _____ parce que la cliente veut savoir combien elle doit payer.

8. Les nouveaux mariés qui veulent un jour acheter une maison doivent avoir un compte _____.

9. Oh, zut! Je ne peux pas faire de chèque. J'ai laissé mon _____ à la maison.

10. Avec sa carte bancaire on peut retirer de l'argent au _____ automatique.

◆**C.** Cette page provient d'un cahier d'exercices de maths pour des enfants de 8 ans. Est-ce que vous pouvez faire ce travail?

En espèces ou par chèque

• **Le maître peut payer le magnétophone**[a] **que nous avons acheté pour la coopérative avec les pièces et les billets suivants :**

Mais il peut aussi faire un chèque. *Calcule le prix du magnétophone, puis complète le chèque à l'aide des indications données.*
Pose ici tes opérations.

[a]*tape recorder*

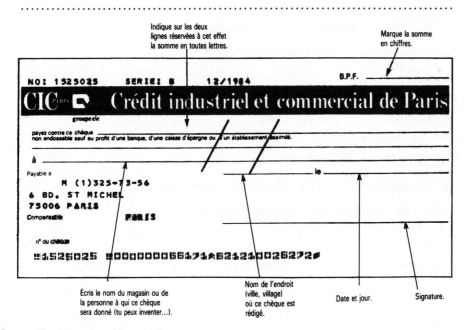

D. Verbes irréguliers. Complétez ce tableau avec les formes convenables.

	découvrir	souffrir
je		
Christophe Colomb		
vous		
les malades		

E. Complétez les phrases avec la forme correcte du verbe indiqué.

ouvrir (présent)

1. Nous _____ un compte d'épargne.

2. Jean _____ son cadeau d'anniversaire.

3. Tu _____ ton cahier de français.

souffrir (présent)

4. Ils _____ d'une maladie mystérieuse.

5. Vous _____ d'amnésie?

6. Tu _____ quand tu n'es pas avec ta petite amie.

découvrir (passé composé)

7. Michel _____ le parachutisme.

8. Nous _____ l'amour.

9. Sophie et Mimi _____ un trésor.

offrir (passé composé)

10. Elle _____ des fleurs à la vieille dame.

11. Tu _____ de m'aider à faire mes devoirs!

12. Vous _____ de l'argent à cet homme?

couvrir (présent)

13. Vous _____ l'enfant.

14. Je _____ toujours mes dépenses.

15. Nous _____ nos livres de français avec du papier.

Étude de grammaire

47. The Future Tense

TALKING ABOUT THE FUTURE

	parler	finir	vendre
je	parlerai	finirai	vendrai
tu	parleras	finiras	vendras
il, elle, on	parlera	finira	vendra
nous	parlerons	finirons	vendrons
vous	parlerez	finirez	vendrez
ils, elles	parleront	finiront	vendront

A. Verbes irréguliers. Complétez ce tableau avec les formes appropriées du futur.

	tu	les gens	je	nous
venir				
avoir				
voir				
envoyer				
être				
faire				
pouvoir				
savoir				
aller				
acheter				

B. Mettez les phrases suivantes au futur.

MODÈLE: Je pars en vacances. → Je partirai en vacances.

1. Elle doit aller à la banque.

   _____

2. Nous finissons nos comptes.

   _____

3. Sophie est coiffeuse.

   _____

4. Les médecins voient leurs malades.

_____

5. Tu écris une lettre à ton avocat.

_____

6. J'ai rendez-vous avec le chef d'entreprise.

_____

7. Les agriculteurs protestent contre les nouvelles mesures.

_____

8. Est-ce que vous vous parlez?

_____

9. Le plombier fait des réparations.

_____

10. Le pharmacien prépare des médicaments.

_____

11. Est-ce que tu peux venir à ma soirée?

_____

12. Nous savons utiliser le futur.

_____

C. **Êtes-vous voyant(e)?** Parmi toutes ces prévisions, lesquelles (*which ones*) se passeront avant l'an 2010? Commentez.

MODÈLE: je / finir mes études →
Je finirai mes études parce que j'ai envie de travailler.
ou Je ne finirai pas mes études parce que je préfère voyager.

1. mes parents / vendre leur maison _____

_____

_____

2. ils / acheter un château en Espagne _____

_____

_____

3. mon meilleur ami (ma meilleure amie) / se marier _____

_____

_____

4. je / habiter seul(e) _____

_____

_____

5. le président et sa femme / me rendre visite _____

_____

_____

◆Citez trois autres événements qui se passeront avant l'an 2010.

_____

_____

_____

_____

_____

_____

D. Bavardages. Charles et Louis parlent au téléphone. Complétez leur conversation.

CHARLES: Tu ne (croire) _____ [1] jamais ce que j'ai trouvé au marché aux

puces (*flea market*). C'est une petite merveille.

LOUIS: Écoute, Georges est là. Si tu me le (dire) _____ [2] maintenant,

je (être) _____ [3] obligé de le lui expliquer. Attendons.

CHARLES: Bon, je te le (montrer) _____ [4] quand je te (voir)

_____ [5] dans deux jours.

LOUIS: D'accord, à vendredi. Dis, si tu me (téléphoner) _____ [6] de la

gare, je (venir) _____ [7] te chercher.

CHARLES: Merci. Je t'(appeler) _____ [8] dès que j'(arriver)

_____ [9].

◆Imaginez ce que Charles a trouvé: _____

_____

◆**E. Et vous?** Complétez chaque phrase selon vos propres idées.

MODÈLE: Je finirai mes études si je continue à m'intéresser à mes cours.
   ou   ...quand j'aurai 23 ans.

1. Je trouverai un job si _____

2. Je commencerai à gagner un bon salaire quand _____

_____

3. Je voterai pour un candidat conservateur quand _____

_____

4. Je passerai toute ma vie dans cette ville si _____

_____

5. Après le B.A. (B.S.), je continuerai mes études dès que _____

_____

_____

6. Je serai heureux/euse quand _____

_____

48. Relative Pronouns

LINKING IDEAS

	Person	Thing
subject	qui	qui
object	que	que
with preposition	qui	lequel*
with de	dont	dont
*Lequel is taught in Chapter 15, Section 50.		

A. Complétez les phrases en employant le pronom relatif **qui** ou **que**.

1. L'homme _____ est derrière Michel est ingénieur.

2. Le fruit _____ je préfère est la poire.

3. Comment s'appelle la femme _____ vous aimez?

4. Les personnes _____ parlent français sont des francophones.

5. Voici le chien _____ a fait un trou (*hole*) dans mon jardin!

6. La voiture _____ j'ai achetée est fantastique.

7. C'est Henri _____ a décidé de venir.

8. Le film _____ nous avons vu hier est intéressant.

9. Le rendez-vous _____ vous aviez a été annulé (*cancelled*).

10. C'est ta maladie _____ te fatigue.

B. Complétez les phrases suivantes en employant **à qui, chez qui, avec qui, pour qui, dont** ou **où.**

1. Les Français _____ nous avons dîné étaient très sympathiques.

2. Voici le livre _____ j'ai besoin!

3. Le magasin _____ tu as acheté ton manteau est très cher.

4. Qui est cette jeune femme _____ vous parliez quand je suis entré?

5. Où habitent ces amis _____ tu m'as parlé?

6. L'homme _____ je travaille est le directeur de l'entreprise.

7. Thomas est l'étudiant _____ elle aime étudier.

8. Est-ce que c'est cette jupe _____ tu avais envie?

9. La maison _____ ils habitent est très belle.

10. Cet homme _____ la femme est médecin est architecte.

11. La famille _____ nous habitions en France s'appelle les Leroux.

12. C'est Christian _____ j'ai téléphoné hier soir.

C. Combinez les phrases suivantes à l'aide de pronoms relatifs divers.

MODÈLE: J'ai un ami français. Mon ami français habite à Perpignan. →
J'ai un ami français qui habite à Perpignan.

1. L'homme vient d'arriver. L'homme s'appelle Paul.

   _____

2. La ville est une ville ancienne. Ils vivent dans cette ville.

   _____

3. C'est l'étudiante. Les parents de l'étudiante sont canadiens.

   _____

4. Les gants sont chauds. Marc a acheté ces gants.

   _____

5. Le médecin est aussi acuponcteur. Marie a parlé au médecin.

   _____

6. La femme travaille à Paris. Ils ont déjeuné avec la femme.

   _____

7. Le livre est très cher. Pierre vient d'acheter ce livre.

   _____

8. Les étudiants ont fini l'exercice. L'exercice était facile.

   _____

✦D. Finissez les phrases suivantes en utilisant un pronom relatif.

MODÈLE: Le samedi soir est un soir où je fais très peu de devoirs.

1. J'achète souvent des livres _____

    _____

2. Midi est le moment _____

    _____

3. La Rolls-Royce est une voiture _____

    _____

4. L'argent est une chose _____

    _____

5. Le printemps est une saison _____

    _____

6. Mes professeurs sont en général des gens _____

    _____

7. J'ai rencontré un homme _____

    _____

8. Je suis une personne _____

    _____

49. Comparative and Superlative of Adjectives

MAKING COMPARISONS

Comparative	Superlative		
plus... que aussi... que moins... que	le, la, les	plus... de	
		moins... de	

A. **Les gens que vous connaissez.** Faites des comparaisons en choisissant un adjectif de la liste.

   MODÈLE: Mes grands-parents sont aussi conservateurs que mes parents.

   - riche   = vieux
   = heureux   = conservateur
   + intelligent   - ennuyeux
   - occupé (*busy*)   = ?
   + bavard

   1. Mon professeur de français est _____

   _____

   2. Mes grands-parents sont _____

   _____

   3. Les étudiants dans ce cours sont _____

   _____

   4. Les femmes sont _____

   _____

   5. Les politiciens sont _____

   _____

   6. Les enfants sont _____

   _____

   7. Je suis _____

   _____

B. Répondez aux questions suivantes en utilisant le superlatif. Attention à la place de l'adjectif.

   MODÈLE: Quel fleuve est le plus long de France? La Seine, la Loire ou le Rhône? →
              La Loire est le fleuve le plus long de France.

   1. Qui est le plus grand de votre famille? Votre père, votre mère ou vous?

   _____

   2. Qui est le plus riche? Le professeur de français, le président de l'université ou vous?

   _____

   3. Quel métal est le plus précieux? L'or, le fer ou l'argent?

   _____

   4. Quelle matière est la plus difficile? Le français, la chimie ou la géographie?

   _____

   5. Quelle ville est la plus polluée? Los Angeles, Denver ou Dallas?

   _____

C. Le bon vieux temps. M. Martin est très négatif; il critique tout ce qui est moderne. Donnez son opinion sur les sujets suivants en complétant les phrases.

Mots utiles: plus / moins / aussi... que; meilleur(e) / plus mauvais(e)... que

MODÈLE: les jeunes / travailleur / en 1955 → Les jeunes sont moins travailleurs qu'en 1955.

1. les jeunes / paresseux / pendant ma jeunesse (*youth*) _____

_____

2. les gens / égoïste / autrefois _____

_____

3. les écoles / bon / autrefois _____

_____

4. la vie / intéressant _____

_____

5. les gens / malheureux _____

_____

6. le gouvernement / mauvais / pendant les années vingt _____

_____

7. en général, la vie / ne... pas / bon / autrefois _____

_____

D. Pour qui votez-vous? Faites des phrases complètes en mentionnant des personnes réelles ou imaginaires. **Rappel:** On dit **de,** non pas **dans!** Attention aussi à la forme de l'adjectif.

MODÈLE: personne / important / université →
Le professeur de français est la personne la plus importante de l'université.

1. femme / intelligent / cinéma américain _____

_____

2. politicien / honnête / administration d'aujourd'hui _____

_____

3. chanteuse / bon / États-Unis _____

_____

4. professeur / bon / Faculté des Lettres _____

_____

5. personne / respecté / États-Unis _____

_____

6. femmes / dynamique / ma famille _____

_____

Mise au point

A. Hier, aujourd'hui et demain à la banque. Complétez les phrases suivantes en mettant les verbes au passé, au présent ou au futur. **Attention:** Nous sommes aujourd'hui le treize.

> MODÈLE: J'ouvre un compte d'épargne le treize octobre. →
> Marie ouvrira un compte d'épargne le quatorze.
> Les Martin ont ouvert un compte d'épargne le dix.

1. Nous avons reçu notre carte bancaire le deux.

   Vous _____ votre carte le vingt-deux.

   Tu _____ ta carte aujourd'hui.

2. M. Heinz est venu toucher son chèque le cinq.

   Les Feydeau _____ leur chèque en ce moment.

   Tu _____ ton chèque le dix-huit.

3. Je me présente au bureau de change immédiatement.

   Georges _____ là-bas le dix.

   Nous _____ au même endroit le vingt-neuf.

4. Vous avez maintenant une interview pour demander un emprunt.

   Les Lapointe _____ leur interview le seize.

   Mlle Pruneau _____ son interview le neuf.

5. Nous avons déposé notre chèque le premier.

   Je _____ mon chèque à moi le quatorze.

   Mon ami _____ son chèque en ce moment.

✦**B. Situations.** Qu'est-ce que vous ferez si ces situations se présentent? (Utilisez des pronoms si possible dans vos réponses.)

> MODÈLE: Un ami (Une amie) vous invite à voyager en Europe. →
> Je n'irai pas avec lui (elle) parce que je n'ai pas assez d'argent.

1.   Demain, c'est samedi. Vous avez des projets, mais la météo dit qu'il pleuvra. _____

     _____

2.   Vous savez que vous aurez besoin de 500 dollars dans un mois pour réparer votre voiture.

     _____

3.   Un collègue au travail est assez paresseux. Le résultat? C'est vous qui devez travailler plus

     dur (*hard*). _____

4.   Vous n'arriverez pas à joindre les deux bouts (*make ends meet*) à la fin du mois. Considérez vos

     dépenses et vos revenus, et dites comment vous pourrez économiser 10% de vos revenus le

     mois prochain. _____

     _____

     _____

5.   Un ami vous invite à une réunion à laquelle vous avez très envie d'aller, mais vous avez déjà

     accepté l'invitation de quelqu'un d'autre. _____

     _____

C.   Un nouvel emploi. Traduisez cette conversation sur une autre feuille de papier.

MARTINE: When will you have your interview with that agricultural office?

RÉMI: The tenth of May. Do you think that they'll hire me?

MARTINE: Why not? As soon as they know how many languages you speak, they'll offer you the job.

RÉMI: I hope that you're right. I'll call you when I find out (**savoir**).

✦D.   Regardez bien les annonces publicitaires ci-dessous, puis choisissez cinq objets qui vous plaisent. Expliquez vos choix en employant les pronoms relatifs **qui, que** et **dont**.

à vendre

Appareil de photo Canon EF avec objectif 35-70/1 : 2,8. 3,5 zoom 20 mm 1.. 2,8. Fisch Eye 7,5 mm 1.. 5,6 SSC. le tout en parfait état pour Fr. 2000.–. Tél. 20 21 22.

Appareil de musculation avec disques Fr. 550.–. Tél. 47 16 33, int. 257, prof/51 11 94, privé.

Aquarium avec meuble et poissons, 150 litres, 125 cm long, 45 large, 108 hauteur. Tél. 82 45 20, heures repas.

Avion radioguidé prêt à voler avec télécommande, très peu utilisé, Fr. 850.–. Tél. 57 31 78, soir.

Bicyclette pliable bleue «Everton» Fr. 150.–. Lit 1 personne d'appoint pliant, Fr. 80.–. Tél. 43 91 20, bureau.

Blouson cuir noir + jupe noire et violette cuir, taille 38 + anorak ski. Tél. 33 87 93.

Canapé 3 places et 2 fauteuils en velours rouge, état de neuf, Fr. 400.–. Tél. 94 55 97.

CB très bonne + ant. trans., match, coax, Fr. 350.–. Tél. 89 04 00, soir.

Chaîne stéréo Kenwood, 1 ampli KA-900 High-Speed, 1 tuner KT 1000, 1 deck KX 1000 D, 3 têtes, 1 CD Funaï CD 5503, 2 H.-P. Marantz HD 500. Tout en très bon état pour Fr. 1500.–. Tél. 29 24 72, soir après 20h.

Encyclopédie Britanica, magnifiques volumes, méthode avec microphone et lexicart sept. 88, jamais utilisée, prix à discuter. Tél. 83 09 34, dès 19h.

Vends montre chrono Aerowatch, mouvement mécanique automatique, date, lune, 3 mini cadrans. Tél. 27 92 97, bureau. Vends aussi sac de couchage Richner Nordic. État neuf.

Orgue Hammond, modèle L 222, avec Leslie Fr. 2000.–. Tél. 57 18 70.

Photocopieuse bon état Ubix 200 R (Graphax) très performante avec trieuse (15 cases). Contrat d'entretien encore valable. prix Fr. 3000.–. Tél. 21 45 28.

MODÈLE: L'avion radioguidé est le cadeau d'anniversaire dont mon fils aura envie. Il adore les jouets électroniques.

1. _____

_____

2. _____

_____

3. _____

_____

4. _____

_____

5. _____

_____

◆E. L'Université de Saint-Étienne propose ces services aux étudiants étrangers. Donnez votre évaluation en utilisant les adjectifs suivants: **amusant, généreux, instructif, intéressant, profitable, utile.** Expliquez-vous.

MODÈLE: Pour moi, les visites d'entreprises sont les plus profitables parce que j'étudie le commerce.

ANIMATION CULTURELLE

Comité d'accueil[a] étudiants et stagiaires[b] étrangers de l'Université de Saint-Etienne.

EXCURSIONS

Tous les 15 jours une excursion en car est prévue dans la région stéphanoise[c]: Lyon, Plaine du Forez, Ardèche, Haute-Loire, Vienne, le Pilat, les Alpes...

BIBLIOTHÈQUE

Le Service possède une bibliothèque de prêt spécifique.
Différents journaux et magazines sont à la disposition des étudiants pour lecture sur place.

La bibliothèque universitaire est ouverte aux étudiants et stagiaires.

PHONOTHÈQUE

Le Service possède une phonoteque avec un prêt de cassette (leçons, documents authentiques...) à écouter sur place.

THÉATRE-CINÉMA

Selon[d] les programmes stéphanois et les désirs des étudiants des soirées peuvent être organisées.

CONFÉRENCES
VISITES D'ENTREPRISES

Visites du musée, d'usine[e], d'un journal...

Conférences faites par des professionnels sur leur métier (commerce, artisanat[f], industrie...).

SPORT

Les étudiants ont accès à tous les sports universitaires: natation, tennis, foot, volley, basket, équitation, canoë, kayak, escalade...

[a]reception [b]workshop participants [c]of Saint-Etienne [d]depending on [e]factory [f]crafts

1. Excursions _____
   _____

2. Bibliothèque _____
   _____

3. Phonothèque _____
   _____

4. Théâtre-cinéma _____
   _____

5. Visites d'entreprises _____
   _____

6. Sports _____
   _____

F. En quoi les noms suivants sont-ils célèbres?

MODÈLE: Yoshiaki Tsutsumi est un des hommes les plus riches du monde.

1. New York _____

2. Les Alpes _____

3. L'Amazone _____

4. La Rolls-Royce _____

5. Babe Ruth _____

Situations: **Une conversation entre deux commerçants**

In this dialogue, two local merchants catch up on work, family, and vacation plans. Judging from their conversation, what do you suppose Mme Durand means by "les grandes vacances"? Can you guess what the expression, "métro-boulot-dodo," means?

MME DURAND: Tiens! Bonjour, Monsieur Dupont. Comment allez-vous? Il y a longtemps que je ne vous ai parlé.

M. DUPONT: Ça ne va pas mal. Mais les affaires[a] ne vont pas très bien en ce moment.

MME DURAND: C'est un peu normal en cette saison. Et vous verrez, ça ira bien mieux après les grandes vacances.

M. DUPONT: Au fait, vous prenez toujours votre congé[b] annuel en juillet, comme d'habitude?

MME DURAND: Non, non, non! Notre fermeture annuelle sera en août cette année. Comme vous, n'est-ce pas?

M. DUPONT: Oui, oui. Alors quoi de neuf de votre côté?

[a]*business* [b]*vacation*   (*Continued*)

MME DURAND:	Eh bien, ma fille a déménagé[c] le mois dernier. Elle est... elle a trouvé un travail intéressant à Montpellier.
M. DUPONT:	Ah! Montpellier a la réputation d'être une ville très agréable à vivre.
MME DURAND:	Oui! Son travail ne lui plaisait plus, la routine métro-boulot-dodo,[d] et puis cette vie insipide de Paris.
M. DUPONT:	Alors, elle doit être contente de s'être installée[e] en province.

Compréhension

Choisissez la bonne réponse.

1. «Vous prenez toujours votre congé annuel en _____, comme d'habitude?»

   a. août   b. juillet   c. juin

2. «Eh bien, _____ a déménagé le mois dernier.»

   a. mon fils   b. ma sœur   c. ma fille

3. «Montpellier a la reputation d'être une ville très _____.»

   a. agréable   b. insipide   c. intéressante

4. «Il y a une excellente crèche (*day-care center*) près _____.»

   a. de la maison   b. du magasin   c. du bureau

5. «En cette période de changement, vous avez de la chance d'être _____.»

   a. fermier   b. avocat   c. commerçant

[c]*moved out*   [d]*commute-work-sleep*   [e]*settled*

Le monde francophone

A. Réalitiés francophones. Choisissez la meilleure réponse, selon le commentaire culturel, page 377 de votre livre.

1. Beaucoup de Français considèrent *le carriérisme / la qualité de la vie* plus important(e) que la réussite matérielle.

2. Pour ces Français, avoir une meilleure vie signifie *avoir plus de temps libre / poursuivre des études avancées.*

3. Beaucoup de Français qui ont un emploi *craignent de / rêvent de / comptent* être un jour victimes du chômage.

4. Pour garder leur niveau de vie, les Français *travaillent plus dur et plus longtemps / demandent une augmentation de salaire.*

5. Selon un sondage d'opinion, la plupart des Français sont *pour / contre* l'idée de partager des emplois existants afin de résoudre le problème de chômage.

✦ . À votre avis, est-ce que la qualité de la vie est plus importante que la réussite matérielle pour la plupart des Américains? Commentez. _____

_____

✦ . Croyez-vous que les Américains travaillent plus que les Français? Qu'est-ce qu'on doit faire pour améliorer la vie des Américains? _____

_____

_____

_____

_____

B. **Cherchons un emploi.** Voici une des petites annonces publiées par le magazine *L'Express* dans la section «Les entreprises proposent». Parcourez-la (*Skim it*) et répondez aux questions.

Créer un nouveau marché

Attaquer le marché de la bagagerie et de la papeterie fantaisie, c'est l'objectif de WONDERLAND, filiale de MATTEL, leader du jouet[a] en France. Pour y parvenir, elle recherche son

Chef de produits sénior

Après avoir acquis sur le terrain une bonne connaissance de ce marché et grâce à un travail d'équipe[b] il :
* *développera et lancera de nouveaux produits*
* *sera le support de la force de vente*
* *établira un plan de communication*
* *imaginera et mettra en œuvre des opérations promotionnelles.*

Agé de 25 ans environ, diplômé d'une école supérieure de commerce, il a une première expérience réussie de 2 à 3 ans dans les produits cosmétiques ou de grande distribution.
Sensibilisé par les produits de mode et de diffusion grand public, il est créatif, ouvert, a de la personnalité et aime les contacts.
De nombreux déplacements sont à prévoir essentiellement en France.
Anglais indispensable.

Ecrivez sous référence 801653/EX.

BERNARD KRIEF CONSULTANTS
115, rue du Bac - 75007 Paris
PARIS LYON STRASBOURG LILLE

[a]*toy(s)* [b]*team*

1. Quels produits fabrique la société Wonderland? Donnez des exemples. _____

_____

2. Nommez trois responsabilités du candidat qui sera choisi. Utilisez vos propres mots.

   _____

   _____

3. Quel diplôme devra avoir ce candidat? Combien d'années d'expérience? Dans quel domaine?

   _____

   _____

4. Donnez trois traits de caractère importants pour ce poste.

   _____

5. Le candidat aura-t-il besoin de voyager? Aura-t-il besoin d'une autre langue dans son travail?

   _____

✦6. Ce poste vous semble-t-il intéressant? Pourquoi (pas)? _____

   _____

   _____

   _____

   _____

Journal intime

✦Racontez en détail votre vie dans cinq ans.

- Où serez-vous?
- Quelle sera votre profession?
- Avec qui est-ce que vous habiterez?
- Comment est-ce que vous passerez vos journées?
- Quels seront vos loisirs (*leisure time*)?
- Est-ce que vous serez plus heureux/euse qu'aujourd'hui? Pourquoi (pas)?

Contrôle

A. Les professions. À quelles professions associez-vous les mots suivants?

1. les cheveux, couper, la permanente: _____

2. les lettres, les cartes postales, les paquets: _____

3. les tables, les cahiers, le tableau noir: _____

4. le juge, le tribunal, la justice: _____

5. l'hôpital, les malades, la fièvre: _____

6. le bœuf, le porc, les saucisses: _____

7. les légumes, la campagne, la terre: _____

8. les couleurs, les peintures, l'art: _____

9. l'interview, la télé, les journaux: _____

10. les médicaments, le mal à la tête: _____

B. Sylvie. Formez des phrases complètes à partir des éléments suivants.

1. Sylvie / être (présent) / instituteur

    _____

2. elle / trouver (passé composé) / travail / école Jeanne d'Arc

    _____

3. elle / commencer (futur) / semaine / prochain

    _____

4. avec / argent / elle / gagner (futur) / elle / pouvoir (futur) / faire / économies

    _____

5. elle / avoir (futur) / huit / semaine / vacances

    _____

6. elle / faire (futur) / voyage / États-Unis

    _____

7. elle / aller (futur) / New York / et / Seattle

    _____

8. quand / elle / revenir (futur) / France / son / compte d'épargne / être (futur) / vide

    _____

9. mais / elle / être (futur) / plus / content / avant

    _____

CHAPITRE QUATORZE

Vive les loisirs!

Étude de vocabulaire

A. Loisirs. Complétez chaque phrase en utilisant le vocabulaire du chapitre.

1. Les jeux Olympiques sont la plus grande _____ du monde.

2. Si on est obligé de passer l'après-midi à la maison avec trois enfants de dix ans, un

   _____ peut les amuser.

3. Lorsque le printemps arrive, il est agréable de faire du _____ pour

   avoir des légumes et des fleurs pendant tout l'été.

4. On va au bord de la rivière ou du lac quand on va à la _____. Si on

   attrape quelques poissons, on les prépare pour le dîner.

5. Le jeu de boules populaire en France s'appelle _____.

6. Lorsqu'on s'ennuie, la _____ est un passe-temps idéal, surtout si on

   habite près d'une bibliothèque.

7. Les gens qui aiment le _____ construisent des meubles ou font des

   réparations. Leur travail est très utile quand ils sont propriétaires d'une maison.

B. Verbes pour parler des loisirs. Complétez le tableau avec la forme convenable du verbe.

	courir	rire
nous		
les athlètes		
tu		
la jeune fille		

C. Complétez les phrases suivantes avec le verbe **courir** ou **rire**.

Attention au temps des verbes.

1. J'aime le jogging. Je _____ tous les jours pendant 30 minutes.

2. Hier, j'étais fatigué mais j'_____ malgré tout (*anyway*).

3. Nous _____ souvent en cours de français. Le professeur est drôle!

4. Ma grand-mère ne _____ pas vite parce qu'elle est vieille.

5. Hier, Marie était avec des amis et ils _____ toute la soirée. Ils se sont bien amusés.

6. Vous adorez les films comiques, n'est-ce pas? Vous _____ toujours très fort au cinéma!

✦**D. Les loisirs.** Créez une carte sémantique pour les catégories d'activités de la liste ci-dessous. Sur une autre feuille de papier, écrivez une expression de la liste au centre et les trois catégories (**lieux**, **activités** et **actions**) autour du centre. Puis ajoutez toutes les idées que vous associez aux trois catégories. (Il n'est pas nécessaire de vous limiter au vocabulaire de ce chapitre.)

MODÈLE: activités en plein air →

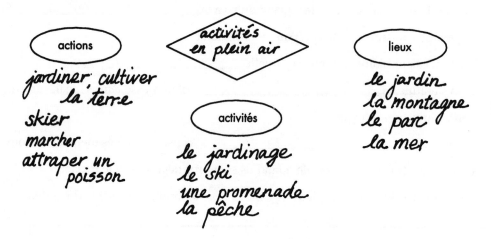

La liste

1. les spectacles

2. les passe-temps

3. les manifestations sportives

Étude de grammaire

50. Interrogative Pronouns

GETTING INFORMATION

	People	Things
subject of a question	qui	(*no short form*)
	qui est-ce qui	qu'est-ce qui
object of a question	qui	que
	qui est-ce que	qu'est-ce que
object of a preposition	à qui	à quoi

A. À vous de décider avec quelle question va chaque réponse.

QUESTIONS

1. Qui a mangé tout le chocolat? _____

2. Qu'est-ce qui est rouge, jaune et rond? _____

3. De quoi parliez-vous quand je suis arrivé? _____

4. Qui est-ce que tu as vu à la soirée? _____

5. À qui est-ce que tu viens de téléphoner? _____

6. Qu'est-ce que tu as mangé hier soir? _____

RÉPONSES

a. Une pomme!
b. J'ai vu Joseph et Sophie.
c. C'est Thomas!
d. Du poulet et des frites.
e. Nous parlions de l'examen.
f. À Robert. Il est malade.

B. Voilà les réponses. Écrivez les questions qui correspondent aux réponses suivantes. Tenez compte des (*Pay attention to the*) mots en italique.

MODÈLE: Pierre a besoin *d'un pull chaud.* → De quoi est-ce que Pierre a besoin?

1. Robert boit *une bière.*

_____

2. *Michel et Josette* font les courses.

_____

3. Henri téléphone *à ses parents.*

_____

4. Sylvie parle *de ses examens.*

_____

5. Sylvie pense *à ses amis.*

_____

6. Céline aime *Marc*.

_____

7. Nous aimons *jouer aux cartes*.

_____

8. J'ai besoin *d'un livre et d'un cahier*.

_____

9. Nous écoutons *nos professeurs*.

_____

10. *Agnès* parle français et allemand.

_____

11. Nous avons dîné *avec nos amis américains*.

_____

12. *Une lettre* est arrivée aujourd'hui.

_____

C. Utilisez la forme convenable de **lequel** pour compléter la conversation suivante.

— J'ai vu un film formidable hier soir.

— _____?[1]

— *Les Diaboliques*.

— Justement. Certains de mes amis l'ont aussi aimé.

— Ah, oui? _____?[2]

— Les Péron et les Bazin. Qu'est-ce que tu en as pensé?

— Bon, d'abord il y avait ma vedette favorite.

— _____?[3]

— Simone Signoret. Dans le film elle veut commettre le crime.

— _____?[4]

— L'assassinat. Et elle veut assassiner une personne surprenante.

— _____?[5]

— Son mari, figure-toi.

✦D. Choisissez un(e) camarade de classe que vous ne connaissez pas bien et préparez-vous à l'interviewer. Sur une autre feuille de papier, écrivez au moins six questions (même indiscrètes) en utilisant les expressions suivantes le plus possible: **qui, qu'est-ce qui, que, de (à, avec) quoi ou qui.** Puis, téléphonez-lui et écrivez ses réponses.

Nom_____ Date_____ Cours_____ ___

51. The Present Conditional

BEING POLITE; SPECULATING

	parler	finir	vendre
je	parlerais	finirais	vendrais
tu	parlerais	finirais	vendrais
il, elle, on	parlerait	finirait	vendrait
nous	parlerions	finirions	vendrions
vous	parleriez	finiriez	vendriez
ils, elles	parleraient	finiraient	vendraient

A. Mettez les verbes au conditionnel.

1. Si j'avais le courage, je _____ (faire) les courses!

2. Si nous avions de l'argent, nous _____ (partir) en vacances.

3. Nous _____ (aller) en Afrique.

4. Tu _____ (pouvoir) découvrir des animaux sauvages.

5. Je _____ (rencontrer) des gens intéressants et nous

   _____ (discuter).

6. Si j'étais plus jeune, je _____ (vouloir) voyager.

7. Si Thomas était riche, il _____ (acheter) une belle voiture.

8. À ta place, je _____ (prendre) l'avion. Ce _____

   (être) plus rapide.

9. Si j'avais des amis à Paris, je leur _____ (rendre) visite souvent!

10. Si vous aimiez les légumes, nous vous _____ (donner) des haricots

    verts de notre jardin.

11. S'il ne se sent pas bien, il _____ (devoir) aller voir un médecin!

12. Si elles étaient en vacances, elles _____ (s'amuser) bien!

B. Donnez des conseils à votre ami en utilisant le verbe **devoir** au conditionnel ou l'expression **à ta place** (*if I were you*) et le conditionnel.

   MODÈLE: Votre ami n'écoute pas le professeur. →
   À ta place, j'écouterais le professeur!
   ou Tu devrais écouter le professeur!

1. Votre ami fume.

   _____

2. Votre ami est très fatigué.

   _____

3. Votre ami a de mauvaises notes à ses examens.

   _____

4. Votre ami regarde la télévision tout le temps.

   _____

5. Votre ami ne fait pas de sport.

   _____

6. Votre ami ne va pas en cours de français tous les jours.

   _____

Si + PRÉSENT... FUTUR
Si j'ai le temps, je passerai vous voir.

Si + IMPARFAIT... CONDITIONNEL
Si j'avais le temps, je passerais vous voir.

C. Complétez les hypothèses suivantes en choisissant le temps qui convient.

1. Si j'avais 100$, j'_____ (aller) au restaurant!

2. Si tu es gentil, nous _____ (rendre visite) à grand-mère cet après-midi.

3. Si vous étiez en France, vous _____ (parler) français toute la journée.

4. Si Marie n'_____ (être) pas fatiguée, elle aimerait faire du vélo.

5. Si cet hôtel _____ (être) complet (*full*), nous en trouverons un autre.

6. Si nous pouvons, nous _____ (venir) à votre soirée.

7. Si je pouvais, je _____ (se coucher) tout de suite!

D. Choix difficiles. Qu'est-ce que vous feriez...

1. ... si vous voyiez qu'un camarade de classe trichait (*was cheating*) à un examen? _____

   _____

2. ... si vous trouviez un portefeuille avec 300$ dans la rue? _____

   _____

3. ... si vous appreniez que les parents d'un ami allaient divorcer? _____

   _____

4. ... si on vous faisait une invitation que vous ne vouliez pas accepter? _____

   _____

5. ... si vous appreniez qu'un ami se droguait? _____

   _____

6. ... si vos parents ne voulaient plus vous parler? _____

_____

7. ... si votre meilleur(e) ami(e) tombait malade et devait quitter l'université? _____

_____

52. Adverbs and Nouns

MAKING COMPARISONS

Comparaisons des	
adverbes	substantifs
plus... que	plus de... que
aussi... que	autant de... que
moins... que	moins de... que

A. **Les générations.** Faites des comparaisons entre votre vie et celle de vos parents.

> MODÈLE: *J'ai plus d'amis que mes parents.*
> ou   *J'ai autant d'amis que mes parents.*
> ou   *J'ai moins d'amis que mes parents.*

1. _____ de problèmes que mes parents.

2. _____ de responsabilités que mes parents.

3. _____ de disques compacts que mes parents.

4. _____ de loisirs que mes parents.

5. _____ d'opinions importantes que mes parents.

6. _____ de vêtements que mes parents.

7. _____ de passe-temps que mes parents.

8. _____ de besoins que mes parents.

✦B. **Exercice de modestie.** En cours de français...

1. ... qui parle français plus souvent que vous? _____

_____

2. ... qui écrit le mieux au tableau? _____

_____

3. ... qui donne les meilleures réponses orales? _____

_____

4. ... qui essaie de répondre le plus souvent? _____

_____

5. ... nommez deux personnes qui parlent français aussi couramment que vous. _____

_____

6. ... qui arrive en retard moins souvent que vous? _____

_____

C. Étudiez les situations décrites et faites des comparaisons.

MODÈLE: Marie a un livre. Maurice a trois livres. → Maurice a plus de livres que Marie.

1. Robert a deux amis. Marc a quatre amis.

Marc _____

2. Michel va au cinéma deux fois par semaine. Henri va au cinéma une fois par semaine.

Henri _____

3. Antoine nage très bien. Stéphane ne nage pas bien.

Antoine _____

4. Charles a 10 francs. Nicolas a 100 francs.

Nicolas _____

5. Caroline de Monaco a 110 robes. Stéphanie de Monaco en a 189.

Caroline _____

6. André lit le journal le dimanche. Marc le lit tous les jours.

Marc _____

7. Le professeur parle très vite. Les étudiants parlent lentement.

Les étudiants _____

Mise au point

✦A. **Exercice d'imagination.** Imaginez la deuxième partie de chaque phrase.

MODÈLE: Si j'avais le temps, *je lirais* L'Éducation sentimentale.

1. Si j'avais un crocodile dans ma chambre, _____

_____

2. Ma mère serait heureuse si _____

_____

3. Si vous collectionniez les éléphants, _____

_____

4. Nous inviterions le professeur au cinéma si _____

_____

5. J'achèterais un appartement sur la Côte d'Azur si _____

_____

B. Comme les Anglais, les Français s'intéressent aux familles royales. Dans cet article tiré d'un magazine populaire, on compare les richesses de deux reines, Élisabeth II d'Angleterre et Béatrix des Pays-Bas. Répondez à chaque question et commentez.

ELISABETH, BEATRIX : QUELLE EST LA PLUS RICHE ?

INCROYABLE MAIS VRAI. CES DEUX REINES AUX ALLURES BOURGEOISES SONT LES FEMMES LES PLUS RICHES D'EUROPE.
BEATRIX CIRCULE A BICYCLETTE ? EN REALITE C'EST UNE REINE DU PETROLE. ELIZABETH FAIT DES ECONOMIES DE CHAUFFAGE ? ELLE POSSEDE UNE IMMENSE FORTUNE FONCIERE. AVEC NOUS, FAITES L'INVENTAIRE DE LEURS RICHESSES.

FORTUNE	BEATRIX	ELISABETH
EVALUATION DE LA FORTUNE	33 milliards[a] de francs.	23 milliards de francs.
LISTE CIVILE	7 millions de francs/an.	66 millions de francs/an.
PORTEFEUILLE ACTIONS[b] (participation au capital)	Royal Dutch Shell (dont elle possède 10 % du capital). Algemene Bank Nederland. De Beers. General Electric. Philips. K.L.M.	Non divulgué par ses financiers.
IMMEUBLES[c] ET TERRES	Six châteaux en Hollande, deux propriétés en Toscane. Immeubles disséminés en Europe. Hôtels, dont le Waldorf Astoria de New York.	Châteaux de Sandringham et de Balmoral. Immeubles en Suisse et aux U.S.A. Duché de Lancastre, les boutiques et les immeubles du Strand et de Regent Street. Des théâtres à Broadway.
ANIMAUX	Chevaux. Chiens.	Douze corgis. Une vingtaine de chevaux. Droit sur la pêche au saumon. Elevage de labradors. Droit sur la vente des yorkshires.
BIJOUX[d]	Quarante tiares en diamants. La plus grande collection de bijoux au monde.	Une trentaine de diadèmes, tiares. Diamants : Koh-I-Noor, Prince Noir, et le Cullinan, le plus gros diamant du monde (530 carats). Parures + la collection des œufs de Fabergé.
ŒUVRES[e] D'ART	Quatorze services complets en or[f] massif. Tableaux de Rembrandt, Vermeer, Rubens, maîtres flamands au Mauritshuis de La Haye et au Palais Royal du Dam, à Amsterdam.	Collection de timbres commencée par Edouard VII. Neuf cents dessins de Léonard de Vinci, Rembrandt, Vermeer, Gainsborough, Rubens, Canaletto (exposés à la Queen's Gallery de Buckingham).

[a]billion [b]stocks [c]real estate [d]jewels [e]works [f]gold

MODÈLE: Qui a la plus grande quantité de bijoux? →
Béatrix. On dit qu'elle en a la plus grande collection du monde.

1. Qui a moins de châteaux? _____

   _____

2. Qui possède la plus grande fortune? _____

   _____

3. À votre avis, laquelle des deux a les immeubles les plus intéressants aux États-Unis? _____

   _____

   _____

4. Qui a le plus grand nombre d'œuvres d'art? _____

   _____

   _____

5. Qui reçoit le plus haut revenu? _____

   _____

✦6. Faites quatre phrases dans lesquelles vous comparez les deux reines.

   a. _____

   b. _____

   c. _____

   d. _____

Situations: **Le champion de ski**

In this dialogue, Paul and Caroline are firming up plans for their upcoming ski trip. For what arrangements is each one responsible? Is there anything they've forgotten?

CAROLINE: Allô, Paul? Salut, c'est Caroline.

PAUL: Caroline, ça va? Où es-tu?

CAROLINE: Dans une cabine téléphonique et je t'appelais pour te parler de nos vacances à la montagne.

PAUL: Oui! Nous avons encore beaucoup de choses à faire.

CAROLINE: Oui, c'est certain. J'ai réservé des chambres à Chamonix, tu sais, dans l'hôtel où j'allais toujours avec mes amis.

PAUL: Très bien. Moi, aujourd'hui je dois prendre les billets de train.

CAROLINE: J'ai parlé à Michel et Bénédicte hier soir, et ils vont nous retrouver dimanche, comme prévu.

PAUL: Bien! Alors, tout est en ordre? On n'oublie rien?

CAROLINE: Je ne pense pas. On a fait tous les préparatifs.

PAUL: On va passer de bonnes vacances, hein? Je nous vois déjà sur les pistes.[a]

[a]slopes

(Continued)

Compréhension

Choisissez la bonne réponse.

1. Caroline téléphone à Paul _____.
    a. de chez elle
    b. de la fac
    c. d'une cabine téléphonique

2. Michel et Bénédicte vont les retrouver _____.
    a. jeudi après-midi
    b. dimanche
    c. mercredi

3. Paul _____.
    a. n'a pas composté (*validated*) les billets
    b. a oublié les billets et les reservations
    c. a déjà composté les billets et enregistré les skis.

Le monde francophone

A. **Réalités francophones.** Complétez selon le commentaire culturel à la page 405 de votre livre.

1. Que fait le ministère du Temps libre? _____

    _____

2. Où est-ce qu'on fait du bricolage? _____

3. Citez trois objets dont on peut faire collection. _____

    _____

4. Quel est le sport favori des Français? _____

5. Nommez deux autres sports populaires. _____

✦Ordonnez les loisirs suivants selon vos préférences personnelles.

_____ les sorties entre amis

_____ la télévision

_____ la lecture

_____ le théâtre

_____ le sport (en tant que spectateur/spectatrice)

_____ la participation aux sports

_____ le bricolage

_____ la conversation

_____ la gymnastique aérobic

Si vous aviez plus de temps libre, qu'est-ce que vous feriez? _____

_____

_____

B. **Réalités francophones.** Complétez selon le commentaire culturel sur les sports d'hiver à la page 419 de votre livre.

1. Les sports d'hiver sont importants au Québec car _____.
   a. le ski de fond et le ski de piste sont faciles à faire
   b. l'hiver dure longtemps et il y a beaucoup de neige
   c. les Québécois adorent les sports en général

2. Au Québec, il y a 30 000 km de pistes exclusivement pour _____.
   a. la motoneige
   b. le ski de fond
   c. le canoë

3. Les Québécois aiment skier _____.
   a. dans les rues gelées de Québec
   b. au sud de Montréal
   c. dans les Laurentides

4. Pendant la Fête du Carnaval, il y a _____.
   a. une course de calèches à Montréal
   b. des bals costumés et des feux d'artifice
   c. beaucoup de spécialités québécoises à manger

5. La chose à savoir sur les Québécois est qu'ils _____.
   a. s'amusent même s'il fait froid
   b. aiment les activités sportives et culturelles
   c. construisent des pistes de ski partout (*everywhere*)

C. **Le foot.** Cherchez dans cet extrait du livre *Des Sports et des jeux* l'équivalent français des expressions données en anglais.

LE «FOOT» RESTE LE PLUS POPULAIRE

Sport collectif, le football oppose deux équipes de onze joueurs qui tapent dans un ballon, avec le pied ou avec la tête, pour le faire entrer dans le but adverse. Il est interdit de toucher le ballon avec la main ou le bras, sauf lors des remises en jeu. Seul le gardien de but peut, à tout moment, déroger à cette règle.

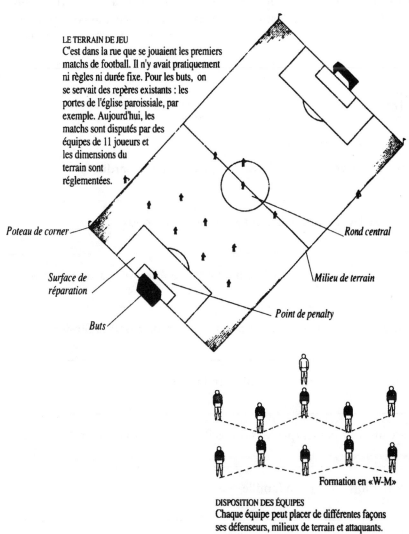

LE TERRAIN DE JEU
C'est dans la rue que se jouaient les premiers matchs de football. Il n'y avait pratiquement ni règles ni durée fixe. Pour les buts, on se servait des repères existants : les portes de l'église paroissiale, par exemple. Aujourd'hui, les matchs sont disputés par des équipes de 11 joueurs et les dimensions du terrain sont réglementées.

Poteau de corner

Surface de réparation

Buts

Rond central

Milieu de terrain

Point de penalty

Formation en «W-M»

DISPOSITION DES ÉQUIPES
Chaque équipe peut placer de différentes façons ses défenseurs, milieux de terrain et attaquants.

1. opponents' goal _____

2. forbidden _____

3. goalie _____

4. field _____

5. team _____

6. corner flag _____

7. forward _____

8. fullback _____

Journal intime

◆Décrivez vos loisirs. Commentez les questions suivantes. Qu'est-ce que vous aimez faire quand vous avez une ou deux heures de liberté? Quand vous avez plusieurs semaines de vacances? Si vous aviez davantage (*more*) de temps libre, qu'est-ce que vous feriez? Est-ce que vous préféreriez lire davantage ou regarder plus de films? Y a-t-il une nouvelle activité ou un nouveau sport que vous avez envie d'essayer? Commentez.

Contrôle

Faites des phrases à partir des éléments donnés.

1. qui est-ce que / vous / voir (passé composé) / dans / jardin

    _____

2. Georges / se lever / normalement / moins / tôt / nous

    _____

3. si / je / être / en vacances / en ce moment / je / écrire / cartes postales

    _____

4. je / penser que / Céline Dion / chanter bien / plus / Barbra Streisand

    _____

5. mon / frère / avoir / autant / amis / mon /sœur

    _____

6. qu'est-ce qui / se passer (passé composé) / pendant / ce / manifestation sportive

    _____

7. qui / parler fort / plus / ta famille

    _____

8. qu'est-ce que / tu / faire / si / ton / équipe / perdre / le match de football

    _____

CHAPITRE QUINZE

Opinions et points de vue

Étude de vocabulaire

A. Problèmes et solutions. Voici sept problèmes du monde contemporain:

1. _____ le développement de l'énergie nucléaire
2. _____ la pollution de l'environnement
3. _____ la destruction des espaces verts
4. _____ le gaspillage des ressources naturelles
5. _____ l'augmentation de la violence
6. _____ le stress de la vie moderne
7. _____ l'utilisation de l'automobile

Lisez les solutions ci-dessous et choisissez celle qui vous paraît être la plus adaptée au problème.

B. **Menaces sur la terre.** Que pensez-vous des graves problèmes de l'environnement? Donnez votre avis en utilisant les listes de mots suivants.

MODÈLE: Il est indispensable d'encourager le recyclage.

encourager	le chômage
empêcher	les animaux
développer	les forêts
protéger	la pollution
conserver	le recyclage
recycler	le plastique
arrêter	le gaspillage
etc.	des sources d'énergie
	l'engagement politique

1. Il est indispensable _____

2. Il est essentiel _____

3. Il est urgent _____

4. Il est important _____

5. Il est possible _____

6. Il est nécessaire _____

7. Il est inutile _____

◆C. **Controverses.** Qui a raison? Qui a tort? Justifiez vos réponses en utilisant la section «Mots-clés» à la page 432 de votre livre.

MODÈLE: Le président croit qu'il ne faut pas maintenir un grand nombre d'armes nucléaires. →
Je pense qu'il a raison parce que l'utilisation des armes nucléaires peut être très dangereuse pour l'humanité.

1. Les conservateurs pensent que nous payons trop d'impôts. _____

   _____

2. Les industriels croient qu'il est important de développer des réacteurs nucléaires. _____

   _____

3. Les écologistes croient qu'il est difficile d'éviter (*to avoid*) les accidents nucléaires. _____

   _____

4. Les écologistes estiment que nous gaspillons nos ressources naturelles. _____

   _____

5. Les pessimistes disent que les gens sont trop paresseux pour faire recycler leurs déchets. _____

   _____

Étude de grammaire

53. Subjunctive Mood

EXPRESSING ATTITUDES

	parler	finir	vendre	voir
... que je	parle	finisse	vende	voie
... que tu	parles	finisses	vendes	voies
... qu'il, elle, on	parle	finisse	vende	voie
... que nous	parlions	finissions	vendions	voyions
... que vous	parliez	finissiez	vendiez	voyiez
... qu'ils, elles	parlent	finissent	vendent	voient

A. Mettez chacun de ces verbes réguliers au subjonctif.

1. (écrire) que j'_____ plus clairement

2. (voir) que tu _____ cette exposition

3. (diriger) qu'il _____ cette entreprise

4. (se lever) que nous _____ plus tôt

5. (tomber) que vous _____ amoureux

6. (conduire) que tu _____ prudemment

7. (lire) que Jacques _____ un peu plus vite

8. (s'arrêter) que vous _____ de fumer

9. (sortir) que tu _____ avec tes amis

10. (connaître) que ma mère _____ mes copains

11. (dire) que vous _____ la vérité

12. (vivre) que le roi _____ longtemps

13. (rentrer) que les enfants _____ après les cours

14. (partir) que Solange _____ avant minuit

15. (s'endormir) que je _____ de bonne heure

16. (suivre) que Martin _____ un régime

17. (sonner) que l'heure _____

18. (croire) que vous ne _____ pas tout

19. (se marier) qu'ils _____ en juin

20. (mettre) que je _____ un jean propre

B. Substituez le sujet de la proposition en italique et suivez les indications.

    MODÈLE: Le professeur veut que *nous allions au débat.* (je) →
                      Le professeur veut que j'aille au débat.

1. Le professeur veut que *les étudiants regardent le tableau.*

    (vous) _____

    (je) _____

2. Mes parents souhaitent que *je parle français et anglais.*

    (nous) _____

    (elle) _____

3. Marie souhaite que *nous choisissions une nouvelle voiture.*

    (tu) _____

    (ils) _____

4. Il faut que *j'attende le bus.*

    (nous) _____

    (il) _____

5. Je voudrais que *vous voyiez un médecin.*

    (tu) _____

    (elles) _____

C. **Qu'est-ce qu'on veut?** Formez des phrases complètes à partir des éléments suivants. N'oubliez pas de mettre les verbes au subjonctif.

1. ma mère veut que / je / réfléchir

    _____

2. mon père souhaite que / mon frère / étudier l'anglais

    _____

3. mes parents veulent que / nous / téléphoner à nos grands-parents

    _____

4. je préfère que / tu / ne pas vendre tes livres

    _____

5. nous voudrions que / vous / recycler

    _____

6. le professeur veut que / les étudiants / parler français pendant le cours

_____

7. tu voudrais que / nous / voir un film ce week-end

_____

8. je ne veux pas que / vous / dîner tard

_____

D. Indiquez si chaque verbe est au subjonctif (**S**), à l'indicatif (**I**), ou s'il est impossible de voir la différence (**?**).

1. _____ alliez   8. _____ agissions   15. _____ as

2. _____ sais   9. _____ croyions   16. _____ dise

3. _____ fassent   10. _____ voulons   17. _____ vende

4. _____ lisons   11. _____ aient   18. _____ choisisse

5. _____ descends   12. _____ parlions   19. _____ écrivent

6. _____ faites   13. _____ veuillent   20. _____ achètes

7. _____ saches   14. _____ puissent

E. **Une grand-mère soucieuse.** Que souhaite la grand-mère d'Alix et de Nicolas? Faites des phrases négatives ou affirmatives en employant les verbes suivants au subjonctif: **aller, avoir, écrire, être, faire, pouvoir, prendre, revenir, savoir.**

MODÈLE: *Elle ne veut pas qu'ils soient* malheureux.

1. _____ faim.

2. _____ des vitamines.

3. _____ finir leurs études.

4. _____ souvent des lettres.

5. _____ tout seuls de l'école.

6. _____ chez le dentiste deux fois par an.

7. _____ des promenades quand il pleut.

8. _____ qu'elle les aime.

Cochez (✔) les désirs qui vous semblent raisonnables.

54. The Subjunctive

EXPRESSING WISHES, NECESSITY, AND POSSIBILITY

Impersonal expressions of	
will or necessity	possibility, judgment, or doubt
il est essentiel que	il est normal que
il est important que	il est peu probable que
il est indispensable que	il est possible/impossible que
il est nécessaire que	il se peut que
il est préférable que	il semble que
il faut que	
il vaut mieux que	

A. L'année dernière, les étudiants se sont organisés pour avoir quelques changements sur le campus. Qu'est-ce qu'on voulait changer?

   MODÈLE: (servir des steaks) Geoffroy voulait que la cantine... →
   Geoffroy voulait que la cantine *serve des steaks.*

1. (être plus longues) Tout le monde voulait que les vacances _____

   _____

2. (avoir plus de pouvoir [*power*]) Un journaliste insistait que le Conseil d'étudiants _____

   _____

3. (avoir plus de sports) Les sportifs préféraient _____

   _____

4. (pouvoir visiter leur résidence) Certaines femmes ne voulaient plus que les hommes _____

   _____

5. (faire plus attention à eux) Les étudiants médiocres demandaient que les professeurs _____

   _____

6. (avoir moins de sports) Les intellectuels désiraient _____

   _____

B. Mettez les verbes suivants au subjonctif.

1. Je voudrais que nous _____ (prendre) un café ensemble.

2. Hélène veut que Sophie _____ (aller) faire des courses.

3. Il est indispensable que vous _____ (faire) des efforts.

4. Il faut que tu _____ (savoir) la vérité tout de suite.

5. Il est nécessaire que vous _____ (comprendre) la situation.

6. Tu préfères qu'elles _____ (être) présentes à la réunion.

7. Il est souhaitable que nous _____ (avoir) une voiture.

8. J'aimerais que tu _____ (pouvoir) partir en vacances avec nous.

9. Il faut qu'il _____ (venir) à notre soirée.

10. Il est important que vous _____ (être) aimables avec elle.

11. Ma mère veut que j'_____ (écrire) une lettre à ma tante.

12. Maintenant, j'aimerais que tu _____ (s'en aller).

13. Il faut qu'elle _____ (choisir) aujourd'hui.

14. Il est préférable qu'il _____ (vouloir) essayer cela tout seul.

15. Je désire qu'elles _____ (savoir) nager.

16. Il faut que nous _____ (faire) la vaisselle.

C. Changez les phrases suivantes selon le modèle. Le verbe devra être au subjonctif.

MODÈLE: Je veux aller à la bibliothèque. (nous) →
Je veux que nous allions à la bibliothèque.

1. Il faut conserver l'énergie.

(vous) _____

2. Il est important de discuter de politique.

(tu) _____

3. Il vaut mieux ne pas polluer.

(les voitures) _____

4. Il est nécessaire de protéger la nature.

(nous) _____

5. Il est préférable d'être conscient (*aware*) des problèmes actuels.

(je) _____

6. Il ne faut pas gaspiller le papier.

(vous) _____

7. Il est nécessaire de comprendre la gravité de la situation.

(tu) _____

8. Il faut avoir du courage et faire des efforts.

(nous) _____

9. Il est essentiel de respecter tout le monde.

(je) _____

10. Il est important de voter.

(vous) _____

D. Choisissez une expression de la liste suivante et complétez les phrases de manière logique. Attention à la forme du verbe!

Verbes utiles: arrêter, avoir de la patience, dormir, être attentif, être dynamique, étudier, manger, recycler, travailler, voir des amis

1. Jean, tu as sommeil. Il faut que tu _____.

2. Maman, le bébé a faim! Il est nécessaire qu'il _____.

3. Papa, tu bois trop de café. Il faut _____.

4. Michel, tu es paresseux. Il vaudrait mieux que tu _____.

5. Non, ne jette pas ce papier. Il est préférable de _____.

6. Pierre, tu es pauvre. Il faut que tu _____.

7. Sylvie, ne reste pas seule. Il est important que tu _____.

8. Monique, ne parle pas en cours! Je veux que tu _____.

9. Robert, tu as raté (*failed*) ton examen. Il est essentiel de (d') _____.

10. Il ne faut pas nous dépêcher. Il faut que nous _____.

55. The Subjunctive

EXPRESSING EMOTION

happiness	être content(e)
	être heureux/heureuse
regret	être désolé(e)
	être triste
	regretter
surprise	être surpris(e)
	être étonné(e)
fear	avoir peur
relief	être soulagé(e)
anger	être furieux/furieuse

A. Complétez les phrases suivantes.

1. Je suis content que mes amis me (rendre visite) _____.

2. Tu as peur que l'examen (être) _____ difficile.

3. Il est dommage que certaines personnes (choisir) _____ de fumer.

4. Nous regrettons qu'elle (avoir) _____ des problèmes financiers.

5. Il est stupide de (ne pas voter) _____.

6. Vous êtes tristes que nous (devoir) _____ partir.

7. Je suis heureux de (partir) _____ en vacances.

8. Il est bizarre que vous (ne pas s'amuser) _____.

9. Thomas est surpris que tu (ne pas téléphoner) _____.

10. Il est bon que vous (faire) _____ attention à la nature.

B. **Oui ou non?** UNICEF a proposé à des restaurants français célèbres de soliciter leurs clients pendant une semaine, c'est-à-dire de leur demander de l'argent pour des enfants qui ont faim. Voici les réponses. Classez chacune sous la rubrique OUI ou NON.

UNICEF

J'AI FAIM,
LES ENFANTS SOMALIENS AUSSI.

Du 11 au 17 octobre, environ 5.000 restaurants dans le monde vont distribuer, avec l'addition, un bulletin de souscription qui portera la mention: <<Des millions d'enfants ont faim... Ces enfants sont aussi les nôtres!>>. Donnez, et les fonds seront reversés à l'UNICEF et, en France, à l'association Enfants Réfugiés du Monde.

_____

_____

_____

_____

_____

_____

a. **Le Grand Véfour,** Paris. 2 étoiles. Repas à 750 F.

Guy Martin, directeur : *<<Nous n'avons pas voulu participer à cette semaine. Mais nous allons, en notre nom, donner un chèque à l'UNICEF en fin d'année. Anonymement - cela n'aurait jamais dû être publié. C'est aussi une forme de respect que de ne pas s'afficher sur ces causes, histoire de se donner une bonne image. C'est même pervers de se dégager sur nos clients, qui sont assez informés par ailleurs, pour ne pas avoir à les agresser.>>*

b. **Moulins de Mougins,** près de Cannes. 3 étoiles. Repas à 700 F.

Roger Vergé, chef: *<<Il y a des actions qui méritent le respect. J'ai soutenu Elisabeth Taylor lorsqu'elle est venue à Cannes pour défendre sa fondation contre le Sida. On est trop informé sur ces malheurs pour rester insensibles. Et puis nous n'obligeons personne.>>*

c. **La Tour d'Argent,** Paris. 3 étoiles Repas à 1000 F.

Pierre Leconte, directeur (par fax): *<<Nous n'avons jamais été contactés (...) Notre participation aux actions humanitaires ne s'effectue jamais sous cette forme mais d'une manière plus discrète.>>*

d. **Jacques Cagna** chef du restaurant du même nom, à Paris. 2 étoiles. Repas: 700 F.

<<Impossible de refuser. J'ai une clientèle haut de gamme, et je pense qu'elle aussi ne pourra pas refuser de donner. Il n'y a rien de choquant à rapprocher famine et gastronomie.>>

e. **GRAND HOTEL INTERCONTINENTAL**, à Paris.
Trois restos: Café de la Paix (repas moyen: 200 F), la Verrière (350 F), l'Opéra (450F).

Jean-Pierre Ginoux, directeur: «*Nous sommes sollicités toute l'année pour aider des œuvres. Nous donnons régulièrement. Je suis persuadé que nos clients le verront d'un bon œil, qu'ils donnent 15, 50 ou 100 francs.*»

f. **LE RITZ**, Paris:
restaurant l'Espandon. 2 étoiles.
Repas à 800 F.

Denise Cuet, attachée de presse: «*Si le Ritz est devenu ce qu'il est, c'est grâce à une intimité préservée jalousement pour nos clients depuis cent ans. Nous préférons ne pas les solliciter et donner directement, en tant qu'institution, pour des causes humanitaires. Je pense à la myopathie, aux enfants handicapés, à la recherche contre le Sida, à la Croix-Rouge.*»

Maintenant, vous êtes restaurateur. Que dites-vous? Soyez logique, et complétez chaque réponse avec une de ces explications.

être extrêmement discrets
agresser nos clients
n'obliger personne

les solliciter
participer aux actions humanitaires
refuser de donner

donner régulièrement
sacrifier l'intimité
contacter UNICEF

1. Il serait pervers que nous _____

2. Nos clients auraient peur que nous _____

3. Il est ridicule que nous _____

4. UNICEF serait étonné que nous _____

5. Nos clients ne seraient pas contents que nous _____

6. Nos clients regretteraient que nous _____

7. Il serait triste que nous _____

✦**C. Solutions.** Comment vos compatriotes américains et vous réagissez-vous face aux problèmes contemporains? Devriez-vous changer de mode de vie? Utilisez **il (ne) faut (pas) que** et un verbe au subjonctif pour exprimer vos idées.

MODÈLE: la pollution de l'atmosphère →
Il faut que je conduise (que nous conduisions) moins et que je prenne (que nous prenions) plus souvent l'autobus.

1. la pollution de l'eau _____
_____

2. la disparition des forêts _____
_____

3. la multiplication des produits chimiques _____
_____

4. l'augmentation du bruit _____
_____

5. la surpopulation _____
_____

6. la distribution des biens (la pauvreté / la faim) _____
_____

Mise au point

A. Vos opinions politiques. Faites précéder chaque phrase par une des expressions suivantes: **je doute que, j'ai peur que, je suis sûr(e) que.** Puis expliquez vos réponses. Attention au mode du deuxième verbe.

1. Les personnes âgées sont plutôt conservatrices. _____

   _____

   _____

2. Nous avons besoin de changer complètement de système politique aux États-Unis. _____

   _____

   _____

3. En général la démocratie est la meilleure forme de gouvernement. _____

   _____

   _____

4. Le gouvernement américain est trop centralisé et a trop de pouvoir. _____

   _____

   _____

5. Le gouvernement américain perd de son influence politique dans le monde. _____

   _____

   _____

6. L'avortement (*abortion*) devrait être un choix personnel. _____

   _____

   _____

B. Confrontation. Vous avez l'occasion de parler avec le sénateur de votre état. Complétez la première et la deuxième phrase afin de lui exprimer vos opinions. Puis complétez la troisième et la quatrième phrase pour exprimer les idées du sénateur.

Vous

1. D'une façon générale, nous voulons que nos représentants au congrès...

   (avoir le sens des responsabilités / savoir écouter les opinions des autres / être honnêtes)

   _____

   _____

   _____

2. En particulier, Monsieur (Madame) _____, nous voulons que vous...

    (faire respecter nos traditions / pouvoir souvent rencontrer vos électeurs / aller à Washington défendre nos intérêts)

    _____

    _____

    _____

Le sénateur

3. Je voudrais que vous, les électeurs,...

    (avoir confiance en moi / connaître mieux mes idées sur les problèmes de notre société)

    _____

    _____

    _____

4. Je voudrais aussi que nous...

    (savoir travailler ensemble / faire un effort pour rester en contact)

    _____

    _____

    _____

C. **Comment devenir pilote.** Dominique a lu cet article dans *Femme actuelle* et aimerait apprendre à piloter un avion, mais elle n'est pas sûre d'avoir bien compris. Aidez-la à trouver les réponses à ses questions. Vous n'avez pas besoin de tout comprendre pour compléter les phrases suivantes.

L'EXPERT REPOND

Apprendre à piloter un avion dès quinze ans

S'initier au vol est possible dès l'âge de quinze ans. A condition de s'inscrire dans un aéroclub, de suivre une formation appropriée et de ne pas avoir le mal de l'air !

Comment procéder pour passer son brevet de base ?

Pour se présenter au brevet de pilote, il faut être âgé de quinze ans, satisfaire à un examen médical auprès d'un médecin agréé[a] et suivre une formation[b] dans un aéroclub affilié à la Fédération nationale aéronautique. Le candidat doit cumuler au moins six heures de formation en vol en double commande (en général dix à quinze heures sont nécessaires), ainsi qu'une[c] instruction théorique au sol. En effet, il est indispensable de bien connaître la réglementation, la navigation, la mécanique de vol, et posséder des notions de technique radio.

DES BOURSES[d]

Des bourses peuvent être accordées par l'Etat aux apprentis-pilotes. Il suffit[e] d'être âgé de moins de vingt cinq ans, être titulaire[f] d'une licence fédérale et avoir cinq heures de vol minimum au moment de la demande. Celle-ci[g] doit être déposée[h] auprès de l'aéroclub qui transmet ensuite à la fédération.

[a]*qualified* [b]*course of training* [c]*as well as* [d]*scholarships* [e]*is enough* [f]*holder* [g]*the latter* [h]*filed*

1. Pour te présenter au brevet de pilote, il faut...

   que tu _____

   que tu _____

   que tu _____

2. Tu auras besoin de voler en double commande pour un minimum de _____

   heures.

3. Il est aussi indispensable que tu _____

   et que _____ utiliser la radio.

4. Si tu veux demander une bourse, il est nécessaire...

   que tu _____

   que tu _____

   que tu _____

   Est-ce que tu as envie de devenir pilote? Pourquoi ou pourquoi pas? _____

   _____

✦**D.** **La litanie éternelle.** Sur une autre feuille, faites une liste des conseils que vous entendez le plus souvent de vos parents, de vos professeurs, de vos frères et sœurs, de vos amis.

   MODÈLES: Nous voulons que tu économises ton argent. (mes parents)

   Je préfère que tu ne prennes pas ma moto ce week-end. (ma sœur)

   Il faut que tu passes moins de temps au club de gym et plus de temps à la bibliothèque. (ma mère)

Maintenant dites quels conseils vous appréciez et lesquels vous n'appréciez pas du tout. Commentez.

In this dialogue, a reporter is circulating through a park asking people to speak to her about society's biggest problems.

JOURNALISTE: Monsieur, quel est le problème le plus sérieux aujourd'hui?

LE 2ᴱ HOMME: Pour moi, l'économie, bien évidemment.

JOURNALISTE: Et que devrait faire le gouvernement?

LE 2ᴱ HOMME: Ah, le gouvernement devrait stimuler l'économie, créer de nouveaux emplois, investir...

JOURNALISTE: D'accord, je vous remercie. Et pour vous, madame, quels sont les problèmes prioritaires de nos jours?

LA 1ᴱᴿᴱ FEMME: Tous les problèmes de violence, d'alcoolisme, de drogue, et... aussi, le racisme envers les immigrés!

JOURNALISTE: Merci bien, messieurs dames... Bonjour. Quel est selon vous le problème le plus grave aujourd'hui?

LA 2ᴱ FEMME: Il n'y pas de doute, c'est l'environnement. Toute cette pollution menace la planète pour nous et les générations futures.

JOURNALISTE: Je vous remercie...

Compréhension

Indiquez si les phrases suivantes sont vraies (**V**) ou fausses (**F**). Corrigez les phrases qui sont fausses.

1. **V F** La journaliste se trouve dans un parc où les gens sont là pour oublier leurs soucis (*worries*) quotidiens.

   _____

2. **V F** Le premier homme avec qui elle parle explique que le problème social le plus sérieux aujourd'hui est la situation économique.

   _____

3. **V F** À son avis, il est difficile de trouver un travail avec un taux de chômage pareil.

   _____

4. **V F** Selon la première femme avec qui la journaliste parle, il n'y a pas de problèmes sociaux en France.

   _____

5. **V F** À la fin de son reportage, la journaliste explique qu'il n'y a pas d'espoir pour l'avenir.

   _____

Le monde francophone

A. **Réalités francophones.** Complétez selon le commentaire culturel sur le Québec à la page 433 de votre livre.

1. La majorité des habitants dans la province de Québec parlent _____.

    a. anglais comme langue maternelle

    b. français comme langue maternelle

    c. les deux langues comme langue maternelle

2. Beaucoup de Québécois francophones rêvent de _____.

    a. parler anglais comme les autres Canadiens

    b. se diviser politiquement

    c. se séparer du Canada

3. Les indépendantistes _____.

    a. sont représentés par le parti québécois et le parti libéral

    b. sont contre l'indépendance du Québec

    c. s'accordent avec les vues des fédéralistes

4. Un anglophone est quelqu'un qui _____.

    a. déteste les francophones

    b. parle anglais

    c. adore tout ce qui est anglais

B. **Réalités francophones.** Complétez selon le commentaire culturel aux pages 445-446 de votre livre.

1. Le traité de Maastricht a pour but _____.

2. Il y a _____ pays de l'Union européenne maintenant.

3. Certains Européens sont contre l'Europe unie parce qu'ils ont peur de perdre _____.

    a. leur identité nationale

    b. leur gouvernement centralisé

    c. leurs traditions anciennes

4. Les avantages d'une Europe unie sont surtout _____.

    a. culturels

    b. historiques

    c. économiques

5. À partir de 2002, dans les pays de l'Union européenne, il y aura _____.

    a. une langue commune pour tous les pays

    b. une monnaie commune pour tous les pays

    c. une politique de défense commune pour tous les pays

Journal intime

◆Qu'est-ce que vous pensez du mouvement écologique? Y a-t-il une véritable crise écologique? Depuis cinquante ans le développement technologique a amélioré le confort des êtres humains. Mais on dit qu'il a aussi bouleversé (*disrupted*) les grands équilibres planétaires. Regardez la liste des risques ci-dessous et cochez (✔) ceux qui vous semblent les plus graves. Ensuite dites ce que vous pouvez faire, personnellement, pour résoudre quelques-uns de ces problèmes.

_____ la surpopulation

_____ le réchauffement de la planète

_____ la disparition des espèces animales

_____ la destruction des forêts et des autres types d'habitat

_____ la pluie acide

_____ les ordures et les déchets industriels toxiques

_____ le trou dans la couche d'ozone

_____ ?

Contrôle

Formez des phrases complètes à partir des éléments suivants.

1. il / être / bizarre / porter / manteau / été

2. est-ce que / vous / vouloir / je / aller / faire / courses

3. non, nous / préférer / tu / faire / ménage

4. il / être / important / tu / prendre / bus

5. je / être / content / elle / comprendre / leçon

6. le professeur / vouloir / les étudiants / savoir / subjonctif

7. il faut / vous / étudier / et / vous / finir / devoirs

CHAPITRE SEIZE

Le monde francophone

Étude de vocabulaire

A. **La géographie du monde francophone.** Nommez chacun des lieux francophones suivants et décrivez sa situation géographique.

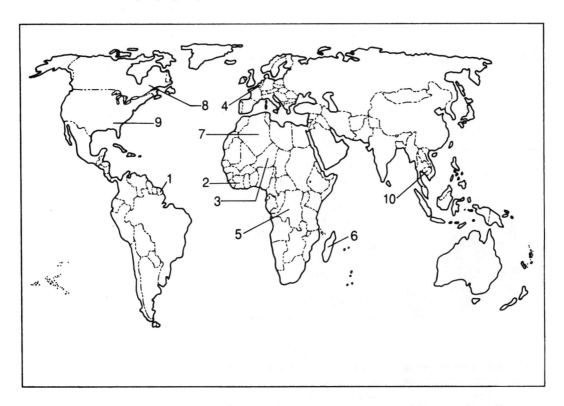

1. _____ La Guyane française se trouve près du Brésil en Amérique du Sud. _____

2. _____

3. _____

4. _____

5. _____

6. _____

7. _____

8. _____

9. _____

10. _____

B. **Quiz.** On parle français dans certaines régions de l'Amérique du Nord et de l'Afrique. Dans quelles autres régions du monde est-ce qu'on parle français? Référez-vous à la carte du début de votre livre.

1. En Europe, le français se parle en _____, en

   _____ et au _____.

2. Le français est encore présent en Indochine, par exemple, au _____.

3. Certaines îles de l'océan Pacifique sont francophones; par exemple, les

   _____, la _____, les

   _____ et _____.

4. En Amérique du Sud, il y a un département français d'outre-mer — la

   _____.

C. Cette annonce invite des troupes théâtrales à participer à un Festival de la francophonie. Lisez-la, puis répondez aux questions suivantes.

Festival de la francophonie
Limoges et Haute-Vienne,
du 15 au 28 octobre
Rencontres universitaires

Thème : *Dialogue des arts de la parole[a] des pays francophones*

Ces rencontres, organisées par l'Université de Limoges dans le cadre[b] du Festival de la francophonie, seront l'occasion pour les différentes troupes dramatiques invitées d'échanger leurs méthodes et leurs expériences lors de stages[c]

prévus[d] à cet effet. Cinq troupes venues d'Europe, du Cameroun, de Côte d'Ivoire, du Québec et de la Martinique, donneront vingt-cinq représentations. L'accent sera mis sur le français parlé par des communautés de cultures différentes.

Malgré[e] la prédominance accordée[f] au théâtre autour de la compagnie Pierre Debauche (Limoges), les autres arts de la parole ou du geste (conte,[g] chanson, poésie, etc.) seront également présents. Cinq lieux[h] de théâtre et d'enseignement fonctionneront en même temps, indépendamment des rencontres universitaires auxquelles les comédiens, les auteurs et le public seront associés.

Pour tous renseignements, s'adresser à l'Association « Festival de la francophonie », 15 rue du Faubourg Montmartre, 75009 Paris. Tél. : 33 (1) 770.18.17. Directrice : Monique Blin.

[a]*speech* [b]*framework* [c]*workshops* [d]*planned* [e]*in spite of* [f]*granted* [g]*story* [h]*sites*

1. De quels continents viendront les comédiens (*actors*)? _____

_____

2. Combien de pays seront représentés? _____

3. Donnez trois exemples des arts de la parole. _____

_____

_____

4. Qu'est-ce que les participants feront pendant leurs stages? _____

_____

_____

5. Combien de représentations seront offertes? _____

Étude de grammaire

56. The Subjunctive

EXPRESSING DOUBT AND UNCERTAINTY

A. **L'Afrique de l'avenir.** Complétez les phrases avec le subjonctif ou l'indicatif (au présent ou au futur) selon le cas.

1. Je suis sûr que la France et le Sénégal _____ (*faire*) plus d'échanges commerciaux pendant les années 2000 que pendant les années 1990.

2. Est-ce que vous pensez que les pays en voie de développement _____ (*devoir*) imiter les pays industrialisés?

3. Je ne crois pas que la dictature _____ (*être*) jamais la meilleure forme de gouvernement.

4. Il est certain que plusieurs pays d'Afrique _____ (*devenir*) industrialisés dans un avenir proche.

5. Mais est-ce que vous croyez qu'ils _____ (*pouvoir*) éviter les problèmes écologiques qui accompagnent l'industrialisation?

B. **Qu'est-ce que vous pensez de la politique aux États-Unis?** Exprimez votre opinion en utilisant **je crois que, il est clair que** ou **je doute que.**

> MODÈLE: On choisit toujours les meilleurs candidats. →
> Je doute qu'on choisisse toujours les meilleurs candidats.

1. Les candidats sont honnêtes et raisonnables.

   _____

   _____

2. Il y a des candidats de toutes les classes sociales.

   _____

   _____

3. Les Américains peuvent exprimer leurs opinions librement.

   _____

   _____

4. L'argent joue un rôle important dans les élections.

   _____

   _____

5. Les Démocrates ont plus de pouvoir que les Républicains.

   _____

   _____

6. L'économie américaine devient plus forte.

   _____

   _____

7. Les États-Unis doivent aider les pays en voie de développement.

   _____

   _____

C. Dans *Le Figaro,* un reporter interviewe Noam Chomsky, professeur célèbre à MIT. C'est un linguiste connu aussi pour sa politique engagée. Lisez l'extrait et essayez de dégager (découvrir) les opinions de Chomsky. Commencez vos phrases avec une des expressions de la liste ci-dessous et un verbe au subjonctif.

Les vrais penseurs du XXᵉ siècle

Mais pourquoi Chomsky est-il lui-même un intellectuel de gauche ?

– Je ne suis pas, me répond-il, un intellectuel, mais un savant[a] et un homme ; c'est en tant qu'homme[b] et non en tant que linguiste que je prends des positions personnelles sur le Nicaragua ou la Palestine. Rien ne me choque plus, ajoute Chomsky, que ces intellectuels français qui jouent de[c] leur compétence dans un domaine scientifique pour prendre position sur des sujets qu'ils ignorent. Mes travaux sur la linguistique en eux-mêmes n'ont pas de conséquences idéologiques ; leur caractère est purement scientifique. Le seul but[d] de la linguistique est la connaissance de la nature humaine au même titre que l'archéologie, la biologie ou l'ethnologie. Au mieux, les linguistes se préoccupent de sauver des langues perdues ou en voie de disparition[e] et de préserver la variété de nos civilisations. Mais la linguistique ne permet pas de changer le monde.

Là-dessus, Chomsky me met à la porte, dévale[f] les escaliers et court rejoindre ses étudiants à une manifestation contre l'impérialisme américain en Amérique latine.

J'en reste tout ébloui[g]: Chomsky, quel spectacle ! ∎

GUY SORMAN

[a]scientifique [b]en tant... *as a* [c]jouent... *utilize* [d]*goal*
[e]en voie... *disappearing* [f]*hurtles down* [g]*dazzled*

Il est choqué que   Il ne croit pas que
Il est convaincu que   Il doute que
Il n'est pas sûr que   Il n'est pas heureux que

1. On le prend pour un intellectuel. _____

    _____

2. Les intellectuels français ont tendance à confondre (*confuse*) la science et la politique. _____

    _____

    _____

3. Le rôle de la science est d'influencer la politique. _____

    _____

4. Les linguistes peuvent préserver des langues. _____

    _____

5. Les États-Unis ont le droit d'intervenir au Nicaragua. _____

_____

6. La linguistique peut sauver le monde. _____

_____

57. Alternatives to the Subjunctive

EXPRESSING SUBJECTIVE VIEWPOINTS

A. **Bon voyage!** Benoît et Pauline vont visiter la ville de Québec. Transformez les phrases afin d'éviter l'emploi du subjonctif. Utilisez un infinitif ou le verbe **espérer** + indicatif.

MODÈLE: Il faut que nous partions. → Nous devons partir.

1. Il faut que nous y restions quinze jours. _____

_____

2. Je souhaite que tu puisses prendre quatre semaines de vacances. _____

_____

3. Est-il possible que nous prenions le train? _____

_____

4. Non, il vaut mieux que nous y allions en avion. _____

_____

5. Est-il nécessaire que nous emportions nos passeports? _____

_____

6. Non, mais il faut que tu aies ton permis de conduire. _____

_____

7. Je souhaite que nous visitions aussi quelques villages de la région. _____

_____

8. Je suis bien contente que nous ayons trois mois de vacances chaque été! _____

_____

B. Complétez les phrases suivantes en mettant les verbes au présent ou au futur de l'indicatif, au subjonctif ou à l'infinitif, selon le cas.

1. L'été prochain, je veux _____ (aller) à la plage.

2. Il faut que nous _____ (se détendre) et que nous

_____ (faire) du sport.

3. Est-ce que tu penses qu'il _____ (être) nécessaire

d'_____ (étudier) une langue étrangère?

4. Oui, je crois qu'il _____ (être) important que nous

   _____ (savoir) parler deux ou trois langues.

5. Vous êtes sûrs qu'il _____ (réussir) à son examen demain.

6. Marie pense _____ (voyager) à Paris cet été.

7. Je veux qu'elle _____ (dire) bonjour à ma famille.

8. Il est clair que tu _____ (être) fatigué et que tu

   _____ (avoir) besoin de dormir.

9. Je doute qu'il _____ (venir) à la soirée de Martine.

10. Croyez-vous que Bernard _____ (pouvoir) venir à Noël?

11. Oui! Je suis certaine qu'il _____ (pouvoir) venir! Je ne pense pas

    qu'il _____ (devoir) travailler.

58. Indefinite Adjectives and Pronouns

TALKING ABOUT QUANTITY

Adjectifs	Pronoms
tout, toute, tous, toutes	tout
quelques	quelqu'un
	quelques-un(e)s
	quelque chose
chaque	chacun(e)

A. Suzie se plaint à sa mère de l'appétit de son oncle Jules, qui est en visite chez eux. Complétez ses propos avec les différentes formes du mot **tout**.

Maman, c'est incroyable ce qu'Oncle Jules peut dévorer! Pendant que tu étais au bureau, il a

mangé _____[1] ma pizza et _____[2] mes raisins secs. Il y avait quatre bouteilles

de soda et il les a _____[3] bues. Au dîner, il a fini _____[4] les légumes et

_____[5] le rôti. Il a mis _____[6] la crème au chocolat sur son dessert et puis il a

bu _____[7] le café. Il y a une douzaine d'œufs au frigo. S'il les mange _____[8]

demain matin, je m'en vais.

✦Devinez comment la visite va se terminer: _____

_____

B. Indiquez le pronom ou l'adjectif qui convient pour chaque phrase.

1. *Certains / Tous* étudiants préfèrent parler, *chacun / d'autres* préfèrent écrire.

2. J'ai lu *quelques-uns / plusieurs* romans cet été.

3. Nous avons visité *tous / quelques* les monuments de Paris.

4. Ils ont choisi *chacun / le même* restaurant que la semaine dernière.

5. Vous avez *quelques-uns / quelques* cousins à New-York.

6. Les Leroux partent dans les Alpes *tous / chaque* hiver.

7. En cours de français, *chaque / chacun* doit participer.

8. *Tous / Plusieurs* nos amis sont fantastiques.

9. J'ai rencontré *le même / quelqu'un* d'intéressant hier.

10. Tu as beaucoup d'amis à l'université. *Quelques-uns / Les autres* sont français.

C. **Tristes histoires universitaires.** Complétez les phrases suivantes en utilisant des pronoms ou des adjectifs indéfinis.

1. Robert se demande pourquoi il est toujours le dernier à rendre ses examens. Utilisez **plusieurs, quelques, quelqu'un, chaque, autres, tout.**

   Quand nous passons un examen, le professeur distribue une copie à _____ᵃ étudiant de la classe. _____ᵇ le monde travaille bien, mais il y a toujours _____ᶜ étudiants, deux ou trois au maximum, qui finissent avant les _____.ᵈ Il y en a _____,ᵉ quinze ou seize, qui rendent leur copie au bout de (*at the end of*) quarante minutes. Peut-être qu'un jour _____ᶠ s'endormira pendant un examen et moi, je ne serai pas le dernier à partir.

2. Une cuisine dangereuse? Utilisez **tout, mêmes, tous, quelques-uns, quelque chose, d'autres.**

   Hier soir au restaurant universitaire, _____ᵃ les étudiants qui ont pris du gâteau comme dessert ont trouvé qu'il y avait _____ᵇ de bizarre dedans. _____,ᶜ peut-être trois ou quatre, ont refusé d'en manger, mais _____ᵈ avaient si faim qu'ils ont _____ᵉ mangé. Ce sont les _____ᶠ étudiants qui sont aujourd'hui à l'infirmerie.

3. Lucie a quelquefois des difficultés avec les livres de classe. Utilisez **même, d'autres, plusieurs, tous.**

   Les livres du cours d'économie sont _____ᵃ mauvais. _____ᵇ les étudiants et _____ᶜ professeurs (une douzaine, peut-être) disent la _____ᵈ chose. M. Morin m'a dit qu'il cherchait _____ᵉ livres moins difficiles, et qu'heureusement, il en aurait _____ᶠ le semestre prochain.

Nom_____ Date_____ Cours_____

Mise au point

A. Aidez Mariane à faire ses devoirs. Vos connaissances en maths vous aideront à comprendre les mots que vous ne connaissez pas.

Activités logiques

Vrai ou faux?

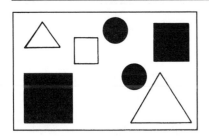

Entoure la bonne réponse.

Tous les carrés sont noirs	VRAI	FAUX
Aucun[a] carré n'est rond	VRAI	FAUX
Aucun dessin[b] blanc n'est rond	VRAI	FAUX
Seuls les triangles sont blancs	VRAI	FAUX
Tous les dessins blancs sont des triangles	VRAI	FAUX
Si un dessin est noir, alors, il est carré	VRAI	FAUX
Si un dessin est rond, alors, il est noir	VRAI	FAUX

[a]*no, none of the*   [b]*drawing*

✦Maintenant, faites deux phrases originales qui décrivent le dessin ci-dessus et qui sont vraies:

1. _____

2. _____

B. Un jour vous visiterez le Canada. Est-ce que vous connaissez sa géographie?

1. La province située à l'ouest du Québec s'appelle _____

2. La capitale de l'Alberta s'appelle _____

3. Les montagnes du Yukon s'appellent les _____

Chapitre seize   Le monde francophone   **287**

4. Laquelle de ces provinces a une frontière commune avec les États-Unis: le Manitoba, Terre-Neuve ou la Nouvelle-Écosse? _____

5. Quelles montagnes se trouvent aux États-Unis tout comme au Canada?

   _____

6. Lesquels de ces noms de lieux canadiens sont français: Vancouver, Trois-Rivières, Montréal, Chicoutimi, Sault-Sainte-Marie? _____

   _____

7. Quelle est la capitale du Nouveau-Brunswick? _____

8. Quel territoire a la plus grande superficie (*the largest area*), le Québec ou la France?

   _____

9. Six millions et demi d'habitants; cinquante-cinq millions d'habitants.

   Quelle est la population de la France? _____

   Quelle est celle du Québec? _____

10. Lequel est le plus peuplé, le Saskatchewan ou le Yukon? _____

C. Cochez (✔) les expressions qui exigent l'emploi du subjonctif.

   MODÈLE: _____ Vous verrez que...

   __✔__ Nous souhaitons que...

1. _____ Je suis sûr que...
2. _____ Ils voulaient que...
3. _____ Il n'est pas certain que...
4. _____ Ils craignent que...
5. _____ Vous souhaitez que...
6. _____ Il semble que...
7. _____ Il voudrait que...
8. _____ Nous croyons que...
9. _____ Il se peut que...
10. _____ Il est dommage que...
11. _____ Je regrette que...
12. _____ Il vaut mieux que...
13. _____ Tu espères que...
14. _____ Avant de...
15. _____ Nous exigeons que...
16. _____ Pendant que...
17. _____ Nous devons...
18. _____ Ils trouveront que...
19. _____ Je doute que...
20. _____ Il sera préférable que...
21. _____ Parce que...
22. _____ Nous sommes heureux que...
23. _____ On dit que...
24. _____ Il n'est pas sûr que...
25. _____ Il est évident que...
26. _____ Il est probable que...
27. _____ Il est important que...
28. _____ Il est clair que...
29. _____ Vous oubliez que...
30. _____ Je sais que...

✦D. **Questionnaire personnel.** Complétez les phrases suivantes de façon originale.

1. Je suis content(e) de _____

2. Je suis content(e) que mes professeurs _____

   _____

3. J'ai peur de _____

4. Avant la fin du semestre, j'espère _____

   _____

5. Je souhaite que mes vacances d'été _____

   _____

6. Je me brosse toujours les dents avant de _____

   _____

7. Je regrette que ma famille _____

8. Je regrette parfois de _____

E. **Circonlocutions.** Dans *Jour de France* une série d'interviews a paru où on pose la question, «Faut-il moderniser l'écriture du français?» Voici deux réponses par des gens qui ont appris le français comme deuxième langue. Lisez-les, puis faites l'exercice qui suit.

YA DING

Chinois. A appris le français à l'université, à vingt ans. « J'ai vraiment appris le français en écoutant toujours la même cassette de cours. Ce qui m'a posé le plus de problèmes au début,[a] c'est le temps des verbes. Cette notion n'existe pas en chinois. J'écris en français pour en conserver l'usage et éviter d'être traduit.[b] Mais c'est très fatigant. Je serais très heureux qu'on simplifie l'orthographe.[c] Je ne suis pas sensible[d] comme vous à l'aspect[e] des mots. C'est leur sens qui m'intéresse. Evidemment, si vous me parliez de simplifier le chinois, je réagirais comme vous. »   V.H.

[a]*beginning*   [b]*éviter... to avoid being translated*
[c]*spelling*   [d]*sensitive*   [e]*appearance*

FERNANDO ARRABAL

Espagnol. A appris le français à l'école, à dix ans.

Pour un étranger, il n'est pas évident de savoir s'il faut écrire esbroufe[a] avec un seul f ou chausse-trape[b] avec un seul p. Pour un Espagnol il n'est pas facile non plus de se rappeler quels verbes se conjuguent avec l'auxiliaire être ou avoir aux temps composés, et encore moins comment faire l'accord du participe, surtout lorsqu'il s'agit des[c] verbes pronominaux. La langue n'est pas un corps mort. Elle évolue constamment grâce,[d] entre autres, à l'apport[e] des gens venus d'ailleurs.[f] La moderniser arbitrairement serait frustrant pour tous ceux[g] qui l'ont apprise avec ténacité. »   V.H.

[a]*bluffing*   [b]*trap*   [c]*il... it's a question of*   [d]*thanks*
[e]*contribution*   [f]*elsewhere*   [g]*those*

Corrigez les fautes dans les énoncés suivants et essayez d'éviter (*to avoid*) l'emploi du subjonctif.

1. Ya Ding écrit en français parce qu'il préfère qu'on ne le comprenne pas. _____

   _____

2. Il souhaite qu'un jour le français soit plus difficile à écrire. _____

   _____

3. Il voudrait qu'on rende le chinois plus simple. _____

   _____

4. Fernando Arrabal a peur que ses verbes à l'imparfait soient mal écrits. _____

   _____

5. Il trouve qu'il est essentiel que l'orthographe soit modernisée. _____

   _____

◆Qu'est-ce qui vous pose des problèmes en français? _____

_____

Est-ce que vous voudriez voir des simplifications? Lesquelles? Pourquoi? _____

_____

_____

_____

Situations: **Divergences d'opinions**

In this video segment, Caroline helps Michel post fliers for a political candidate who is trying to win the upcoming elections. But Michel soon finds himself face to face with another student who is posting fliers for the candidate of the opposing political party.

MICHEL: Je dois afficher ces prospectus pour la campagne de Gérard Dubois.
CAROLINE: Le nouveau candidat des Verts pour les elections du mois prochain?
MICHEL: Oui, nous avons enfin un candidat écologiste qui veut préserver l'environnement.
CAROLINE: Il était temps!
MICHEL: Tu veux m'aider à les afficher?
CAROLINE: Oui, bien sûr. Toi, tu affiches ici dans le couloir, et moi je vais m'occuper du dehors.
MICHEL: OK! On se retrouve dans dix minutes.
CAROLINE: D'accord.
MICHEL: Mais ce n'est pas possible! Vous voulez encourager le développement industriel de la region?
HOMME: Oui. C'est la base de la plate-forme électorale de mon candidat, Patrick Joubert.

(Continued)

Compréhension

Indiquez l'ordre dans lequel ces phrases apparaissent dans la vidéo.

_____ «Les gens ont le droit de respirer de l'air pur.»

_____ «Il ne faut pas exagérer!»

_____ «Le nouveau candidat des Verts... ?»

_____ «Nous allons créer 2 000 emplois.»

_____ «La pollution n'est pas le problème le plus important de cette région.»

_____ «On se retrouve dans dix minutes.»

Le monde francophone

A. **Réalités francophones.** Consultez la page 462 de votre livre et choisissez les meilleures réponses ci-dessous.

1. En France, le problème de l'immigration concerne surtout _____.
   a. les Africains du Nord
   b. les Africains du Sud

2. Les Maghrébins sont venus en France pour _____.
   a. apprendre à mieux parler le français
   b. trouver du travail

3. Sur la question de l'immigration, _____.
   a. les Français sont tous d'accord
   b. les Français sont divisés

4. Il y a même quelques Français qui désirent que _____.
   a. les immigrés retournent dans leurs pays d'origine
   b. la France ouvre ses frontières aux nouveaux immigrés

5. C'est surtout _____ qui continue à influencer la société française aujourd'hui.
   a. la politique de respect vers les immigrés
   b. la colonisation des pays africains

◆Pensez-vous que l'immigration pose un problème aux États-Unis? _____

Justifiez votre opinion. _____

_____

_____

_____

B. Réalités francophones. Indiquez si les phrases suivantes sont vraies (**V**) ou fausses (**F**), en vous basant sur le commentaire culturel à la page 472 de votre livre. Si la phrase est fausse, corrigez-la.

1. _____ La Négritude a été influencée par les événements concernant les Noirs aux États-Unis.

2. _____ La Négritude a pour but de créer une nouvelle littérature dans laquelle les valeurs du monde sont soulignées.

3. _____ La Négritude qui a commencé comme un mouvement littéraire et intellectuel est devenue politique en 1960.

4. _____ La flamme du mouvement Noir des années 30 brûle toujours aujourd'hui.

C. En savoir plus. Lisez le commentaire qui suit, puis répondez aux questions.

Un peu de québécois

Le français parlé dans la province de Québec, le québécois, est sensiblement différent du français parlé en France. Le québécois n'a pas suivi la même évolution linguistique que le français d'Europe. Voici quelques exemples d'expressions québécoises.

MOTS QUÉBÉCOIS	FORME FRANÇAISE	FORME AMÉRICAINE
une station-wagon	une familiale, un break	*a station wagon*
un locker	une armoire, un casier	*a locker*
les annonces classées	les petites annonces	*classified ads*
un tapis mur à mur	une moquette	*wall-to-wall carpet*

Associez ces mots québécois avec leur équivalent anglais. (Écrivez **a, b,** etc.) Puis donnez leur équivalent français.

Équivalents français: relâche, des tennis, une voiture, un réservoir, gâcher (= ruiner)

1. des sniques (*f. pl.*) _____ _____

2. un char _____ _____

3. botcher _____ _____

4. un tinque _____ _____

5. lousse _____ _____

a. a tank
b. to ruin, botch
c. sneakers
d. loose
e. car

◆À quelle autre langue ressemble le français parlé au Québec? _____

Journal intime

◆Tout le monde a des conflits. Quelles sont les causes principales de vos conflits? Des disputes avec vos parents, vos amis, vos frères ou vos sœurs? Vous pouvez commencer par: «Je ne m'entends pas toujours avec... »

Contrôle

A. Complétez les phrases à l'aide des pronoms et des adjectifs suivants.

certains	chaque	le même	plusieurs
chacun	d'autres	quelques	tous

1. Je pratique mon français _____ jour.

2. Thomas fait du tennis _____ les dimanches.

3. Tiens! (*Hey!*) J'ai _____ manteau que toi!

4. À l'université, _____ étudiants étudient les sciences,

   _____ préfèrent la musique et l'art.

5. Je n'ai pas beaucoup d'argent, mais voilà _____ francs pour toi.

6. — Avez-vous de la famille en France?

   — Oui, j'ai _____ cousins à Paris.

7. _____ doit choisir ce qu'il veut étudier.

B. Formez des phrases complètes à partir des éléments suivants.

1. nous / espérer / tu / pouvoir / visiter / pays francophone / année / prochain

   _____

2. il / être / important / tu / étudier / français / sérieusement

   _____

3. je / souhaiter / vous / me / rendre visite / ce / semaine

   _____

4. il / être / probable / il / faire / beau / demain

   _____

5. nous / être / certain / aller / France / ce / été

   _____

6. est-ce que / tu / croire / ton / parents / être / heureux / tu / arrêter / études / ?

   _____

7. il / être / nécessaire / elle / partir

   _____

Vue d'ensemble: Chapitres 13 à 16

A. Comparaisons. Comparez les éléments de chaque paire.

MODÈLE: Mes doigts _____ mon cou. (essentiel) →
Mes doigts sont aussi essentiels que mon cou.

1. Les États-Unis _____

   la France. (vieux)

2. Mes mains _____

   mes pieds. (grand)

3. L'amour _____

   l'argent. (important)

4. Le célibat _____

   le mariage. (difficile)

5. Le coup de foudre _____

   les longues fiançailles. (réaliste)

6. Le vin _____

   le champagne. (bon)

7. Le centre-ville _____

   la banlieue. (tranquille)

8. Le théâtre _____

   le cinéma. (passionnant)

B. Tout est possible. Qu'est-ce qui pourrait se passer avant vos 40 ans?

MODÈLES: je / gagner ma vie → Je gagnerai ma vie.

mes parents / faire le tour du monde → Mes parents ne feront pas le tour du monde.

1. je / passer du temps en France _____

   _____

2. mes amis / m'acheter une voiture de sport _____

   _____

3. je / se marier _____

4. on / résoudre tous les problèmes écologiques _____

   _____

5. mes parents / me comprendre mieux _____

   _____

6. je / devenir riche _____

_____

7. le monde / reconnaître mon génie _____

_____

8. je / avoir toujours les mêmes amis _____

_____

C. **Un changement bienvenu** (*welcome*). Complétez le passage suivant avec le pronom relatif qui correspond (**qui, que** ou **où**).

Je travaille dans une grande société (*company*) _____¹ je suis cadre supérieur (*executive*).

J'ai récemment pris des vacances. Une amie _____² s'appelle Éliane est partie avec moi.

C'est une personne _____³ aime beaucoup les activités en plein air. Nous sommes allés à

Neufchâtel _____⁴ les parents d'Éliane ont une villa. Le père d'Éliane, à _____⁵

elle a téléphoné avant notre départ, nous a invités chez eux. Éliane avait évidemment envie de

voir certains copains à _____⁶ elle pense souvent.

J'ai acheté une nouvelle valise _____⁷ j'ai mis des shorts, des tee-shirts et des

chaussures confortables. C'était des vacances _____⁸ je n'allais pas oublier. On passait la

journée à faire des randonnées dans les collines et près du lac_____⁹ on pouvait faire du

bateau. Nous faisions beaucoup de pique-niques avec les copains d'Éliane _____¹⁰

habitent toujours près de la ville. Nous avons énormément ri au ciné-club _____¹¹ on

passait de vieux films comiques. Nous sommes allés à plusieurs concerts _____¹² on

nous avait vivement recommandés.

Après trois semaines, nous avons dû rentrer, prêts (*ready*) à reprendre notre travail

_____,¹³ comme vous pouvez l'imaginer, s'était (*had*) accumulé pendant notre absence!

D. **Comment réagiriez-vous?** Choisissez le verbe et le temps convenables pour chaque phrase.

1. conduisais / conduirais / achetais / achèterais

   a. Vous seriez nerveuse si je _____.

   b. Si nous prenions l'auto de Jeannette, je la _____.

   c. Je _____ une meilleure voiture si je gagnais plus d'argent.

   d. Si je _____ une nouvelle voiture, je serais très content.

2. étiez / seriez / donniez / donneriez

   a. Vous me _____ vos opinions si je vous les demandais.

   b. Si vous _____ ici, je n'aurais pas besoin de vous écrire.

   c. Vous n'auriez plus d'argent si vous le _____ aux pauvres.

   d. Vous _____ content si vous pouviez éliminer la pauvreté.

3. manifesterais / croyaient / croiraient / manifestaient

   a. Même s'ils _____ pendant un an, ils ne changeraient pas la loi.

   b. Vos amis vous aideraient s'ils _____ aux mêmes choses que vous.

   c. Je _____ devant la capitale si je ne vivais pas si loin de la ville.

   d. Mes parents _____ à ma cause s'ils considéraient avec soin toute l'évidence.

E. Des conversations entendues à la banque. Complétez les phrases suivantes avec un verbe au subjonctif ou à l'indicatif.

   MODÈLE: (avoir plus d'argent) Ma mère regrette que je *n'aie pas plus d'argent.*

   1. (être obligés de toucher un chèque) Il est possible que nous _____

   _____

   2. (faire des économies) Je sais que vous _____

   _____

   3. (ouvrir un compte en banque) J'aimerais que mon fils _____

   _____

   4. (connaître le cours du franc) M. Fédeau était surpris que vous _____

   _____

   5. (gagner un salaire intéressant) Il est sûr que tes amis _____

   _____

   6. (les mettre sur son compte d'épargne) Quand j'ai donné 6.000 F à mon neveu, je voulais qu'il

   _____

   7. (pouvoir retirer son argent à ce guichet) Est-ce que tu es sûre qu'on _____

   _____

   8. (endosser nos chèques) L'employé a demandé que nous _____

   _____

F. Séjour à Tahiti. Complétez les phrases suivantes en conjuguant les verbes suggérés. Utilisez l'indicatif, le subjonctif, le futur ou l'infinitif.

Verbes: aller, s'amuser, apprendre, arriver, coûter, être, étudier, se parler, se passer, pouvoir, prendre, vouloir

   1. Il est essentiel que nous _____ le français.

   2. Je veux _____ la langue avant d'aller à Tahiti.

   3. Il vaudra mieux que nous _____ en français quand nous

   _____ à Papeete.

   4. Est-ce vrai que la langue locale _____ difficile à apprendre?

5. Il est probable que nous _____ le bateau; je sais que le voyage en

   avion _____ plus cher.

6. J'espère que nous _____ passer plusieurs semaines en Polynésie

   française.

7. Je suis ravi que ton oncle _____ nous y accueillir (*to welcome*).

8. Je suis sûre que notre séjour _____ très bien et que nous

   _____ beaucoup.

G. Voici une réclame d'un organisme catholique tirée du magazine *GaultMillau*. Trouvez les
meilleures fins de phrases pour les phrases qui la suivent.

TERRE D'AVENIR

UN NOUVEAU MONDE DE SOLIDARITE

La faim, la misère, la détresse... voilà aujourd'hui les choses les mieux partagées[a] du monde. Elles existent partout. Même dans les pays riches, qui ne parlent plus que de récession, chômage, individualisme, crise mondiale et préférence nationale ! Alors, chacun y va de sa solution : interdisons les importations, stoppons les délocalisations, boutons[b] l'étranger hors de nos frontières ! Chacun pour soi, chacun chez soi et les devises[c] seront bien gardées... Non, mille fois non !

Les problèmes sont trop interdépendants pour leur apporter des solutions isolées, des réponses fragmentaires ou simplistes. Le développement séparé, le "chacun pour soi", sont des voies sans issue[d]. Pour que tout le monde s'en sorte, il faut une véritable stratégie planétaire, fondée sur le développement solidaire. Oui, il nous faut bâtir un nouveau monde de partage et d'entraide, un nouveau monde de fraternité. Oui, cette Terre d'Avenir est possible. Construisons-la ensemble.

Espace offert par le support

GARNIER PAIBOT Consultants

MAINTENANT, C'EST CHACUN POUR TOUS.

 COMITE CATHOLIQUE CONTRE LA FAIM ET POUR LE DEVELOPPEMENT
Grande Cause Nationale — CCFD 4, rue Jean Lantier 75001 PARIS

---

[a]*shared* [b]*let's push* [c]*currencies* [d]*voies... cul-de-sacs*

Selon la réclame

1. La faim et la misère sont des
   problèmes _____.

   a. africains

   b. européens

   c. universels

2. La bonne solution
   est _____.

   a. de fermer les frontières aux immigrés

   b. de créer une stratégie planétaire de partage

   c. d'arrêter le commerce international

3. Le comité catholique est pour _____.

    a. la fraternité entre les nations

    b. l'isolement économique et social

4. La devise (*motto*) du comité est _____.

    a. «Chacun pour tous»

    b. «Chacun pour soi»

◆Maintenant donnez vos opinions personnelles sur cette situation.

· Je crains que _____

· Je suis certain(e) que _____

· Il est probable que _____

· Je suis heureux/euse que _____

· Il n'est pas juste que _____

Maintenant que vous étudiez le français depuis presque un an, vous commencez peut-être à vous rendre compte des progrès que vous avez faits. Vous avez appris à faire une description détaillée et à raconter certains événements. Vous êtes maintenant capable de vous exprimer au présent, au passé et au futur. Vous commencez à pouvoir parler de vos opinions et de vos sentiments et à pouvoir formuler des hypothèses. Maintenant, vous pouvez faire preuve de ce que vous avez appris.

◆**H. Décrire et raconter au présent.** Regardez bien les portraits stéréotypés de ces jeunes Français. Sur une autre feuille, décrivez-les physiquement et imaginez la façon dont ils passent leurs journées. Vous pouvez également créer un court dialogue entre eux.

Le B. C. B. G. «classique»

une pipe
une chemise
une veste en tweed
vieux cartable du grand-père
un pantalon

La Punkette

un collier
un imperméable en plastique
une robe rouge
une ceinture en métal
collants (*m.*)
chaussures à hauts talons

✦**I.** **Décrire et raconter au passé.** Voici une description d'un personnage historique célèbre, tirée d'une encyclopédie française, *Le Petit Larousse*. Après l'avoir lue, racontez l'histoire d'un personnage historique qui vous intéresse particulièrement, comme par exemple la vie de Marie-Antoinette. NOTEZ BIEN: Cet extrait est raconté au passé simple, un temps littéraire, mais dans votre récit, il vaut mieux utiliser **le passé composé** ou **l'imparfait** selon le cas.

MARIE-ANTOINETTE DE LORRAINE, archiduchesse d'Autriche, née à Vienne (1755-1793), fille de François Ier, empereur germanique, et de Marie-Thérèse. Elle épousa en 1770 le futur roi de France Louis XVI. Imprudente, prodigue et ennemie des réformes, elle se rendit promptement impopulaire. Elle poussa Louis XVI à résister à la Révolution. On lui reprocha ses rapports avec l'étranger, et, après le 10-Août, elle fut enfermée au Temple. Pendant sa captivité et devant le tribunal révolutionnaire, elle eut une attitude très courageuse. Elle mourut sur l'échafaud.

MARIE-ANTOINETTE
par Drouais

✦**J.** **Décrire et raconter au futur.** Comment sera le monde de vos petits-enfants? Dans quarante ans, la vie d'une personne de vingt ans aura certainement beaucoup changé. Racontez sa journée en l'an 2040. Parlez du logement, du travail, de la communication, du transport et des rapports entre individus.

✦**K.** **Donner son avis.** Voici un extrait d'article paru dans *Le Journal Français d'Amérique* dans lequel les Français donnent leur avis sur l'argent.

Qu'est-ce qui est plus vulgaire que l'argent ?

De fait, l'argent est un tabou traditionnel en France où annoncer son salaire est du plus parfait mauvais goût.[a] Lors[b] de l'affaire Ockrent, toute une chaîne de télévision et la moitié[c] du monde audiovisuel se sont retrouvées paralysées par les grèves[d] à la suite de publication du salaire de la star du journal télévisé. Même si le président de la République affirmait sans ambiguïté que le travail et le mérite devaient être récompensés[e] à leur juste valeur, l'opinion publique était partagée[f] entre l'indignation et une admiration honteuse.[g] La principale concernée, déclarait alors que « les Français ont un rapport très ambigu et inconfortable avec l'argent », mettant le doigt sur une vieille douleur.[h] Elle ajoutait,[i] retournant sans merci le fer[j] dans la plaie[k]: « La France est par-dessus tout une nation de bureaucrates sous-payés, qui ont oublié qu'ils bénéficient de la sécurité de l'emploi ».

Christine Ockrent « aurait beaucoup moins choqué si elle s'était montrée nue,[l] plutôt que de révéler son salaire » remarque le publiciste Daniel Robert, soulignant[m] que les Français trouvent l'argent indécent alors qu'ils sont assez blasés en ce qui concerne le sexe. A l'inverse, précise-t-il, « les Américains sont choqués par le sexe et très prudes — ils ont transféré leur passion sexuelle sur la passion financière ».

Le sociologue Emmanuel Todd estime que la déchristianisation de la France pourrait avoir un effet d'érosion sur le masque négatif de l'argent (relique fortement entretenue[n] par l'Eglise catholique romaine), mais que jamais en France, on ne le considèrera comme « une valeur positive, à l'américaine[o] ». Le succès réside dans des vertus plus traditionnelles, sinon conservatrices — un patrimoine transmis de génération en génération. « Le succès pour un Français, ajoute Emmanuel Todd, n'est pas de faire de l'argent, mais de faire *Apostrophes* ! » (en référence à la très appréciée émission[p] littéraire de Bernard Pivot, où les auteurs en vue[q] parlent de leur dernier ouvrage).

---

[a]*taste* [b]*during* [c]*half* [d]*strikes* [e]*compensated* [f]*divisé* [g]*uneasy* [h]*wound* [i]*added* [j]*knife* [k]*wound* [l]*naked* [m]*stressing* [n]*maintained* [o]*American style* [p]*program* [q]*en... in the public eye*

1. Complétez les phrases suivantes selon l'article.

   a. Christine Ockrent, une journaliste à la télévision, a provoqué *une manifestation / une grève* quand elle a annoncé son salaire.

   b. Les Français qui travaillent pour le gouvernement ne sont pas extrêmement bien payés, mais ils sont assurés *de garder leur place / d'avoir des assurances*.

   c. Les Français parlent plus facilement *de l'argent / des relations sexuelles*.

   d. Les Américains parlent plus facilement *de l'argent / des relations sexuelles*.

   e. L'Église en France *perd / gagne* des adhérents.

   f. Les Américains trouvent que l'argent est *une valeur positive / une source d'érosion morale*.

   g. Les Français admirent davantage le succès *intellectuel / financier*.

✦2. Maintenant, analysez vos propres valeurs en répondant aux questions ci-dessous.

   a. Jusqu'à quel point acceptez-vous le jugement de Daniel Robert qui trouve que les Américains ont démystifié tout ce qui concerne l'argent, mais restent très prudes en ce qui concerne la sexualité? Commentez votre réponse. _____

   _____

   _____

   _____

   _____

   _____

   _____

   _____

   _____

   b. Comment réagissez-vous devant la révélation des salaires des joueurs de base-ball ou des chanteurs de rock? Pourquoi? _____

   _____

   _____

   _____

   _____

   _____

   _____

c. Que veut dire «succès» pour vos parents? pour vous? _____

_____

_____

_____

_____

_____

_____

APPENDICE

Réponses aux exercices

This section provides answers to all exercises with predictable responses. Certain exercises in the workbook have answers that are only partly predictable; for example, if you are asked, "Qu'est-ce que vous regardez à la télévison?" (*What do you watch on TV?*), the subject and verb of your answer will be predictable (**Je regarde...**) but the rest of your answer will not. We have included answers for this kind of exercise, marked with an asterisk (*), to let you know that your answers may differ from the models given.

Chapitre préliminaire

Première partie   Bonnes manières   A. 1. Pardon! Excusez-moi! 2. Comment? Répétez, s'il vous plaît. 3. Comment vous appelez-vous? 4. Salut, ça va? 5. Bonjour, Monsieur. 6. Je m'appelle _____. 7. Au revoir! À bientôt! 8. De rien.   **B.** —Bonjour, Madame. Comment allez-vous? —Très bien, merci. Et vous? Ça va? —Oui. Ça va bien, merci. —Au revoir, Jeremy. À bientôt. —Au revoir, Madame. **Les nombres de 0 à 20   A.** 1. huit 2. dix-neuf 3. onze 4. seize 5. sept 6. quinze 7. cinq 8. quatorze 9. trois 10. treize   **Dans la salle de classe** 1. neuf stylos 2. quatre étudiantes 3. deux chaises 4. cinq professeurs 5. un bureau 6. dix fenêtres 7. une table 8. un tableau noir 9. sept crayons

Deuxième partie   Les nombres de 20 à 60   A. 1. douze 2. vingt et un 3. quarante 4. soixante-six 5. cinquante 6. quarante-quatre 7. douze   **Quel jour sommes-nous?   A.** 1. Le vingt et un décembre, c'est un dimanche. 2. Le onze décembre, c'est un jeudi. 3. Le huit décembre, c'est un lundi. 4. Le vingt-quatre décembre, c'est un mercredi. 5. Le deux décembre, c'est un mardi. 6. Le six décembre, c'est un samedi. 7. Le dix-neuf décembre, c'est un vendredi.   **B.** 1. samedi, le treize décembre. 2. lundi, le premier décembre. 3. jeudi, le quatre décembre. 4. dimanche, le vingt-huit décembre. 5. mardi, le trente décembre. 6. mardi, le vingt-trois décembre. 7. mercredi, le dix-sept décembre. **L'alphabet phonétique; les mots apparentés   A.** 1. bureau 2. mademoiselle 3. aujourd'hui 4. je comprends 5. monsieur 6. Quel jour sommes-nous? 7. Comment vous appelez-vous? 8. étudiant 9. quatorze   **B.** 1. 9 exact cognates, 12 close cognates 2. condominiums 3. near the beach, fully equipped kitchen

Situations 1. m'appelle 2. parents 3. sciences 4. intelligent

*****Le monde francophone**   Use the map in *Rendez-vous* to check your answers.

Chapitre un

Étude de vocabulaire   *A. 1. Dans la cité universitaire. 2. Dans l'amphithéâtre. 3. Dans le restaurant universitaire. 4. Dans la bibliothèque. 5. Dans la cité universitaire.   **B.** 1. les mathématiques 2. la biologie 3. l'histoire 4. les langues étrangères 5. la littérature   *****C.** 1. les maths, la physique, la chimie et les sciences naturelles. 2. la littérature, la linguistique et les langues étrangères. 3. l'histoire, la géographie, la philosophie et la sociologie. 4. le français, la psychologie, la linguistique, la littérature et l'histoire. 5. Moi, j'étudie le français.   **D.** 1. mexicain 2. japonais 3. russe 4. allemand 5. congolais 6. suisse   *****E.** 1. l'Espagne, le Chili, l'Argentine, les États-Unis, le Brésil 2. la France, la Belgique, le

Canada, le Congo, la Côte-d'Ivoire 3. l'Angleterre, les États-Unis, le Canada 4. l'Italie 5. la Chine
*F. J'aime la musique classique et le rock, et je n'aime pas beaucoup le heavy metal. J'adore le tennis, et je n'aime pas le football. J'aime beaucoup les films d'amour et je n'aime pas les films d'horreur. J'aime beaucoup le cinéma, et je n'aime pas les sports.

Étude de grammaire   **1. Articles and Nouns: Identifying People and Things**   ***A.** 1. J'aime bien le ski. 2. Je n'aime pas beaucoup la télévision. 3. J'aime bien le base-ball. 4. Je n'aime pas le lundi. 5. J'aime beaucoup le français. 6. Je n'aime pas beaucoup l'histoire. 7. J'aime beaucoup le cinéma. 8. J'aime beaucoup le café.   **B.** 1. un 2. un 3. une 4. un 5. une 6. une 7. une 8. une 9. un 10. une 11. une 12. un 13. une 14. un 15. une 16. une 17. une 18. une 19. un 20. un 21. un 22. une 23. un 24. une   **C.** 1. la femme 2. le ski 3. un cinéma 4. un tableau noir 5. un cahier 6. l'université 7. un restaurant 8. la salle de classe 9. une nationalité 10. la télévision 11. le bureau 12. la radio 13. une radio 14. la vie   **D.** 1. une 2. une 3. le 4. la 5. la 6. un 7. la 8. un 9. un 10. le 11. un 12. l'   **E.** 1. La 2. la 3. une 4. la 5. une 6. le   **2. Plural Articles and Nouns: Expressing Quantity**   **A.** 1. un ami 2. le choix 3. un hôpital 4. un bureau 5. le cours de français 6. le lieu 7. la femme 8. une question 9. l'examen 10. un Américain   **B.** 1. des stylos 2. les amphithéâtres 3. les tables 4. les hommes 5. des Anglais 6. les salles de classe 7. des souris 8. les hôpitaux 9. des craies 10. des Italiennes 11. les chaises 12. des crayons   **C.** 1. une 2. des 3. des 4. l' 5. La 6. la 7. des 8. un 9. Le 10. la 11. un 12. la 13. Les 14. un 15. le 16. des 17. une 18. L'   **3. Verbs Ending in -er: Expressing Actions**   **A.** 1. parle 2. regardent 3. cherchent 4. écoute 5. rêve 6. téléphone 7. travaille   **B.** 1. visitent 2. écoutent 3. parlent 4. skient 5. dansent 6. travaillons 7. aimons mieux 8. écoutons 9. dansons 10. trouvons 11. écoute 12. rêve 13. regarde 14. déteste 15. aime mieux   **C.** 1. Jean étudie les maths et la chimie à l'université. 2. Il habite à Montréal. 3. Ses amis aiment le rock, mais Jean aime mieux la musique classique. 4. Nathalie et moi regardons la télévision. 5. Vous parlez anglais et français. 6. Tu étudies souvent à la bibliothèque. 7. Nous aimons danser le samedi soir.   **4. Negation Using *ne... pas*: Expressing Disagreement**   **A.** 1. Les éléphants ne parlent pas français. 2. On ne danse pas à la bibliothèque. 3. On n'étudie pas à la librairie. 4. Tu ne détestes pas les soirées. 5. Les étudiants n'adorent pas les examens. 6. Nous n'écoutons pas la radio en classe. 7. Vous n'aimez pas travailler. 8. Je n'habite pas un appartement.   **B.** 1. Non, les étudiants n'aiment pas les examens. 2. Non, Julia Roberts et Susan Sarandon ne sont pas des professeurs. 3. Non, Chelsea Clinton n'est pas dans le cours de français. 4. Non, je ne danse pas souvent en cours de français. 5. Non, nous ne regardons pas la télé à la bibliothèque. 6. Non, tu ne skies pas bien. 7. Non, vous ne travaillez pas à Paris. 8. Non, Jacques Chirac n'habite pas en Italie.

Prononciation 1. b 2. c 3. e 4. a 5. d

Mise au point   **A.** 1. villes 2. lieux 3. hommes 4. femmes 5. sports 6. amis   **B.** 1. sept / salle 2. un / histoire 3. étudiant / l'histoire 4. trouve 5. rêvent 6. La / une 7. donne 8. regardent (écoutent)   ***C.** 1. J'habite une maison. 2. Je préfère la musique classique. 3. J'aime mieux le café. 4. J'aime mieux aller au cinéma. 5. Non, je n'aime pas étudier. 6. J'étudie le français avec un dictionnaire.

Situations 1. b 2. c 3. c 4. a

Le monde francophone   **A.** 1. faux 2. vrai 3. faux 4. vrai 5. vrai   **B.** 1. b 2. b 3. b   ***C.** 1. «plus de 150 millions de personnes» 2. media library where students can work with audio and video texts / lending library / lectures on the arts / film club showing French films / service to find housing for students / club to facilitate meeting French people / ad service for jobs and housing / travel service offering excursions / cafeteria

Contrôle   **A.** 1. la 2. le 3. le 4. la 5. les 6. la   **B.** 1. étudiant 2. la biologie (ou la chimie, les mathématiques, l'informatique, la physique, la géologie, les sciences naturelles) 3. bibliothèque 4. restau-u   **C.** 1. Non, il n'étudie pas la littérature. 2. Non, il n'habite pas dans un appartement. 3. Non, il ne rêve pas pendant les cours.

Chapitre deux

Étude de vocabulaire   *A. 1. excentrique 2. enthousiaste 3. drôle 4. timide 5. idéaliste 6. dynamique 7. paresseux 8. sérieux   **B.** 1. individualiste 2. sympathique 3. optimiste 4. sincère 5. réaliste 6. calme   *C. 1. un tailleur ou une jupe et une veste ou une robe. 2. un complet, une cravate et une chemise blanche. 3. un jean, un pull et des tennis. 4. un blouson, un pantalon, un pull et des bottes. 5. un tee-shirt, un short et des tennis.   **D.** 1. Le livre est sur le bureau. 2. Le tableau est dans la salle de classe. 3. La question est sous la réponse. 4. Le professeur est derrière la table. 5. Thierry est à côté de la porte. 6. Paul est devant le tableau.   **From left to right:** Thierry, Paul, le professeur, Marc.

Étude de grammaire   **5. The Verb** *être*: **Identifying People and Things**   *A. 1. suis (ne suis pas) 2. est (n'est pas) 3. suis (ne suis pas) 4. est (n'est pas) 5. sont (ne sont pas) 6. sommes (ne sommes pas) 7. êtes 8. es 9. sont (ne sont pas) 10. sont (ne sont pas) 11. suis (ne suis pas) 12. est (n'est pas) **B.** 1. Elle est 2. Elle est 3. C'est 4. elle est 5. ce sont 6. ce sont 7. Ils sont 8. c'est 9. c'est 10. Il est **C.** 1. blouson / Et Vous 2. tee-shirt / 69 F 3. 470F / Kenzo Jeans 4. ceinture / Hermès 5. Hamilton 6. tennis / 3 Suisses 7. est 8. sont 9. sont 10. n'est pas (ceinture = *belt*)   **6. Descriptive Adjectives: Describing People and Things**   **A.** 1. française 2. américaine 3. anglais 4. espagnoles 5. français 6. russe   **B.** 1. française 2. fiers 3. travailleuses 4. blanches 5. violettes 6. bleue 7. intellectuelle 8. paresseuse 9. marron 10. sociables   **C.** 1. sérieux / sérieux 2. naïve / naïfs 3. cher / chers 4. beau / belle 5. italienne / italiennes 6. orange / orange 7. sociable / sociables 8. anglaise / anglais **D.** Simone n'hésite pas. C'est une étudiante courageuse et ambitieuse. À cause d'une bourse généreuse, elle quitte la France mardi pour étudier à New York. Bordeaux est agréable, mais Simone est travailleuse et aventureuse. C'est une jeune femme sérieuse qui cherche une expérience profitable. 1. Elle habite Bordeaux. 2. Elle est ambitieuse.   **E.** 1. oranges 2. blanche 3. noire 4. grises 5. verte 6. jaune 7. rouges   **7.** *Yes/No* **Questions: Getting Information**   **A.** 1. Est-ce que tu es français? 2. Est-ce que tu parles anglais? 3. Est-ce que tu aimes les États-Unis? 4. Aimes-tu le jazz? 5. Es-tu sociable? 6. Étudies-tu aussi les maths?   **B.** 1. Est-ce que Marianne est française? 2. Est-ce que Marianne est une amie de Mlle Duval? 3. Est-ce que Marianne travaille à l'université? 4. Est-ce que Marianne aime le football? 5. Est-ce que Paul est français? 6. Est-ce que Paul parle français? *Elle est française et elle travaille dans le gouvernement.   **C.** 1. Est-ce que Philippe et Odile sont à la librairie? 2. Est-ce qu'Henri est à la bibliothèque? 3. Est-ce que M. Martin est avec Mlle Dupont? 4. Est-ce que Sophie est à la discothèque? 5. Est-ce que Claire et Simone sont à l'université?   **8. The Prepositions** *à* **and** *de*: **Mentioning a Specific Place or Person**   **A.** 1. de / à 2. du / au 3. de la / à la 4. de l' / à l' 5. des / aux   **B.** 1. Les jeunes filles arrivent à la bibliothèque. Les jeunes filles arrivent de la bibliothèque. 2. Le jeune homme est de New York. Le jeune homme est à New York. 3. La femme parle du monsieur. La femme parle au monsieur. 4. Jean téléphone du cinéma. Jean téléphone au cinéma. 5. Claire joue au basket-ball. Claire joue du piano.   **C.** 1. Elton John joue du piano. 2. Charles Goren joue au bridge. 3. Jean-Pierre Rampal joue de la flûte. 4. Serena Williams joue au tennis. 5. Midori joue du violon. 6. Wynton Marsalis joue de la trompette. 7. Brett Favre joue au football américain. 8. Mike Piazza joue au base-ball.

Prononciation   You should have circled: flanc / faim / quinze / sincère / danser / imposer / longue / hein

Mise au point   *A. 1. J'aime les pantalons gris. 2. J'aime les chemises blanches. 3. J'aime les shorts noirs. 4. J'aime les chaussettes blanches. 5. J'aime les manteaux rouges. 6. J'aime les chaussures marron. 7. J'aime les tennis blancs.   **B.** 1. Est-ce que le professeur de français est sympathique? 2. Les étudiants sont travailleurs et sérieux. 3. Marie n'est pas sportive mais elle est dynamique. 4. Maurice et Thomas étudient à la bibliothèque. 5. Sophie joue du piano et Henriette joue au tennis. 6. Est-ce que vous aimez porter des chaussettes vertes? 7. Est-ce que Bernard arrive à New York aujourd'hui? 8. Je ne suis pas américain(e). 9. Nous sommes souvent au café. 10. Est-ce que tu téléphones au professeur?

Situations   1. V 2. F (Bénédicte porte un 38.) 3. V 4. F (Bénédicte va essayer la robe noire.)

Le monde francophone **A.** 1. individualistes 2. la création d'idées originales 3. agressifs 4. qui ont des opinions fortes 5. indépendants **B.** 1. d 2. b 3. a 4. c

Contrôle **A.** 1. pantalon 2. bottes 3. chapeau 4. à 5. grand 6. drôle 7. sous **B.** 1. Le jeune homme intellectuel joue aux échecs avec la jeune fille intelligente. 2. Barbara est gentille mais un peu snob. 3. Est-ce que les professeurs sont drôles ou sérieux?

Chapitre trois

Étude de vocabulaire **A.** 1. dans 2. à côté des 3. sur 4. mur 5. dans 6. la commode 7. la fenêtre 8. le mur 9. du magnétophone 10. le bureau **C.** 1. c 2. a 3. b 4. d 5. e ***D.** (modèle) 1. Bill Clinton / dynamique / cheveux courts / américain / parler **E.** 1. le vingt-cinq décembre / Noël 2. le quatre juillet / la fête de l'Indépendance américaine 3. le premier janvier / le Nouvel An 4. le quatorze février / la Saint-Valentin 5. le cinq septembre / la fête du travail 6. le vingt février / l'anniversaire de George Washington 7. le onze novembre / la fête des anciens combattants

Étude de grammaire **9. -ir Verbs: Expressing Actions** **A.** agissent (2) réussissent (3) / agis (2) réussis (3) / agissons (3) réussissons (4) / agis (2) réussis (3) / agissez (3) réussissez (4) / agit (2) réussit (3) **B.** 1. réfléchissent 2. agis 3. choisis 4. finis 5. réfléchissons 6. choisissons 7. choisit 8. finissons **10. The Verb *avoir*: Expressing Possession and Sensations** **A.** 1. avez 2. avons 3. a 4. as 5. ai 6. ont **B.** 1. est 2. a 3. a 4. est 5. a 6. est 7. est 8. a 9. a 10. a 11. a 12. est **C.** 1. e 2. c 3. a 4. b 5. g 6. f 7. i 8. d 9. h **D.** 1. On a envie de danser. 2. Vous avez soif. 3. J'ai raison. 4. Il a faim. 5. Nous avons de la chance. 6. Vous avez besoin d'étudier. 7. J'ai l'air content. 8. Elle a trois ans. 9. Ils ont chaud et elles ont froid. 10. J'ai sommeil. **11. Indefinite Articles in Negative Sentences: Expressing the Absence of Something** **A.** 1. Non, nous n'avons pas de livres russes. 2. Non, je ne porte pas de cravate aujourd'hui. 3. Non, il n'y a pas de réveils dans la salle de classe. 4. Non, le professeur n'a pas de chapeau noir. 5. Non, il n'y a pas de canapés dans un amphithéâtre. **B.** 1. Dans ma chambre j'ai un lit, mais je n'ai pas de lavabo. 2. Nous aimons les aventures, mais nous n'aimons pas les examens. 3. C'est une voiture, mais ce n'est pas une Porsche. 4. Les amis de Stéphane ont des disques, mais ils n'ont pas de disques compacts. 5. La bibliothèque a des revues, mais elle n'a pas de films. 6. J'ai un chien, mais je n'ai pas de souris. 7. J'aime les chiens, mais je n'aime pas les souris. 8. Nous avons une télévision, mais nous n'avons pas de radio. 9. C'est une télévision, mais ce n'est pas une radio. 10. Tu as les cheveux blonds, mais tu n'as pas les yeux bleus. 11. Ce sont des sandwichs, mais ce ne sont pas des croque-messieurs. 12. J'aime la discothèque, mais je n'aime pas la bibliothèque. 13. La salle de classe a des fenêtres, mais elle n'a pas de canapé. **12. Interrogative Expressions: Getting Information** **A.** 1. b 2. e 3. d 4. f 5. i 6. l 7. g 8. c 9. j 10. a 11. h 12. k **B.** 1. D'où 2. Où 3. Qu'est-ce que 4. Pourquoi 5. Combien de 6. Comment **C.** 1. À qui est-ce que Robert parle? [or] À qui Robert parle-t-il? 2. Où sont-ils? 3. Où est le restaurant? 4. Pourquoi est-ce qu'ils vont au restaurant? 5. Qu'est-ce qu'ils aiment? 6. Quand est-ce qu'ils mangent? 7. Comment est ce restaurant? 8. Combien de clients est-ce qu'il y a au restaurant?

Prononciation **A.** 1. Joël, Noël, naïf 2. très, après, fière, bibliothèque, près de 3. bientôt, être, drôle, prêt, châtain 4. français, ça, façade, garçon, commençons 5. répétez, cinéma, en général, américain, différent **B.** Habiter à la ville est agréable et intéressant. À côté de l'immeuble de mon ami Joël il y a un théâtre superbe. Derrière, il y a un restaurant italien. On téléphone et dans 20 minutes un garçon arrive à la maison avec une lasagne. Super! *C'est pratique, intéressant et agréable.

Mise au point ***A.** 1. Quand est-ce que tu choisis un canapé pour l'appartement? 2. Comment est le professeur de français? 3. Pourquoi est-ce que ta famille va en France? 4. Combien êtes-vous dans le cours d'anglais? 5. Pourquoi Lori a-t-elle un C en espagnol? 6. Quand est-ce que vous finissez le cours de biologie? 7. Est-ce que tu habites sur le campus? 8. Qu'est-ce que tu portes à la soirée des Smith? ***C.** 1. Où est-ce que tu étudies normalement? 2. Fumes-tu? 3. Est-ce que tu écoutes de la musique quand tu étudies? 4. As-tu un ordinateur?

Situations   1. F (Caroline habite à la cite-universitaire.) 2. V. 3. V 4. F (Son stylo est dans la poche droite de son pantalon.)

Le monde francophone   **A.** 1. Ils habitent avec leurs parents. 2. (modèle) J'aimerais mieux habiter dans une chambre de bonne parce que j'aime habiter au centre de la ville. 3. Il est difficile. 4. Ils sont plus simples et plus petits que les logements pour étudiants aux États-Unis.   **B.** a. cour délabrée b. qui nous coûte à chacun c. un an de déprime plus tard d. sans douche ni eau chaude e. ma situation professionnelle s'étant améliorée 1. a shared apartment 2. yes 3. Paris 4. 3500F / about $608

Contrôle   1. Sophie a les yeux bleus et les cheveux longs. 2. Elle est belle et sympathique. 3. Elle habite dans un appartement à côté du campus. 4. Pourquoi est-ce que ses parents choisissent de donner une radio à Sophie? 5. Parce que dans l'appartement elle a un ordinateur, mais elle n'a pas de radio. 6. Sophie aime étudier à la bibliothèque et elle réussit toujours aux examens.

Chapitre quatre

Étude de vocabulaire   **A.** 1. le fils 2. la femme 3. la petite-fille 4. la sœur 5. la tante 6. le mari 7. le neveu 8. le père   **B.** 1. grand-père 2. petit-fils 3. mère 4. cousin 5. cousine 6. frère 7. fils 8. tante **D.** 1. a. la salle de bains b. la salle à manger ou la cuisine c. la chambre d. la salle de séjour e. la terrasse 2. a. (trois de ces quatre meubles) un canapé, un tapis, une lampe et un poste de télévision b. (modèle) il y a une table et des chaises, mais il n'y a pas d'étagère c. (modèle) il y a deux lits, une étagère et une commode, mais il n'y a pas d'armoire d. une toilette, un lavabo et une baignoire ***E.** 1. Il y a une salle de bains dans mon appartement. 2. Je mange en général dans la cuisine. 3. J'ai un jardin. Il est petit. 4. Ma chambre a une fenêtre. 5. Les murs de ma chambre sont blancs. 6. Ma pièce préférée est la salle de séjour.

Étude de grammaire   **13. Possessive Adjectives: Expressing Possession**   **A.** 1. a. ...nos grands-parents; b. ...notre oncle; c. ...notre enfant. 2. a. ...tes frères; b. ...ton amie; c. ...ton mari 3. a. ...mes amis; b. ...mon dictionnaire; c. ...ma sœur 4. a. ...vos parents; b. ...votre fils; c. ...votre famille **B.** 1. sa 2. sa 3. son 4. son 5. ses 6. ses 7. Leurs 8. leur   **C.** 1. C'est leur 2. C'est son 3. Ce sont ses 4. Ce sont leurs 5. C'est son 6. Ce sont leurs 7. C'est leur 8. Ce sont ses 9. C'est sa 10. C'est leur **D.** 1. Ta 2. sa 3. Ma 4. ta 5. notre 6. notre   **14. The Verb *aller*: Talking about Plans and Destinations**   **A.** 1. ils vont à la discothèque. 2. ils vont à la bibliothèque. 3. nous allons à la librairie. 4. on va au restaurant. 5. tu vas à la salle de récréation 6. je vais au lit.   **B.** 1. va parler 2. vais utiliser 3. allez avoir 4. allons regarder 5. vont finir   **C.** 1. La semaine prochaine, je vais jouer au tennis. 2. Vendredi tu vas passer un examen. 3. Cet après-midi, Paul va aller au cinéma. 4. Demain nous allons étudier. 5. Ce week-end vous allez skier. 6. Dans trois semaines nos amis vont arriver. ***D.** Après mes études, je vais chercher un travail, je vais acheter une voiture et des vêtements, je vais aller danser, je vais voyager en Europe ou au Japon et je vais aller au cinéma tous les mardis. **15. The Verb *faire*: Expressing Doing or Making**   **A.** 1. fais 2. font 3. fait 4. faisons 5. faisons 6. faire 7. faire 8. fait 9. fait 10. font 11. Oui 12. Les enfants   **B.** 1. fait une promenade 2. fait la connaissance de M. Henri 3. fait le marché 4. fait un voyage 5. fait ses devoirs 6. fait la cuisine 7. fait la vaisselle **16. Verbs Ending in *-re*: Expressing Actions**   **A.** 1. J'attends un coup de téléphone. 2. Sylvie attend l'homme idéal. 3. Ils attendent Godot. 4. Tu rends un livre à la bibliothèque. 5. Nous rendons visite à Grand-mère. 6. Susie rend vingt francs à son ami. 7. Tu perds ton livre de français. 8. Vous perdez vos devoirs. 9. Je perds conscience. 10. Le prof perd patience.   **B.** 1. attendent 2. rend 3. entendent 4. descendent 5. perdre 6. répond 7. rendent 8. Geoffroy 9. près   ***C.** Une dame et un étudiant attendent l'autobus. La dame va perdre son sac. Elle dit bonjour et il répond. Un enfant dans le bus entend de la musique. Le conducteur d'autobus attend. Un monsieur descend de l'autobus. **D.** 1. habitons 2. travaille 3. vend 4. reste 5. fait 6. font 7. faisons 8. parlons 9. aime 10. suis 11. sont 12. vont 13. vais 14. est 15. réussit 16. étudie 17. ont 18. habitent 19. attendent 20. pensent 21. va 22. a 23. sommes 24. allons

Prononciation Nou$ trouvon$ un genti$ hôtel au bor$ du lac Léma$ à Genève. Dan$ le guide Michelin, son restauran$ a une étoile. Ce soir le chef propose du bœuf bourguignon et, comme desser$, une tarte au$ pomme$. J'ai fain.

Mise au point **A.** a. Arthur b. Catherine Morin c. Rémi d. Marie-France e. Geoffroy f. Mathilde g. Marie-Christine ***B.** 1. Quand vous faites les devoirs, est-ce que vous êtes travailleurs? 2. Quand nous faisons de l'aérobic, est-ce que nous sommes fatigué(e)s? 3. Quand tu fais la connaissance d'un professeur, est-ce que tu es gentil(le)? 4. Quand ton père fait la queue, est-ce qu'il est impatient? 5. Quand tes amis font une promenade, est-ce qu'ils sont tranquilles? **E.** 1. Elle s'appelle Francis. 2. Guyane / Amérique du Sud 3. 6 (quatre filles et deux parents) 4. Elle finit ses études. 5. D'être mannequin.

Situations 1. V 2. V 3. F (Michel a un petit frère.) 4. V

Le monde francophone **A.** 1. V 2. V 3. V 4. F 5. V **B.** 1. Daniel et Marie-Claude Adam 2. quatre filles et deux garçons 3. Saint-Pierre-les-Elbeuf 4. le quatorze janvier 5. «en parfaite santé. Ils grandissent bien. Et ils ont bon appétit.» 6. Avec les adjectifs possessifs, j'en trouve quinze.

Contrôle **A.** 1. Nous rendons visite à nos amis. 2. Ils habitent dans une grande maison avec leurs enfants. 3. Vous faites les courses, et moi, je fais la cuisine. 4. Nous n'aimons pas faire le ménage. 5. Ce week-end, vous allez étudier, mais moi, je vais faire une promenade. 6. Ma mère perd patience quand elle fait la queue. **B.** 1. la sœur, la tante 2. la grand-mère, petits-enfants, petits-fils 3. la fille 4. la femme

Vue d'ensemble: Chapitres P à 4 **A.** 1. suis 2. étudie 3. sommes 4. n'étudions pas 5. passons 6. écoutons 7. dansons 8. regardons 9. parle 10. sont 11. aime mieux 12. écoute 13. rêve 14. n'aime pas **B.** 1. une 2. blanche 3. une 4. bleue 5. des 6. violettes 7. un 8. italien 9. une 10. élégante 11. les 12. élégants 13. les 14. les 15. américains 16. un 17. des 18. marron 19. des 20. vertes 21. rouges 22. violettes **C.** 1. Tom Sawyer est paresseux. 2. Lucy Van Pelt est arrogante. 3. Les étudiants qui passent un examen sont nerveux. 4. Les livres de classe sont chers. 5. Michelle Kwan est sportive. 6. Sandra Day O'Connor est sérieuse. 7. Le vice-président et sa femme sont sociables. 8. Mel Gibson est beau. 9. Reba MacIntire est rousse. 10. Les cours de maths avancés sont difficiles. 11. David Letterman et Jay Leno sont drôles. 12. Un cours de 25 minutes est court. **D.** 1. fais la vaisselle. 2. font une promenade. 3. fais les courses. 4. faire le ménage. 5. font leurs devoirs. 6. faire la cuisine. 7. font un voyage. 8. fait la connaissance. **E.** 1. ai faim 2. as envie 3. réfléchis 4. va 5. choisis 6. vas 7. aller 8. attends 9. rends 10. fais 11. restons 12. apprend 13. prend 14. comprend **F.** 1. leurs 2. son 3. leur 4. sa 5. leur 6. son 7. leur 8. leurs 9. leur 10. ses **G.** 1. ton 2. ta 3. mes 4. mon 5. leurs 6. leurs 7. notre 8. mon **H.** 1. Quand est la soirée? 2. Où est la soirée? 3. Pourquoi y a-t-il (est-ce qu'il y a) une soirée? 4. Quel âge a-t-il? 5. Qui est-ce qu'ils invitent (invitent-ils)? 6. Combien de personnes invitent-ils? 7. Qu'est-ce qu'on porte? 8. Où est leur appartement? (Où est-ce qu'ils habitent?) ***I.** 1. avons des tableaux noirs, des cahiers, une bibliothèque excellente et des revues, mais nous n'avons pas de cigares ou de serpents. 2. a une radio, une auto japonaise et une cravate verte, mais il n'a pas de livres en russe. 3. ont des stylos violets, des lettres et des chiens, mais ils n'ont pas de chambres magnifiques. 4. a une lettre et un stylo violet, mais elle n'a pas de chien. 5. j'ai un appartement et une chambre magnifique, mais je n'ai pas de films intéressants ou de cigares.

Chapitre cinq

Étude de vocabulaire **A.** 1. une pomme, une banane, une poire, une fraise 2. une carotte, des haricots verts, des pommes de terre, la choucroute 3. le poulet, le poisson, le bifteck, le jambon 4. le lait, la bière, le vin, le thé, le café 5. un gâteau, une tarte, le chocolat 6. une cuillère, un couteau, une fourchette, une assiette **B.** 1. je n'ai pas de fourchette. 2. je n'ai pas de serviette. 3. je n'ai pas de couteau ou de verre. 4. je n'ai pas de cuillère. ***C.** Je choisis souvent de la pizza, une salade verte, des spaghettis, un sandwich et des frites. Je mange rarement des pommes, des bananes, du foie (*liver*), de la salade de fruits, des pommes de terre en purée (*mashed*). **D.** 1. Il est une heure moins le quart de l'après-midi. Mme Roget travaille à son bureau. 2. Il est huit heures moins dix du soir. Geneviève écoute la radio. 3. Il est huit heures du soir. Mme Renaud rend visite à des amis. 4. Il est une heure et quart de l'après-midi. Pierre joue du violon. 5. Il est huit heures moins six du matin. M. Falot et M. Termin parlent dans le parc. 6. Il est huit heures et demie du soir. Les Dupin regardent la télévision. 7. Il est onze heures moins le quart du matin. Les copains jouent au football. **E.** 1. quatorze heures / deux heures de l'après-midi / le mercredi, le samedi et le dimanche 2. vingt heures trente (huit heures et demie du soir) / quarante ou trente francs 3. *Chute Libre* 4. 64-34-00-17 et 36-65-70-09 5. *Against All Odds, The Piano, Ninja Kids* **F.** 1. Il fait chaud. Il fait du soleil. 2. Il fait froid. Il neige. 3. Il fait beau. Il fait du vent. 4. Il fait frais, mais il fait beau.

Étude de grammaire   **17. The Verbs *prendre* and *boire*: Talking about Food and Drink**   **A.** Les Français prennent / boivent // je prends / bois // vous prenez / buvez // Jean et moi prenons / buvons // mon père prend / boit // tu prends / bois   **B.** 1. Nous prenons un verre. 2. Ils prennent le petit déjeuner. 3. Ils prennent l'avion. 4. Je prends l'autobus. 5. Il prend ma valise. **C.** 1. Nous prenons du thé. 2. Ils prennent le dîner. 3. Tu prends de l'aspirine. 4. Tu bois du champagne. 5. Elles boivent un café. 6. Vous buvez de l'eau minérale. 7. Elle apprend à nager. 8. Tu apprends du vocabulaire. 9. Vous apprenez le français. 10. Je comprends la leçon. 11. Nous comprenons le français. 12. Ils comprennent leurs enfants. *****D.** 1. bois beaucoup de boissons froides parce qu'il fait chaud. 2. buvons de l'orangeade parce que nous avons soif. 3. boivent du champagne parce que c'est une fête. 4. boivent du chocolat chaud parce qu'ils ont froid. 5. boit du vin parce que c'est un repas de fête. **18. Partitive Articles: Expressing Quantity**   **A.** 1. des 2. du 3. du 4. du 5. de la 6. du 7. de la 8. des 9. des 10. de la 11. du   **B.** Au dîner, je préfère prendre de la viande et des carottes avec une petite salade verte. Au déjeuner, je prends souvent un sandwich et une pomme. Au petit déjeuner le dimanche je prends des œufs ou un soufflé au fromage et du café.   **C.** 1. des pommes de terre, du poivron et des haricots verts. Je n'utilise pas d'œufs. 2. des œufs, du fromage et des oignons. Je ne prends pas de fraises. 3. un croissant, du jambon et du fromage. Je ne prends pas de poires. 4. du beurre, du sucre et des œufs. Je n'utilise pas de légumes.   **D.** 1. je préfère prendre du fromage / un sandwich 2. je préfère prendre du steak / un sandwich 3. je préfère de l'eau / du lait 4. je prends une pomme / de la tarte 5. je préfère prendre un œuf / du pain   **E.** 1. a. Du b. le c. le d. le 2. a. Du b. du c. du d. le e. du 3. a. du b. le c. des d. du   **F.** 1. trop de / beaucoup de 2. beaucoup de 3. peu de 4. beaucoup d' 5. trop de / beaucoup de 6. trop de / beaucoup de 7. assez de 8. beaucoup de **G.** 1. a. le b. de (les) c. le 2. a. le b. de c. de 3. a. une b. une c. les d. de 4. a. les b. les c. des d. du e. de   **19. The Imperative: Giving Commands**   **A.** 1. Jouons au tennis. 2. Faisons une promenade. 3. Achetons une voiture. 4. Allons au cinéma.   **B.** 1. Thomas et Michel, ne parlez pas pendant le cours! 2. Henri, fais tes devoirs! 3. Monique et Nicolas, fermez les livres! 4. Robert, finis l'exercice! 5. Sophie, réponds à la question! 6. Juliette, ne mange pas pendant le cours! 7. Jacques, réfléchis!

Prononciation   Comment est-ce qu'on trouve un appartement dans une ville universitaire? Ce n'est pas facile! Quelques mois à l'avance, on commence à parler à tout le monde, aux amis, aux parents, aux amis des amis. On cherche dans les petites annonces des journaux et des magazines. On visite les agences. Si on a de la chance, on finit par trouver une chambre. Sinon, on demande gentiment à papa et maman, «Est-ce que vous acceptez que je reste à la maison?»

Mise au point   *****A.** 1. il fait très chaud. Je porte un maillot de bain. 2. il fait frais. Je porte une veste ou un pull. 3. il fait froid. Je porte un manteau et des bottes. 4. il fait un peu frais. Je porte une chemise et un jean. 5. il fait très froid. Je porte un pull, un manteau, un chapeau, des bottes, un pantalon, etc. **B.** 1. du pain, des œufs, du lait, du sucre, du beurre, de la confiture 2. a. dorer b. ajouter c. fondre 3. a. au petit déjeuner b. du sirop d'érable

Situations   1. c 2. a 3. c 4. a

Le monde francophone   A. 1. V 2. F (La qualité est plus importante.) 3. F (C'est du pain avec du beurre.) 4. V 5. F (entre 7 heures et demie et 8 heures) 6. F (On prend un café.) **B.** 1. centre / Auvergne et Midi / ouest 2. (Answers will vary.) / plus 3. «La France est le premier producteur mondial de fromage.» « ...le plus connu de tous nos fromages.»

Contrôle   A. 1. Aujourd'hui, ma mère va faire des courses. 2. Elle va acheter du pain, de la viande, des légumes et des fruits. 3. Nous allons faire une (de la) soupe et nous allons manger du rôti de porc et des pommes de terre. 4. Après le dîner, nous allons faire la vaisselle. 5. Mes parents aiment faire une promenade après la vaisselle. 6. Moi, je préfère rester à la maison. 7. Je bois du (un) café et regarde la télévision. **B.** 1. Faisons du ski! 2. Joue au tennis! 3. Ne faites pas de pique-nique! 4. Buvez du café!

Chapitre six

Étude de vocabulaire   A. 1. à l'épicerie 2. à la boulangerie 3. à la boucherie 4. à l'épicerie 5. à la poissonnerie 6. à la charcuterie **B.** 1. la boulangerie 2. la pâtisserie 3. le fromage 4. les légumes 5. la boisson 6. la boisson 7. la soif 8. la cuillère **C.** Entrées: pâté de campagne / sardines à l'huile Plats Garnis: poulet à la crême / rôti de porc / sôle meunière / sôle bonne femme / steak-frites / bœuf en daube Fromages: camembert / brie / roquefort Desserts: mousse au chocolat / crêpes Suzette / tarte aux fraises / crème caramel / glace maison Boissons: vin rouge, rosé, blanc / eau minérale **E.** 1. seize francs cinquante 2. deux francs soixante-dix 3. deux francs soixante-dix 4. trente francs 5. six francs trente

Étude de grammaire   20. Demonstrative Adjectives: Pointing Out People and Things   A. 1. ces 2. ce 3. cette 4. cet 5. ce 6. ces 7. ce 8. ces 9. ce 10. cette **B.** 1. Cette 2. Ce, ces 3. ces, cet 4. ces, ces 5. cette 6. Cette 7. Ces, cet 8. ce, ces 9. ce 10. ces **21. The Verbs *vouloir, pouvoir,* and *devoir*: Expressing Desire, Ability, and Obligation   A.** je dois / veux / peux / / nous devons / voulons / pouvons / / il ou elle doit / veut / peut / / vous devez / voulez / pouvez / / mes cousins doivent / veulent / peuvent / / tu dois / veux / peux **B.** 1. pouvez, pouvons 2. peux, peux 3. peux, peut 4. voulez, veux 5. veux, veut 6. voulons, veulent 7. dois, dois, doit 8. doivent 9. devez, devons **C.** 1. ne peut pas manger de pain. 2. ne pouvons pas faire du jogging. 3. ne peut pas faire du ski. 4. ne peux pas inviter un ami au restaurant. 5. ne peuvent pas boire de café. 6. ne pouvez pas prendre de dessert. **The Interrogative Adjective *quel*: Asking about Choices   A.** 1. Quel 2. Quelle 3. Quels 4. quelle 5. Quel 6. Quelles 7. quelle 8. quels 9. quel 10. Quel **B.** 1. Quelles sont tes chansons préférées? 2. Quels sont tes disques préférés? 3. Quel est ton livre favori? 4. Quel est ton repas préféré? 5. Quel est ton cours favori? 6. Quels sont tes films favoris? **23. The Placement of Adjectives: Describing People and Things   A.** 1. En France, il y a beaucoup de petites pâtisseries délicieuses. 2. Le professeur ne donne pas de longs cours ennuyeux. 3. Voici une belle pomme rouge. 4. Marie est une bonne étudiante travailleuse. 5. Sophie a une nouvelle robe verte. 6. J'ai acheté une grosse voiture noire.

Prononciation   Il est évident que lorsqu'il y a un éléphant dans une salle de classe avec huit petits étudiants et un crocodile, l'action est intéressante.

Mise au point   A. 1. Cette voiture-ci / cette voiture-là 2. Cette cravate-ci / cette cravate-là 3. Ces tableaux-ci / Ces tableaux-là 4. Cet hôtel-ci / / cet hôtel-là **B.** 1. dix-neuf cent dix-huit 2. dix-sept cent quatre-vingt-neuf 3. douze cent cinquante-sept 4. dix-huit cent trois 5. dix-huit cent soixante et un 6. quatorze cent trente-six ***C.** Réponses possibles: 1. Quelle plante? Cette grande plante verte. 2. Quelle voiture? Cette voiture spacieuse et élégante. 3. Quel jean? Ce vieux jean confortable. 4. Quelles chaussures? Ces jolies chaussures chères. 5. Quels prix? Ces nouveaux prix raisonnables. 6. Quels vêtements? Ces vieux vêtements sombres. 7. Quel artiste? Cet artiste excentrique et arrogant. 8. Quel médecin? Ce jeune médecin sympathique. 9. Quelle grand-mère? Cette belle vieille grand-mère.

Situations   1, 2, 4, 5, 6, 8, 10

Le monde francophone   *A. 1. F (Il y a de plus en plus de supermarchés.) 2. V 3. F (On peut acheter des vêtements, des choses pour la maison et des articles de loisir.) 4. V   B. 1. Boursin oignon et ciboulette 2. flavored 3. Pour marquer l'anniversaire de ses trente ans. 4. roquefort / brie / camembert / gruyère / La Vache qui rit

Contrôle   A. 1. Quelle belle jupe! 2. C'est un beau fruit vert. 3. J'ai des amies intellectuelles. 4. Quelle famille extraordinaire! 5. C'est un homme tranquille.   B. 1. Veux-tu aller au restaurant ce soir? 2. Tu ne dois pas travailler? 3. Non, je peux rester à la maison. 4. On peut peut-être aller dans cette nouvelle crêperie. 5. D'accord, elle est excellente et j'adore les crêpes.

Chapitre sept

Étude de vocabulaire   A. 1. nager, la randonnée, la promenade 2. l'alpinisme, la randonnée, le ski de piste 3. nager, pêcher, le bateau à voile, la planche à voile, la plongée sous-marine, le ski nautique 4. la bicyclette (le vélo), le camping, faire du cheval 5. le patinage, le ski de fond   *B. 1. d'une tente et d'un sac de couchage 2. de skis et de chaussures de ski 3. de chaussures de montagne 4. d'un maillot de bain, d'une serviette de plage et de lunettes de soleil

Étude de grammaire   24. Verbs Conjugated like *dormir; venir:* **Expressing Actions**   A. sortent / sors / sortons / sort / / viennent / viens / venons / vient / / sentent / sens / sentons / sent / / dorment / dors / dormons / dort / / servent / sers / servons / sert   B. 1. dors 2. dorment 3. dormez 4. sors 5. sors 6. sortons 7. sentez 8. sent 9. sens 10. pars 11. partez 12. partons 13. sers 14. sert 15. servez 16. sert   C. 1. vient 2. reviennent 3. deviens 4. venez 5. venons   D. 1. Elle vient de prendre un thé. 2. Je viens de danser le twist. 3. Elles viennent d'habiter le Mexique. 4. Il vient de vendre sa société à une multinationale. 5. Nous venons de dormir. 6. Nous venons de nager.   **25. The** *passé composé* **with** *avoir:* **Talking about the Past**   A. j'ai travaillé / j'ai réussi / j'ai vendu / / on a travaillé / on a réussi / on a vendu / / les copains ont travaillé / les copains ont réussi / les copains ont vendu / / vous avez travaillé / vous avez réussi / vous avez vendu / / nous avons travaillé / nous avons réussi / nous avons vendu / / tu as travaillé / tu as réussi / tu as vendu   B. 1. agi 2. appris 3. perdu 4. voulu 5. descendu 6. reçu 7. eu 8. dû 9. obtenu 10. bu 11. plu 12. pu   C. 1. Sophie a choisi un nouveau maillot de bain pour les vacances. 2. Nous avons attendu nos valises. 3. Vous avez fait du vélo à la campagne. 4. Ils ont appris à faire de la planche à voile. 5. Je n'ai pas travaillé pendant les vacances. 6. Tu as eu du beau temps pendant tes vacances en France. 7. Il n'a pas plu. 8. Elle a obtenu son visa pour le Pérou. 9. Nous avons skié dans les Alpes. 10. Thomas a fait du surf à Biarritz. 11. Il a écrit des cartes postales à ses amis. 12. Ses amis ont été contents de recevoir de ses nouvelles.   D. 1. Il a dormi tard le seize juillet. 2. Gilles et des amis ont dîné au restaurant le soir du dix-huit juillet. 3. Le dix-neuf juillet Gilles a acheté des souvenirs pour ses amis à Paris. 4. Le vingt juillet il a nagé avec son amie. 5. Il a visité une galerie d'art le vingt et un juillet. 6. Le vingt-deux juillet Gilles a quitté La Baule pour Paris avec ses nouveaux amis.   E. 1. Vous n'avez pas dormi dix heures hier soir. 2. Nous n'avons pas bu de champagne. 3. Je n'ai pas pris d'aspirine. 4. Caroline n'a pas eu peur. 5. José n'a pas porté de maillot de bain! 6. Tu n'as pas reçu de lettre. 7. Les étudiants n'ont pas regardé la télévision. 8. Nous n'avons pas accepté d'invitation.   F. Hier, j'ai travaillé toute la journée. Après le travail, j'ai fait une promenade avec mon chien. Puis, j'ai eu faim, alors j'ai préparé une omelette. J'ai mis des œufs, du jambon et des tomates. Ensuite, mon ami Joseph a regardé la télévision avec moi. Nous avons choisi un film comique. Nous avons bu du café. Plus tard, je n'ai pas pu dormir! J'ai écrit un peu dans mon journal.   **26. The** *passé composé* **with** *être:* **Talking about the Past**   A. tes grands-parents et toi êtes arrivés / êtes partis / êtes rentrés / / Jacques et moi sommes arrivés / sommes partis / sommes rentrés / / Angèle et Sophie sont arrivées / sont parties / sont rentrées / / toi, Marie-Anne, tu es arrivée / es partie / es rentrée   B. 1. allé 2. descendu 3. parti 4. né 5. mort 6. venu 7. sorti 8. tombé   C. 1. Le professeur est arrivé dans la salle de classe. 2. Les étudiants sont entrés avant le professeur. 3. Sylvie est passée dire bonjour à ses amies. 4. Elle est restée une heure, puis elle est repartie. 5. Marie et Jacques sont allés au cinéma samedi soir. 6. Jacques est tombé dans la rue à cause de la neige! 7. Catherine est venue me chercher au travail. Puis nous sommes rentrés à la maison. 8. Ma fille est née en avril et mon fils est né en octobre. 9. Mes grands-parents sont morts. **D.** 1. sommes sortis 2. avons choisi 3. n'avons pas compris 4. avons décidé 5. avons mangé 6. avons eu 7. sommes allés 8. sommes rentrés 9. avons pris 10. avons dormi 11. sont venus 12. j'ai dû **27. Uses of** *depuis, pendant,* **and** *il y a***: Telling How Long or How Long Ago** *****A.** 1. deux ans 2. Je joue de la flûte depuis sept ans. 3. Des Moines / dix-neuf ans 4. la connaissance de Mary Ann 5. un an 6. la Caroline du Sud 7. des provisions **B.** 1. Depuis 2. depuis 3. pendant 4. depuis 5. il y a 6. Depuis 7. depuis 8. pendant 9. il y a / / *On peut visiter les curiosités, faire de l'alpinisme et goûter aux plats savoyards. **C.** 1. Je vais à l'université depuis cinq mois. 2. J'ai commencé à étudier le français en septembre. 3. Je pratique mon français pendant une heure chaque jour. 4. J'habite dans cette ville depuis 1998. 5. J'ai quitté la maison de mes parents il y a un an.

Mise au point C. 1. avons quitté 2. sommes allés 3. avons trouvé 4. sommes partis 5. est parti 6. a passé 7. ai fait 8. ont bronzé 9. a vu 10. a tant aimé 11. ai décidé 12. sont restés 13. sommes rentrés 14. sommes descendus

Situations 1. F (Caroline propose un voyage en province.) 2. V 3. V 4. V 5. F (Biarritz est à côté de la côté basque.)

Le monde francophone A. 1. d 2. a 3. c 4. e 5. b 6. f **B.** 1. Montréal 2. la Suisse 3. le Sénégal 4. le Maroc, la Tunisie, la Côte-d'Ivoire 5. la Guyane française 5. Madagascar

Contrôle A. 1. Mes parents et moi venons de passer des vacances à la plage. 2. J'ai fait de la planche à voile et mon frère a fait du surf. 3. Mes parents ont fait du ski nautique tous les jours. 4. Ma sœur est partie à la montagne avec des amis. 5. Elle n'a pas voulu venir avec nous à la plage. 6. Elle préfère le ski et l'alpinisme. 7. J'aime mieux nager et bronzer. 8. Pendant les vacances, mon père a beaucoup dormi. **B.** 1. depuis 2. pendant 3. il y a 4. Depuis

Chapitre huit

Étude de vocabulaire A. 1. le vol 2. la gare 3. la passagère 4. le bateau 5. le pilote 6. Allemagne 7. Asie 8. le guichet *****B.** 1. Thierry et Serge sont à la gare devant le guichet. Ils portent des skis. Ils vont probablement faire du ski. 2. Le train arrive dans la gare. Thierry et Serge sont sur le quai. Il est huit heures quarante-huit. 3. Maintenant Thierry et Serge sont dans un compartiment d'un wagon non-fumeur. Quelle surprise! Devant les jeunes gens il y a une famille sympathique qui parle français. **C.** 1. Le Mexique est au sud des États-Unis. 2. La Colombie est à l'ouest du Brésil. 3. Le Portugal est à l'ouest de l'Espagne. 4. L'Allemagne est à l'est de la Belgique. 5. L'Italie est à l'ouest de la Grèce. 6. L'Algérie est à l'est du Maroc. *****D.** 1. aime les grosses voitures américaines. Elle conduit une Chevrolet. 2. aime les voitures italiennes. Il conduit une Mazerati. 3. aiment les voitures anglaises. Ils conduisent une Rolls Royce. 4. aime les voitures françaises. Il conduit une Peugeot. 5. aiment les voitures américaines. Ils conduisent une Buick. 6. je conduis une Dodge. **E.** 1. à l'aéroport 2. l'hôtesse de l'air ou le steward 3. dans la zone non-fumeur 4. les passagers 5. un wagon 6. On fait le plein.

Étude de grammaire 28. Introduction to the Present Conditional: Making Polite Requests A. 1. Voudriez 2. Pourriez 3. Auriez 4. voudrais **B.** auriez / pourriez / aimeriez / voudrais **29. Prepositions with Geographical Names: Expressing Location A.** 1. en 2. en 3. en 4. en 5. l' 6. la 7. en 8. au 9. en 10. au 11. l' 12. au 13. aux 14. à 15. au 16. du 17. la 18. le 19. à 20. au 21. à 22. à 23. le 24. en **B.** 1. Des voyages. 2. Au Maroc. 3. 2765$ 4. La Chine, le Tibet, le Népal et Hong Kong. 5. Porticcio 6. En Angleterre. *****C.** 1. Mardi le douze il est à Marseille. 2. Mercredi le treize il visite l'Italie. 3. Jeudi le quatorze il part en Allemagne. 4. Mercredi le vingt il arrive au Japon. Mardi le vingt-six il rentre. 5. Vendredi le vingt-neuf il va en Angleterre. **30. Affirmative and Negative Adverbs: Expressing Negation A.** 1. Mais non, il n'est jamais à l'heure. 2. Mais non, il n'est pas encore allé en Italie. 3. Mais non, il ne part jamais en vacances. 4. Mais si, elle part toujours avec lui. 5. Mais non, il ne travaille plus chez Renault. 6. Mais non, elle n'est pas encore mariée. 7. Mais si, il est encore à l'université. 8. Moi, je n'aime pas du tout Henri et sa femme. 9. Mais si, je suis toujours content. 10. Mais si, elle m'a déjà abandonné. ***B.** Moi, je n'ai que deux semaines de vacances. Il n'y a qu'un endroit que je vais visiter. Je ne peux choisir qu'entre deux petits hôtels dans un village américain. Je ne vais partir que pour deux jours de temps couvert. **31. Affirmative and Negative Pronouns: Expressing Negation** **A.** 1. ...mais Sophie ne mange rien. 2. ...mais Sophie ne parle à personne. 3. ...mais Marie sort avec quelqu'un. 4. ...mais Sophie n'aime personne. 5. ...mais Sophie ne va rendre visite à personne. 6. ...mais Sophie n'aime rien regarder à la télé. 7. ...mais tout le monde parle à Marie. 8. ...mais rien n'est possible pour Sophie. **B.** 1. Non, je n'ai rien à faire. 2. Non, je n'ai personne à voir. 3. Non, il n'y a rien de bon. 4. Non, personne ne comprend mes problèmes. 5. Non, je n'ai pas encore consulté de psychologue. 6. Non, je ne suis plus satisfait.

Mise au point **A.** 1. l'aéroport, la carte d'embarquement, la classe d'affaires, la classe économique, l'hôtesse de l'air, le vol, la zone fumeur (non-fumeur), le pilote 2. l'autoroute, le conducteur, la voiture 3. le compartiment, la couchette, la gare, le steward, le train 4. le guichet, le quai, la valise **B.** 1. Est-ce que vous pourriez me dire où est la gare? 2. Jean, est-ce que tu aurais le temps d'aller faire les courses? 3. André, est-ce que je pourrais te demander un service? 4. Céline, est-ce que tu voudrais aller au cinéma? 5. Monsieur, excusez-moi, est-ce que vous auriez l'heure? 6. Madame, est-ce que vous voudriez danser avec moi? 7. Est-ce que tu aurais le courage de me conduire à l'aéroport? ***C.** Possible answers: 1. quelqu'un de passionnant. 2. quelque chose de nouveau. 3. quelque chose d'amusant. 4. quelqu'un d'intellectuel. 5. quelqu'un de charmant. 6. quelque chose de suprenant. **D.** 1. IT 5615 2. Orly Ouest 3. deux heures dix de l'après-midi 4. une heure dix minutes **F.** 1. Non, Jacques n'étudie plus. 2. Non, l'avion n'est jamais à l'heure. 3. Non, Nicolas ne prend jamais le train. 4. Non, les valises ne sont pas encore arrivées. 5. Non, je ne fume (nous ne fumons) plus. 6. Non, il n'y a plus de billets pour le match de basket. 7. Non, je ne suis (nous ne sommes) pas encore en vacances. 8. Non, je ne veux (nous ne voulons) plus répondre à des questions.

Situations 1. V 2. F (Paul a eu des problèmes durant ses vacances en Italie.) 3. V 4. F (Il a besoin seulement d'un passeport.)

Le monde francophone **A.** 1. a 2. b 3. c 4. b **B.** 1. de l'Andorre 2. découvrir le petit pays des Pyrénées où tout est plus grand 3. Terre des Princes 4. dans les Pyrénées (entre la France et l'Espagne) 5. On peut faire du ski, faire des randonnées, jouer dans la neige 6. le patrimoine, l'émotion, les contrastes, le rythme, l'histoire, un accueil et un séjour inoubliables

Contrôle 1. Les Couturier sont partis en vacances en Égypte. 2. Ils ont pris l'avion et le train. 3. Moi, j'ai visité les États-Unis avec mes parents. 4. Nous sommes allés à Los Angeles et à New York. 5. Mon père ne parle pas anglais et il n'a pu parler à personne. 6. Et vous? Est-ce que vous voudriez aller en Égypte ou aux États-Unis?

Vue d'ensemble: Chapitres 5 à 8 **A.** 1. la 2. la 3. des 4. une 5. du 6. de 7. de 8. de 9. du 10. du 11. Le 12. le **B.** 1. du bruit 2. de la vaisselle 3. des légumes et des fruits 4. un gâteau 5. du jambon 6. du chocolat 7. du beurre 8. des boissons 9. du poulet 10. de la musique **C.** 1. Allez chez le boucher! 2. Est-ce que vous pourriez aller chez le boucher? 3. Fais la vaisselle! 4. Est-ce que tu aurais la gentillesse de faire la vaisselle? 5. Rendons visite à Grand-mère! 6. Je voudrais rendre visite à Grand-mère. **D.** 1. Cette 2. ces 3. cette 4. ces 5. ce 6. cette 7. ces 8. ce / Arnauld **E.** 1. Elles doivent faire la vaisselle. 2. Je peux faire une promenade. 3. Ils veulent faire sa connaissance. 4. Je dois faire mes devoirs, mais je veux dormir. 5. Je peux aller à la police. Je vais attendre. **F.** 1. Brian: Quel jeune homme sympathique! Liz: Quelle petite femme enthousiaste! 3. Daniel: Quel nouvel étudiant intéressant! 4. Scott: Quel jeune homme sociable! 5. Wendy: Quelle étudiante gentille et intelligente! **G.** 1. Albert prend des photos. 2. Nous buvons un coca avec des amis. 3. Tu dors l'après-midi. 4. Les amis sortent ensemble samedi soir. 5. Je sens les fleurs au jardin. 6. Les Bizet viennent dîner chez moi. 7. Vous conduisez votre Porsche. **H.** 1. Depuis 2. il y a 3. depuis 4. depuis 5. depuis 6. pendant / Depuis trois ans. **I.** 1. à / matin 2. À / neige 3. À / en / chaud 4. trois 5. À / bien 6. En / mauvais / à 7. En / nuageux 8. En / ne peut pas 9. Au / frais 10. En / pleuvoir **J.** 1. Seth ne parle jamais en cours de français. 2. Paul ne pose plus de questions. 3. Sylvie n'a pas encore fait les devoirs. 4. Aimée ne répond jamais en anglais. 5. Nous n'allons jamais dans des restaurants français. 6. Je ne comprends

pas du tout. 7. Le professeur n'a rien d'intéressant à dire. 8. Personne n'aime le professeur.
K. 1. sont tombés / ont grandi 2. sont sortis / ont vu 3. a loué / sont entrés 4. ont fait / sont partis
5. sont restés / sont descendus 6. sont passés / ont nagé **L.** 1. Vous n'êtes pas sorti au restaurant.
Vous avez essayé de manger beaucoup de légumes. Vous avez bu de l'eau. Vous avez pris de
l'exercice. 2. Elle n'a pas dormi. Elle a pris de l'aspirine. Elle a perdu patience. Elle n'est pas allée au
cinéma. 3. Elles sont arrivées à l'heure. Elles n'ont pas pris de whisky. Elles n'ont pas essayé les
escargots. Elles ne sont pas restées après minuit.

Chapitre neuf

Étude de vocabulaire **A.** 1. g 2. e 3. b 4. h 5. c 6. f 7. d 8. a **B.** nous disons, lisons, écrivons,
mettons, décrivons / tu dis, lis, écris, mets, décris / on dit, lit, écrit, met, décrit / vous dites, lisez,
écrivez, mettez, décrivez / les petits disent, lisent, écrivent, mettent, décrivent / je dis, lis, écris, mets,
décris / dit, lu, écrit, mis, décrit **C.** 1. lisons 2. lis 3. lisent 4. a lu 5. écris 6. écrivez 7. écrivent
8. écrit 9. dites 10. dis 11. disons 12. ai dit 13. met 14. mettez **D.** 1. 31 3. 42–43 3. 35 4. 8 5. 14–17
6. 30 / les bandes dessinées, les sports **E.** 1. un magnétoscope 2. l'annuaire 3. un ordinateur 4. un
répondeur téléphonique 5. un timbre 6. une cabine téléphonique 7. un photocopieur 8. un caméscope

Étude de grammaire **32. The *imparfait*: Describing the Past** **A.** 1. finissait ses devoirs. 2. dormait.
3. mettait ses affaires sous sa chaise. 4. lisaient le journal. 5. sortait. 6. pensions partir. 7. prenait sa
place. 8. écrivaient au tableau. 9. étais à côté de la porte. **B.** 1. Mon père travaillait douze heures par
jour. 2. Ma mère commençait à faire le ménage à sept heures du matin. 3. Nous n'avions pas beaucoup
d'argent. 4. ...mais nous étions heureux. 5. On allait à pied à l'école. **C.** ...huit heures du matin. De
ma fenêtre, je voyais le kiosque de la rue de la République. Les rues étaient pleines de gens qui allaient
au travail. Un groupe d'hommes attendait l'autobus. Un autre groupe descendait dans la station de
métro. Près d'une cabine téléphonique un homme lisait le journal et une jeune femme mettait des
enveloppes dans une boîte aux lettres. À la terrasse du café, les garçons servaient du café et des
croissants. Il faisait chaud. J'étais content(e). **D.** Il faisait noir et j'étais fatigué. Mon chat avait l'air
fatigué aussi! Quelle heure était-il? Minuit! Je devais aller dormir mais je voulais continuer à lire mon
roman. Encore quelques minutes... Bon, j'avais faim! Le frigo était vide... Qu'est-ce que j'allais faire?
Attendre le lendemain et dormir! / En 1938, j'étais étudiante à l'université. Il n'y avait pas beaucoup
de femmes à l'université à cette époque. J'étudiais le droit et je voulais être avocate. J'avais des amis
américains qui aimaient manger au restaurant le soir. Nous n'avions pas beaucoup d'argent, mais nous
allions au cinéma et nous dansions le samedi soir de temps en temps. C'était la belle vie! **33. Direct
Object Pronouns: Speaking Succinctly** **A.** 1. Il la regardait tous les jours. 2. Je ne le lis pas le
dimanche matin. 3. Nous l'invitons à dîner. 4. Vous les achetez au kiosque? 5. Elle le regarde tous
les soirs. 6. Je ne vais pas l'acheter. 7. Toi, aussi, tu les adores, n'est-ce pas? **B.** 1. Oui, je le lis. (Non,
je ne le lis pas.) 2. Oui, ils la regardent souvent. (Non, ils ne la regardent pas souvent.) 3. Oui, j'aime
les faire. (Non, je n'aime pas les faire.) 4. Oui, je vais le finir. (Non, je ne vais pas le finir.) 5. Oui, ils
l'aiment. (Non, ils ne l'aiment pas.) 6. Oui, je la fais souvent. (Non, je ne la fais pas souvent.) 7. Oui, je
le comprends toujours. (Non, je ne le comprends pas toujours.) 8. Oui, je vais le porter. (Non, je ne vais
pas le porter.) **C.** 1. le 2. m' 3. me 4. le 5. le 6. me 7. le 8. nous 9. vous 10. l' 11. la **D.** 1. Ils les a
bus. 2. Il les a lues. 3. Il l'a louée. 4. Il les a mises. 5. Il les a écoutés. 6. Il les a regardées. **E.** 1. Non,
nous ne l'avons pas écoutée hier soir. 2. Non, il ne les a pas lus. 3. Oui, ils les ont faits. 4. Non, je ne
l'ai pas mangé. 5. Non, il ne les a pas mises. 6. Oui, il les a postées. **34. Indirect Object Pronouns:
Speaking Succinctly** **A.** 1. a 2. j 3. e 4. h 5. b 6. i 7. c 8. d 9. g 10. f **B.** 1. Je lui parle. 2. Tu leur
rends visite. 3. Nous lui avons écrit. 4. Ils ne vont pas leur parler. 5. Marie lui a demandé de la
conduire au cinéma. 6. Vous aimez leur téléphoner. **C.** 1. Je leur donne un gros poste de télé. 2. Je lui
donne un roman d'aventures. 3. Je lui donne une semaine de vacances. 4. Je lui donne 50 millions de
dollars. 5. Je lui donne la clé de ma voiture. 6. Je leur donne un voyage en France. 7. Je lui donne des
skis. 8. Je leur donne un livre de cuisine. **D.** 1. Je vais leur demander (si elles vont continuer à jouer
des rôles intéressants.) 2. Je vais lui demander (pourquoi il voulait être président.) 3. Je vais lui
demander (quand est l'examen.) 4. Je vais leur demander (de gagner un match.) 5. Je vais lui

demander (d'expliquer ses recherches.)   **35.** *Voir* and *croire*: **Expressing Observations and Beliefs**
A. tu vois, crois, as vu, as cru / mes amis voient, croient, ont vu, ont cru / tout le monde voit, croit, a vu, a cru / Paul et moi voyons, croyons, avons vu, avons cru / ton frère et toi voyez, croyez, avez vu, avez cru / je vois, crois, ai vu, ai cru   **B.** 1. vois 2. vois 3. croyons 4. croit 5. croit 6. as vu 7. ai vu 8. crois 9. croyez

Mise au point   A. 1. étais 2. avais 3. habitait 4. était 5. écrivait 6. attendais 7. allait 8. était 9. avait 10. achetions 11. commençaient 12. avions 13. travaillaient 14. fabriquaient 15. avaient 16. gagnaient 17. pouvions 18. faisions 19. jouions   **B.** 1. m' / nous / nous / te / t' / me / y / m' / nous / te / t' / / 12 2. Elle fait du sport. Elle va en France cet été.   **C.** 1. Oui, je leur ai téléphoné. 2. Non, je ne vais pas les faire. 3. Non, nous n'allons pas le visiter. 4. Oui, je l'ai achetée à Paris. 5. Non, je ne les aime pas. 6. Oui, je l'ai fini.   **D.** 1. crois 2. vois 3. crois 4. vois 5. crois 6. voit 7. voir   **E.** 1. quatorze francs trente 2. le cinq novembre dix-neuf cent quatre-vingt-treize 3. 60¢ 4. le Général Pershing 5. Les forces américaines sont entrées en guerre.

Situations   1. P 2. B 3. M 4. P 5. B

Le monde francophone   A. 1. F (Les Français aiment beaucoup la technologie.) 2. F (96% des logements français sont équipés d'au moins un téléphone.) 3. V 4. F (France Télécom est la compagnie téléphonique nationale.) 5. V 6. V 7. F (Le Tatoo est offert par France Télécom, mais le Tam-Tam et le Kobby sont de Bouygues.)   **B.** 1. France 3 2. M6 3. Canal +   **C.** 1. le GH 388 2. un des plus légers 3. 4 heures et demie 4. ses nouvelles fonctions 5. composer le 3615 ERICSSON sur le Minitel

Contrôle   1. Hier, nous avons lu le journal et nous avons regardé la télévision 2. Quand Patrick était petit, son grand-père aimait lui donner des cadeaux. 3. Quand nous étions à Paris, nous mangions souvent au restaurant. 4. Mes parents sont partis en vacances et ils ont écrit des cartes postales à leurs amis. 5. Qu'est-ce que tu mets pour faire du ski? 6. Dites bonjour à Simon quand vous le voyez.

Chapitre dix

Étude de vocabulaire   A. 1. coin 2. gauche 3. traverse 4. face 5. droite   **B.** 1. banque 2. piscine 3. mairie 4. pharmacie 5. syndicat d'initiative 6. commissariat   **C.** 1. habitent au troisième étage. 2. habite au premier étage. 3. habite au quatrième étage. 4. habitent au huitième étage. 5. habite au septième étage. 6. habitent au deuxième étage. 7. habite au rez-de-chaussée. 8. habitent au cinquième étage. 9. habite au neuvième étage. 10. habite au dixième étage.

Étude de grammaire   36. The *passé composé* **Versus the** *imparfait*: **Describing Past Events**
A. 1. parlait 2. est entré 3. a posé 4. pensais 5. parlais 6. ai perdu 7. conduisais 8. a arrêté(e) 9. sommes arrivés 10. sortaient 11. servait 12. suis tombé(e)   **B.** 1. étais 2. avais 3. aimais 4. a quitté 5. suis revenu(e) 6. n'était pas 7. ai appelé 8. suis allé(e) 9. a téléphoné 10. n'avons pas réussi 11. étais 12. ai refusé 13. a entendu 14. sommes allés 15. avons vu 16. attendait 17. avons été *ou* étions / Il n'avait pas son chien.   **C.** 1. habitaient 2. a préparé 3. était 4. ont décidé 5. appelait 6. faisait 7. a vu 8. est entrée 9. était 10. a essayé 11. avait 12. a goûté 13. était 14. a dévoré 15. avait 16. est montée 17. a essayé 18. était 19. a fermé 20. dormait 21. sont rentrés 22. a vu 23. a dit 24. sont montés 25. dormait / *Quand Boucles d'or a vu les trois ours, elle a quitté la maison à toute vitesse et elle n'est jamais retournée dans la forêt.   *D.** Il était tard et il pleuvait. Il n'y avait personne dans les rues. Jacques et moi rentrions le long du boulevard Saint-Michel. Soudain nous avons entendu un bruit à notre droite. Quelqu'un arrivait. Nous ne pouvions rien voir. J'ai eu peur. Puis j'ai vu Christophe, un ami du bureau. Il m'apportait mes clés. Nous étions tellement heureux que nous l'avons invité à dîner avec nous.   **E.** 1. D'abord nous avons choisi la pâtisserie la plus appétissante. Puis/Ensuite nous avons payé la boulangère. Ensuite/Puis elle nous a donné notre paquet. Enfin nous sommes rentrés chez nous aussi vite que possible. 2. D'abord Gilles a lu la question sans la comprendre. Puis/Ensuite il l'a relue trois ou quatre fois. Puis/Ensuite il a compris le sens. Enfin il a écrit sa réponse.   **37. The Pronouns** *y* **and** *en*: **Speaking Succinctly   A.** You should have underlined **en** five times, but not the **En** in **En partant,** since that is not a pronoun.   **B.** 1. Oui, j'y ai dîné. 2. Non,

je n'y suis pas encore allé(e). 3. J'y fais mes devoirs. 4. Non, je n'y réponds pas immédiatement. 5. Oui, j'y pense toujours. 6. J'y mets du papier, des livres et des crayons. 7. J'y passe tout le samedi. **C.** 1. Oui, ils en ont envie. 2. Oui, j'en ai besoin. 3. Non, je n'en prends jamais. 4. Non, je n'en écris pas. 5. Bien sûr, on va encore en passer. **D.** 1. y 2. en 3. en 4. y 5. en 6. y 7. en 8. en 9. en 10. y **38.** *Savoir* and *connaître*: **Saying What and Whom You Know A.** 1. sait 2. connaissons 3. connaît 4. Savez 5. connaît 6. connaît 7. sait 8. connaissons ***B.** 1. Je le sais. 2. Je le sais. 3. Je ne la connais pas. 4. Je les connais. 5. Je la sais. 6. Je ne sais pas. 7. Je ne la connais pas bien. 8. Je le sais. 9. Je le sais. 10. Je ne les connais pas.

Mise au point A. 1. j'ai visité 2. j'avais 3. j'étais 4. je voulais 5. J'ai fait 6. Il m'a invitée 7. nous sommes allées 8. il a suggéré 9. il a dit 10. nous devions 11. J'ai hésité 12. je ne le connaissais pas 13. j'ai accepté 14. Nous avons fait 15. parlait 16. chantait 17. C'était 18. Il m'a conduite 19. a dit 20. il es parti 21. Je ne l'ai jamais revu ***B.** 1. sont sortis à huit heures. 2. il pleuvait. Ils ont fait une promenade sous la pluie. 3. ont décidé de prendre quelque chose dans un café. Ils sont entrés Chez Louise. 4. Ils ont choisi une place devant la fenêtre. Quand le serveur est arrivé, ils ont commandé deux cafés. 5. Jacques et Maryvonne ont regardé des gens dans la rue. 6. Dans le café, des gens parlaient ou regardaient la télévision. Ils jouaient aux cartes.

Situations 1. a 2. b 3. c 4. d 6. e 5. f

Le monde francophone A. 1. a. Hôtel Vogue b. Le Château Frontenac c. Hôtel Vogue 2. huit heures 3. un passeport 4. Non, elle est fermée jusqu'à deux heures de l'après-midi. **B.** 1. 1642 2. cosmopolite, bilingue, vieille, animée 3. son architecture, ses maisons de mode, ses magasins souterrains / *J'aimerais visiter Montréal pour ses bons restaurants français. J'adore manger. **C.** 1. soixante-quinze 2. Lille, Strasbourg et Paris se trouvent dans le nord. 3. du Moyen Âge 4. Beaucoup de gens habitent au centre.* Elles sont moins anciennes. Les transports en commun n'existent presque pas.

Contrôle A. 1. L'année dernière, Marie est allée à Paris. 2. Elle a visité des musées fantastiques. 3. Il faisait beau quand elle est arrivée à l'aéroport. 4. Malheureusement, il a plu les autres jours. 5. Marie a des amis en France et elle a pu leur rendre visite. **B.** 1. étais 2. ai décidé 3. n'ai pas pu 4. avais 5. suis allé(e) 6. était 7. ai demandé 8. m'a répondu 9. avons préparé 10. avons mangé

Chapitre onze

Étude de vocabulaire A. 1. La Madeleine / Premier Empire / dix-neuvième 2. Vaux-le-Vicomte / classique / dix-septième 3. Chambord / Renaissance / seizième 4. L'église de Beauvais / médiévale / treizième **B.** Artistes: actrice, écrivain, sculpteur, peintre, compositeur, cinéaste / Œuvres: roman, tableau, poème, sculpture, pièce de théâtre **C.** 1. vivez 2. vivons 3. vis 4. vit 5. poursuis 6. poursuis 7. suivez 8. suivons 9. suit 10. suivent 11. ont vécu 12. vivent 13. a suivi **D.** 1. as vécu 2. poursuivre 3. vivre 4. poursuivre 5. suis / / 2000 / le génie civil ***E.** (modèle) **Le cinéma** GENRES: d'aventures, comique, d'amour, d'épouvante, dessin animé; CRÉATEUR: cinéaste, acteur, actrice; PRODUITS: film; ACTIONS: tourner un film, jouer un rôle, aller au cinéma, regarder un film

Étude de grammaire 39. Stressed Pronouns: Emphasizing and Clarifying A. 1. lui 2. elle 3. eux 4. eux 5. moi 6. vous 7. toi (vous) 8. nous ***B.** 1. Moi non plus. / Moi si. 2. Lui (Elle) non plus. / Lui (Elle) si. 3. Elles (Eux) si. 4. Lui non plus. 5. Eux non plus. 6. Elles si. 7. Lui (Elle) non plus. 8. Moi si. **40. Using Double Object Pronouns: Speaking Succinctly A.** 1. Oui, je les y ai mis. 2. Oui, je la lui raconte souvent. 3. Non, je ne vais pas lui en acheter. 4. Oui, je l'y ai rencontré. 5. Non, elle ne le leur a pas donné. 6. Oui, il y en a. 7. Non, je ne leur en parle jamais. **B.** 1. Oui, je les aime. 2. Oui, je lui parle souvent. 3. Non, je n'y en mets pas. 4. Oui, je les y vois. 5. Non, je n'ai jamais dîné avec lui. 6. Non, je ne vais pas en boire. 7. Oui, je voudrais y aller. 8. Non, je ne leur en ai pas donné. **C.** 1. Ne la lui empruntez pas. / Empruntez-la-lui. 2. Ne la leur montre pas. / Montre-la-leur. 3. Ne le lui enseigne pas. / Enseigne-le-lui. 4. Ne lui écrivez pas. / Écrivez-lui. **D.** 1. Ne la lui prête pas. / Prête-la-lui. 2. Envoie-le-lui. / Ne le lui envoie pas. 3. Ne nous les montre pas. / Montre-les-nous.

5. N'en fume pas. 6. Ne m'en donnez pas. / Donnez-m'en un. **41. Prepositions after Verbs: Expressing Actions A.** 1. aller – 2. refuser de 3. devoir – 4. aider à 5. demander de 6. désirer – 7. choisir de 8. oublier de 9. rêver de 10. vouloir – 11. enseigner à 12. chercher à 13. permettre de 14. savoir – 15. aimer – 16. empêcher de 17. espérer – 18. commencer à 19. apprendre à 20. continuer à **B.** 1. de / de 2. – 3. à 4. de / – 5. d' / – 6. d' 7. – 8. de 9. – 10. – 11. de 12. à **C.** 1. Nous rêvons de parler français parfaitement. 2. Nous essayons de faire nos devoirs tous les jours. 3. Nous avons décidé aussi de participer pendant le cours de français. 4. Est-ce que vous voulez manger? 5. Oui, je commence à avoir très faim. 6. Est-ce que tu peux aider Christelle à faire la vaisselle? 7. Non, je dois partir travailler. Demande à Daniel! 8. Est-ce que tu as choisi de rester ou de partir? **42. Adverbs: Describing Actions *A.** 1. Moi, j'ai peu dormi hier soir. 2. Moi aussi, j'ai peu étudié à l'école secondaire. 3. Moi, j'ai trop travaillé l'été passé. 4. Moi, j'ai peu mangé ce matin. 5. Moi non, je n'ai pas du tout pensé aux cours que je vais suivre. 6. Moi non, je n'ai pas du tout compris ce chapitre. **B.** 1. violemment 2. vainement 3. finalement 4. rapidement 5. immédiatement 6. lentement 7. poliment 8. brièvement 9. gentiment **C.** 1. rapidement 2. patiemment 3. sérieusement 4. lentement 5. poliment 6. activement 7. gentiment 8. franchement

Mise au point A. —Qu'est-ce que tu as fait de mon livre de chimie? —Moi? Je l'ai prêté à Robert. —Mais pourquoi? —Il en avait besoin pour un examen. Il va me le rendre cet après-midi. —Malheureusement, moi, j'en ai besoin aussi. Je dois étudier pour le même examen. S'il ne le rend pas avant trois heures, je vais y échouer (*ou* le rater). — Tu ne vas pas y échouer (*ou* le rater). La chimie est facile pour toi!

Situations 1. V 2. V 3. F (La nourriture a toujours eu un aspect sacré en Afrique.) 4. V 5. V

Le monde francophone A. 1. V 2. F (La Fête de la musique a lieu le premier jour de l'été.) 3. F (Une loi assure qu'un minimum de 40% des chansons qui passent à la radio sont francophones.) 4. F (Parmi les musiciens canadiens connus en Europe, on compte Roch Voisine, Jean Leloup et Céline Dion.) 5. F (Le raï est d'origine algérienne et le zouk est d'origine antillaise.) 6. V **B.** 1. V 2. F 3. V 4. V 5. F

Contrôle A. 1. Oui, je leur téléphone souvent. 2. Non, je ne les ai pas achetés hier. 3. Non, je ne les leur donne pas. 4. Non, je ne pense pas y voyager. 5. Non, je n'ai pas encore essayé de lui en bâtir une. ***B.** 1. Je conduis rapidement / lentement. 2. Je parle français couramment / bien / mal. 3. Je leur parle franchement / sérieusement. 4. Je refuse une invitation poliment.

Chapitre douze

Étude de vocabulaire A. 1. précède 2. à l'église 3. ne se marient pas 4. se disputent 5. les fiançailles 6. de meubles **B.** 1. Ils ont mal aux oreilles. 2. J'ai mal aux dents. 3. Nous avons mal au dos. 4. Il a mal aux pieds. 5. Vous avez mal aux doigts. 6. Elle a mal aux yeux. 7. Il a mal aux oreilles. 8. Elle a mal aux pieds, aux jambes, au dos, partout! ***C.** 1, 5, 3, 7, 6, 4, 2

Étude de grammaire 43. Pronominal Verbs: Expressing Actions A. 1. s'installent 2. me demande 3. nous dépêcher 4. nous nous arrêtons 5. nous reposer 6. me demande 7. m'entends 8. me souviens 9. me rappelle 10. nous entendre **B.** 1. se trompe 2. s'excuse 3. s'entend 4. nous trompons 5. s'amuser 6. se rappelle (se souvient de) 7. nous détendre 8. nous dépêchons 9. nous amusons ***C.** 1. Cette vieille dame se souvient de son mari. 2. Des chiens s'amusent à jouer à la balle. 3. Deux femmes se reposent un moment pendant leur travail. 4. Ce jeune homme se demande où est le musée. 5. Ce jeune homme s'excuse mais il ne s'arrête pas. 6. Cette voiture s'arrête. **44. Pronominal Verbs: Reporting Everyday Events A.** 1. c 2. g 3. i 4. h 5. b 6. e 7. d 8. f 9. a **B.** 1. vous appelez? 2. nous détendons 3. s'excusent 4. me trompe 5. te souviens 6. ne s'endort pas 7. m'en aller 8. vous dépêchez 9. se perd 10. se maquillent / se rasent 11. nous réveiller 12. vous levez 13. nous entendons 14. ne t'arrêtes pas 15. se fâche **C.** 1. Marcel se réveille tôt le lundi matin parce qu'(il va en cours.) 2. Tu te lèves à midi le jeudi parce que (c'est un jour où tu ne travailles pas.) 3. M. Dupont se couche à cinq heures parce qu'(il se lève à une heure.) 4. Je m'habille bien cet après-midi parce que (j'ai rendez-vous avec mon psychologue.) 5. Les enfants s'ennuient le week-end parce qu'(ils ne trouvent

rien à faire.) 6. Laure se regarde dans le miroir à minuit parce qu'(elle espère rêver de Laurent.)
D. 1. amuse 2. s'amusent 3. nous promenons 4. promène 5. laver 6. te laver 7. réveilles 8. te réveilles 9. me demande 10. demande 11. s'entend 12. entend 13. se fâchent 14. fâchent 15. vas 16. m'en vais 17. couche 18. se couche **E.** 1. se réveille 2. se lève 3. se lave 4. s'habille 5. s'en va 6. se met à 7. s'arrête 8. se promène 9. se baigner 10. se couche et s'endort **45. Pronominal Verbs: Expressing Reciprocal Actions** ***A.** 1. s'adorent 2. Béatrice déteste Yves. / Yves déteste Béatrice. 3. Marie regarde Paul. / Paul regarde Marie. 4. Marcel et Eugénie se parlent. 5. Véronique et Denis se disputent. ***B.** 1. Dans la classe d'histoire Jules et Juliette se regardent souvent quand le professeur ne les regarde pas. 2. Ils se parlent chaque fois qu'ils en ont le temps. 3. Ils se rencontrent d'habitude au café. 4. Ils se téléphonent quand ils ne peuvent pas sortir ensemble. 5. Quand ils s'embrassent, c'est magnifique. 6. Ils s'entendent, ils s'aiment et ils vont se marier. **46. Pronominal Verbs: Talking about the Past and Giving Commands** **A.** 1. Juliette s'est réveillée à sept heures. 2. Elle s'est lavée, elle s'est brossé les dents et elle s'est habillée. 3. Dominique et André se sont levés à neuf heures et ils ont pris un café. 4. Juliette, Dominique et André s'en sont allés à 9h30. 5. Après le travail, Juliette s'est mise à préparer le dîner. 6. Toute la famille a mangé et s'est détendue. 7. Après le dîner, ils se sont promenés au parc et ils se sont parlé. 8. Dominique et André se sont couchés à neuf heures et Juliette s'est couchée à dix heures. ***B.** 1. Yves: Marie-toi. Paul: Ne te marie pas. 2. Yves: Brosse-toi les dents. Paul: Ne te brosse pas les dents. 3. Yves: Amusez-vous bien. Paul: Ne vous amusez pas. 4. Yves: Couche-toi. Paul: Ne te couche pas. 5. Yves: Excusez-vous. Paul: Ne vous excusez pas.

Mise au point **A.** (see art at left) **B.** 1. Mes amis se détendent... 2. Mes amis et moi (nous) nous amusons... 3. Mes parents et moi (nous) nous entendons... 4. Je m'installe devant mes livres... 5. Mon professeur de français s'excuse... 6. On s'arrête de travailler... 7. Nous nous souvenons du vocabulaire... 8. Je me trompe... **C.** 1. t'endors / se couche / me couche 2. vous brossez / me brosser / me brosser 3. vous appelez / vous trompez / m'appelle / Installez-vous **D.** 1. se sont rencontrés 2. se sont téléphoné 3. se sont parlé 4. se sont promenés 5. se sont regardés 6. se sont pris 7. se sont dit 8. se sont embrassés 9. ne se sont plus quittés 10. se sont mariés 11. s'entendent 12. ne se sont jamais disputés

Situations 1. a 2. e 3. c 4. b 5. d

Le monde francophone **A.** 1. médicaments, visites chez le médecin, frais hospitaliers 2. rembourser 3. huit fois par an 4. la Sécurité sociale / C'est la Sécurité sociale qui rembourse la majorité des soins médicaux. L'assurance privée couvre seulement 9.9% des frais de santé. **B.** 1. à Lyon 2. un ordinateur 3. voir en trois dimensions l'anatomie du patient 4. au radar d'un pilote **C.** 1. c 2. b 3. a 4. c

Contrôle **A.** 1. Dimanche, Sophie et Marie se sont levées à 10 heures. 2. Sophie s'est lavé les cheveux et Marie s'est habillée. 3. Elles se sont dépêchées parce qu'elles étaient en retard. 4. Elles ont rendu visite à leurs grands-parents. 5. Leur grand-mère ne pouvait pas faire les courses parce qu'elle avait mal aux jambes. 6. Ils ont décidé d'aller au restaurant. 7. Sophie et Marie sont rentrées tard et elles se sont disputées. 8. Lundi matin, elles ne se sont pas parlées. 9. Lundi soir, elles se sont mises à rire et elles n'étaient plus fâchées. **B.** 1. Couchez-vous! 2. Va t'en! 3. Détendez-vous! 4. Ne te dépêche pas! 5. Ne vous fâchez pas! 6. Amuse-toi! 7. Réveille-toi! 8. Ne te perd pas!

Vue d'ensemble: Chapitres 9 à 12 ***A.** 1. Autrefois nous descendions dans les meilleurs hôtels. 2. Autrefois nous sortions tous les soirs danser et allions au théâtre. 3. Autrefois nous laissions au moins 20% de l'addition. 4. Autrefois nous dînions à la Tour d'Argent et aux autres restaurants de luxe. 5. Autrefois j'achetais de grands cadeaux très chers. 6. Autrefois je dépensais sans réfléchir. **B.** Il faisait mauvais et le ciel était noir. Ma sœur et moi nous nous promenions dans la rue. C'était le 31 octobre mais nous étions trop grands pour demander des bonbons aux voisins. Nous accompagnions notre petit frère Joël. Il était huit heures et nous étions sur le point de rentrer quand Joël est arrivé vers nous, sans sac, le visage couvert de larmes. Il était difficile de comprendre ce qu'il disait parce qu'il parlait entre ses dents. Quand nous avons enfin compris qu'il s'agissait d'un vol,

nous sommes vite rentrés à la maison. Maman a téléphoné à la police, qui a trouvé rapidement les malfaiteurs et a rendu les bonbons à Joël. Joël les a mangés et est tombé malade. Il n'y a pas de justice.
*C. Mireille et Max sont partis en voiture une belle journée de juillet. Ils ont emporté leurs planches à voile et trois valises, donc il n'y avait pas beaucoup de place dans la voiture. Ils ont conduit pendant quatre heures pour arriver à Biarritz, dans le sud-ouest de la France. Ils sont descendus dans un petit hôtel pas trop cher et près des plages. Tous les jours il se sont réveillés tard, ont fait leur toilette et sont partis à la plage. Il faisait un temps magnifique et toute la journée ils ont fait de la planche à voile ou ont dormi au soleil. Le soir ils se sont habillés et sont sortis dans des restaurants intimes où la cuisine était délicieuse. Un soir ils ont fini de dîner seulement à minuit. Ces deux semaines de repos ont été des vacances de rêve. **D.** 1. On lui offre des cadeaux. 2. On lui prête de l'argent. 3. On l'écoute avec patience. 4. On lui téléphone souvent. 5. On lui raconte sa journée. 6. On lui écrit à Noël. 7. On ne lui montre pas son journal intime. 8. On le présente à ses amis. 9. On ne l'oublie pas. **E.** 1. Parle-lui. 2. Assistes-y. 3. Ne le redouble pas. 4. Ne les lui raconte pas. 5. Mange-les. 6. Ne les mange pas.
*F. 1. Un enfant demande à son père: Ne me donne plus de légumes. 2. Deux clients demandent à la vendeuse dans une pâtisserie: Donnez-nous trois ou quatre de ces petits gâteaux. 3. Un étudiant demande à un ami: Explique ce mot (je ne le comprends pas.) 4. Une mère ordonne à son enfant de dix ans: Ne dis pas à ton petit frère que le Père Noël n'existe pas. 5. Une étudiante demande à sa copine: Ne montre pas ces photos à tes parents. 6. Une hôtesse de l'air demande à un passager: Installez-vous à cette place. ***G.** 1. J'y (lis.) 2. J'en écris (rarement à mes sœurs.) 3. J'y vais (dix fois par semaine.) 4. J'en ai (trois.) 5. Je n'y ai pas étudié récemment. / J'y ai étudié (l'histoire.) 6. Je vais y rentrer (dans un mois.) ***H.** 1. ne connaissent pas 2. ne sais pas 3. ne savez pas 4. ne connaissons pas 5. connaissent 6. connais 7. connaissons 8. ne savent pas 9. sais **J.** 1. souvent. 2. Naturellement 3. très bien 4. beaucoup / aussi 5. couramment 6. donc 7. facilement 8. ensuite 9. probablement 10. aussi **K.** 1. Je me détends bien avec elle. 2. Je ne me dispute pas avec elles. 3. Je m'entends assez bien avec elle. 4. Je m'amuse avec lui. 5. Je me souviens d'eux. 6. Je ne me souviens pas d'elle.
L. 1. se réveille 2. se lève 3. se lave 4. s'habille 5. s'en va 6. s'arrête 7. se promène 8. s'appelle 9. Elle ne s'ennuie pas. 10. s'amuse 11. se couche 12. s'endort 13. Non, elle se lève tôt. 14. correcte 15. Non, elle s'appelle Annick. 16. Non, elle s'amuse avec ses copains. **M.** 1. me suis installée 2. m'endormir 3. me suis couchée 4. me suis habillée 5. me suis préparée 6. me suis brossé 7. me suis maquillée 8. nous sommes amusés **N.** Ma chère Denise, 1. Tu t'es surmenée 2. Tu t'es réveillée 3. Tu es allée 4. Tu es retournée 5. Tu t'es énervée *De plus, tu ne t'es pas promenée à midi et tu as déjeuné à ton bureau. 6. repose-toi 7. arrête-toi 8. couche-toi 9. lève-toi *va voir tes enfants. 10. te baigner 11. fais 12. amuse-toi 13. nourris-toi *Puis, reviens la semaine prochaine prête à recommencer.

Chapitre treize

Étude de vocabulaire **A.** 1. directrice 2. agriculteur 3. coiffeuse 4. bouchère 5. pharmacien 6. architecte 7. médecin 8. institutrice 9. employée de poste 10. plombier 11. artiste peintre 12. avocate **B.** 1. ouvriers 2. fonctionnaires 3. facteur 4. comptable 5. agents de police 6. chèques 7. montant 8. d'épargne 9. carnet 10. distributeur **C.** Écrivez le chèque pour 1076 francs (mille soixante-seize). **D.** je découvre / souffre // Christophe Colomb découvre / souffre // vous découvrez / souffrez // les malades découvrent / souffrent **E.** 1. ouvrons 2. ouvre 3. ouvres 4. souffrent 5. souffrez 6. souffres 7. a découvert 8. avons découvert 9. ont découvert 10. a offert 11. as offert 12. avez offert 13. couvrez 14. couvre 15. couvrons

Étude de grammaire 47. The Future Tense: Talking about the Future **A.** tu viendras / les gens viendront / je viendrai / nous viendrons // tu auras / les gens auront / j'aurai / nous aurons // tu verras / les gens verront / je verrai / nous verrons // tu enverras / les gens enverront / j'enverrai / nous enverrons // tu seras / les gens seront / je serai / nous serons // tu feras / les gens feront / je ferai / nous ferons // tu pourras / les gens pourront / je pourrai / nous pourrons // tu sauras / les gens sauront / je saurai / nous saurons // tu iras / les gens iront / j'irai / nous irons // tu achèteras / les gens achèteront / j'achèterai / nous achèterons **B.** 1. Elle devra aller à la banque. 2. Nous finirons nos comptes. 3. Sophie sera coiffeuse. 4. Les médecins verront leurs malades. 5. Tu écriras une lettre à ton avocat. 6. J'aurai rendez-vous avec le chef d'entreprise. 7. Les agriculteurs protesteront contre les nouvelles mesures. 8. Est-ce que vous vous parlerez? 9. Le plombier fera des réparations. 10. Le pharmacien préparera des médicaments. 11. Est-ce que tu pourras venir à ma soirée? 12. Nous saurons utiliser le futur. *C. 1. Mes parents ne vendront pas leur maison parce qu'ils l'aiment. 2. Ils n'achèteront pas de château en Espagne parce que Charlie déteste voyager. 3. Ma meilleure amie ne se mariera pas parce qu'elle est déjà mariée. 4. Je n'habiterai pas seule parce que j'aurai mon mari avec moi. 5. Ils ne me rendront pas visite parce qu'ils seront très occupés. D. 1. croiras 2. dis 3. serai 4. montrerai 5. verrai 6. téléphones 7. viendrai 8. appellerai 9. arriverai **48. Relative Pronouns: Linking Ideas A.** 1. qui 2. que 3. que 4. qui 5. qui 6. que 7. qui 8. que 9. que 10. qui **B.** 1. chez qui (avec qui) 2. dont 3. où 4. à qui (avec qui, dont) 5. dont 6. pour qui (avec qui) 7. avec qui 8. dont 9. où 10. dont 11. chez qui (avec qui) 12. à qui **C.** 1. L'homme qui vient d'arriver s'appelle Paul. 2. La ville où ils vivent est une ville ancienne. 3. C'est l'étudiante dont les parents sont canadiens. 4. Les gants que Marc a achetés sont chauds. 5. Le médecin à qui Marie a parlé est aussi acuponcteur. 6. La femme avec qui ils ont déjeuné travaille à Paris. 7. Le livre que Pierre vient d'acheter est très cher. 8. Les étudiants ont fini l'exercice qui était facile. **49. Comparative and Superlative of Adjectives: Making Comparisons *A.** 1. Mon professeur de français est plus intelligent que mon professeur d'anglais. 2. Mes grands-parents sont aussi conservateurs que mes parents. 3. Les étudiants dans ce cours sont moins ennuyeux que les étudiants de maths. 4. Les femmes sont aussi heureuses que les hommes. 5. Les politiciens sont aussi vieux que les professeurs. 6. Les enfants sont moins occupés que les grandes personnes. 7. Je suis plus énergique que mes amis. **B.** 1. Mon père est le plus grand de ma famille. 2. Le président de l'université est le plus riche. 3. L'or est le métal le plus précieux. 4. La chimie est la matière la plus difficile. 5. Los Angeles est la ville la plus polluée. *C. 1. Les jeunes étaient moins paresseux pendant ma jeunesse. 2. Les gens sont plus égoïstes qu'autrefois. 3. Les écoles étaient meilleures autrefois. 4. La vie est moins intéressante. 5. Les gens sont plus malheureux. 6. Le gouvernement est pire que pendant les années vingt. 7. En général la vie n'est pas aussi bonne qu'autrefois. *D. 1. Katherine Hepburn est la femme la plus intelligente du cinéma américain. 2. Neil Smith est le politicien le plus honnête de l'administration d'aujourd'hui. 3. Mariah Carey est la meilleure chanteuse des États-Unis. 4. M. Miller est le meilleur professeur de la Faculté des Lettres. 5. Le président est la personne la plus respectée des États-Unis. 6. Mes grands-mères sont les femmes les plus dynamiques de ma famille.

Mise au point A. 1. Vous recevrez / Tu reçois 2. Les Feydeau viennent toucher / Tu viendras toucher 3. Georges s'est présenté / Nous nous présenterons 4. Les Lapointe auront / Mlle Pruneau a eu 5. Je déposerai / Mon ami dépose *C. —Quand auras-tu (est-ce que tu auras) ton interview avec ce bureau agricole? —Le dix mai. Penses-tu qu'ils m'embaucheront? —Pourquoi pas? Dès (Aussitôt) qu'ils sauront combien de langues tu parles, ils t'offriront le poste. —J'espère que tu as raison. Je te téléphonerai quand je saurai. *F. 1. est une des plus grandes villes du monde. 2. sont les montagnes les plus hautes de l'Europe. 3. est un des plus longs fleuves du monde. 4. est la voiture la plus élégante d'Angleterre. 5. est le joueur de base-ball le plus célèbre des États-Unis.

Situations 1. b 2. c 3. a 4. b 5. c

Le monde francophone A. 1. la qualité de la vie 2. avoir plus de temps libre 3. craignent de 4. travaillent plus dur et plus longtemps 5. pour *B. 1. bagagerie et papeterie fantaisie / des exemples de bagagerie: valises, sacs à main, serviettes / des exemples de papeterie: blocs-notes, cahiers, papier à lettres. 2. Le candidat participera à la création de nouveaux produits. Il aidera les gens qui vendent les produits. Il assurera la communication dans la société. Il trouvera des idées pour mieux vendre les produits. 3. Il doit avoir un diplôme d'une école supérieure de commerce. Il doit avoir 2–3 ans d'expérience dans les produits cosmétiques ou la grande distribution. 4. Traits de caractère: créatif, ouvert, a de la personnalité et aime les contacts. 5. Oui, il voyagera. Il aura besoin de l'anglais.

Contrôle A. 1. coiffeur / coiffeuse 2. facteur (employé[e] de poste) 3. instituteur / institutrice (professeur) 4. avocat / avocate 5. médecin 6. boucher / bouchère 7. agriculteur / agricultrice 8. artiste peintre 9. journaliste 10. pharmacien / pharmacienne (médecin) **B.** 1. Sylvie est institutrice.

2. Elle a trouvé un travail à l'école Jeanne d'Arc. 3. Elle commencera la semaine prochaine. 4. Avec l'argent qu'elle gagnera, elle pourra faire des économies. 5. Elle aura huit semaines de vacances. 6. Elle fera un voyage aux États-Unis. 7. Elle ira à New York et à Seattle. 8. Quand elle reviendra en France, son compte d'épargne sera vide! 9. Mais elle sera plus contente qu'avant.

Chapitre quatorze

Étude de vocabulaire   A. 1. manifestation sportive 2. jeu de société 3. jardinage 4. pêche 5. la pétanque 6. lecture 7. bricolage   **B.** nous courons / rions // les athlètes courent / rient // tu cours / ris // la jeune fille court / rit   **C.** 1. cours 2. ai couru 3. rions 4. court 5. ont ri 6. riez   ***D.** (modèle) **Les spectacles** le cinéma, le théâtre, les concerts, la danse, l'opéra; ACTIONS: regarder, écouter, sourire, applaudir; LIEUX: théâtre, salle de cinéma, salle; ACTIVITÉS: danser, jouer un rôle, jouer d'un instrument, chanter

Étude de grammaire   50. Interrogative Pronouns: Getting Information   A. 1. c 2. a 3. e 4. b 5. f 6. d   **B.** 1. Qu'est-ce que Robert boit? 2. Qui (est-ce qui) fait les courses? 3. À qui est-ce qu'Henri téléphone? 4. De quoi est-ce que Sylvie parle? 5. À qui est-ce que Sylvie pense? 6. Qui est-ce que Céline aime? 7. Qu'est-ce que vous aimez? 8. De quoi est-ce que tu as besoin? 9. Qui est-ce que vous écoutez? 10. Qui (est-ce qui) parle français et allemand? 11. Avec qui est-ce que vous avez dîné? 12. Qu'est-ce qui est arrivé aujourd'hui?   **C.** 1. Lequel? 2. Lesquels? 3. Laquelle? 4. Lequel? 5. Laquelle?   **51. The Present Conditional: Being Polite; Speculating   A.** 1. ferais 2. partirions 3. irions 4. pourrais 5. rencontrerais / discuterions 6. voudrais 7. achèterait 8. prendrais / serait 9. rendrais 10. donnerions 11. devrait 12. s'amuseraient   ***B.** 1. À ta place, je ne fumerais pas. *ou* Tu ne devrais pas fumer. 2. À ta place, je dormirais. *ou* Tu devrais dormir. 3. À ta place, j'étudierais plus. *ou* Tu devrais plus étudier. 4. À ta place, je ne regarderais pas la télévision tout le temps. *ou* Tu ne devrais pas regarder la télévision tout le temps. 5. À ta place, je ferais du sport (du tennis, etc.) *ou* Tu devrais faire du sport. 6. À ta place, j'irais en cours de français tous les jours. *ou* Tu devrais aller en cours de français tous les jours.   **C.** 1. irais 2. rendrons visite 3. parleriez 4. était 5. est 6. viendrons 7. me coucherais   ***D.** 1. Je lui en parlerais. 2. Je mettrais une annonce dans le journal. 3. Je demanderais à mon ami de m'en parler. 4. Je refuserais poliment de le faire. 5. Je lui dirais d'aller voir un médecin. 6. Je ne leur parlerais plus. 7. Je lui écrirais souvent et je parlerais au téléphone. **52. Adverbs and Nouns: Making Comparisons   A.** 1. J'ai autant de problèmes que mes parents. 2. J'ai plus de responsabilités que mes parents. 3. J'ai plus de disques compacts que mes parents. 4. J'ai moins de loisirs que mes parents. 5. J'ai autant d'opinions importantes que mes parents. 6. J'ai plus de vêtements que mes parents. 7. J'ai plus de passe-temps que mes parents. 8. J'ai moins de besoins que mes parents.   **C.** 1. Marc a plus d'amis que Robert. 2. Henri va moins souvent au cinéma que Michel. 3. Antoine nage mieux que Stéphane. 4. Nicolas a plus d'argent que Charles. 5. Caroline a moins de robes que Stéphanie. 6. Marc lit le journal plus souvent qu'André. 7. Les étudiants parlent plus lentement que le professeur. *ou* Les étudiants parlent moins vite que le professeur.

Mise au point   B. 1. Élisabeth. Elle n'en a que deux. 2. Béatrix. Elle est beaucoup plus riche. 3. Élisabeth. Elle a des théâtres à Broadway. 4. Élisabeth. On dit qu'Édouard VII a commencé sa collection. 5. Élisabeth. Elle reçoit 66 millions de francs par an.

Situations   1. c 2. b 3. c

Le monde francophone   A. 1. Il aide les Français à organiser leurs activités. 2. On fait du bricolage dans sa maison ou dans son jardin. 3. On peut collectionner des timbres, des objets d'art ou des bandes dessinées. 4. Leur sport favori est le football. 5. Le ski et le cyclisme sont populaires.   **B.** 1. b. 2. a 3. c 4. b 5. a   **C.** 1. le but adversaire 2. interdit 3. le gardien de but 4. le terrain de jeu 5. une équipe 6. poteau de corner 7. un attaquant 8. un défenseur

Contrôle   1. Qui est-ce que vous avez vu dans le jardin? 2. Georges se lève normalement moins tôt que nous. 3. Si j'étais en vacances en ce moment, j'écrirais des cartes postales. 4. Je pense que Céline Dion chante mieux que Barbra Streisand. 5. Mon frère a autant d'amis que ma sœur. 6. Qu'est-ce qui s'est passé pendant cette manifestation sportive? 7. Qui parle le plus fort de ta famille? 8. Qu'est-ce que tu feras (ferais) si ton équipe perd (perdais) le match de football?

Chapitre quinze

Étude de vocabulaire **A.** 1. e 2. d 3. f 4. a 5. b 6. g 7. c   ***B.** 1. Il est indispensable de recycler le plastique. 2. Il est essentiel de développer des sources d'énergie. 3. Il est urgent d'encourager le recyclage. 4. Il est important de protéger les forêts. 5. Il est possible d'arrêter la pollution. 6. Il est nécessaire de protéger les animaux. 7. Il est inutile de continuer le gaspillage.

Étude de grammaire **53. Subjunctive Mood: Expressing Attitudes** **A.** 1. écrive 2. voies 3. dirige 4. nous levions 5. tombiez 6. conduises 7. lise 8. vous arrêtiez 9. sortes 10. connaisse 11. disiez 12. vive 13. rentrent 14. parte 15. m'endorme 16. suive 17. sonne 18. croyiez 19. se marient 20. mette **B.** 1. Le professeur veut que vous regardiez le tableau. / Le professeur veut que je regarde le tableau. 2. Mes parents souhaitent que nous parlions français et anglais. / Mes parents souhaitent qu'elle parle français et anglais. 3. Marie souhaite que tu choisisses une nouvelle voiture. / Marie souhaite qu'ils choisissent une nouvelle voiture. 4. Il faut que nous attendions le bus. / Il faut qu'il attende le bus. 5. Je voudrais que tu voies un médecin. / Je voudrais qu'elles voient un médecin. **C.** 1. Ma mère veut que je réfléchisse. 2. Mon père souhaite que mon frère étudie l'anglais. 3. Mes parents veulent que nous téléphonions à nos grands-parents. 4. Je préfère que tu ne vendes pas tes livres. 5. Nous voudrions que vous recycliez. 6. Le professeur veut que les étudiants parlent français pendant le cours. 7. Tu voudrais que nous voyions un film ce week-end. 8. Je ne veux pas que vous dîniez tard. **D.** 1. S 2. I 3. S 4. I 5. I 6. I 7. S 8. ? 9. ? 10. I 11. S 12. ? 13. S 14. S 15. I 16. S 17. S 18. S 19. ? 20. ? **E.** 1. Elle ne veut pas qu'ils aient faim. 2. Elle veut qu'ils prennent des vitamines. 3. Elle veut qu'ils puissent finir leurs études. 4. Elle veut qu'ils lui écrivent souvent des lettres. 5. Elle ne veut pas qu'ils reviennent tout seuls de l'école. 6. Elle veut qu'ils aillent chez le dentiste deux fois par an. 7. Elle ne veut pas qu'ils fassent de promenades quand il pleut. 8. Elle veut qu'ils sachent qu'elle les aime.
54. The Subjunctive: Expressing Wishes, Necessity, and Possibility **A.** 1. Tout le monde voulait que les vacances soient plus longues. 2. Un journaliste insistait que le Conseil des Étudiants ait plus de pouvoir. 3. Les sportifs préféraient qu'il y ait plus de sports. 4. Certaines femmes ne voulaient plus que les hommes puissent visiter leur résidence. 5. Les étudiants médiocres demandaient que les professeurs fassent plus attention à eux. 6. Les intellectuels désiraient qu'il y ait moins de sports.
B. 1. prenions 2. aille 3. fassiez 4. saches 5. compreniez 6. soient 7. ayons 8. puisses 9. vienne 10. soyez 11. écrive 12. t'en ailles 13. choisisse 14. veuille 15. sachent 16. fassions   **C.** 1. Il faut que vous conserviez l'énergie. 2. Il est important que tu discutes de politique. 3. Il vaut mieux que les voitures ne polluent pas. 4. Il est nécessaire que nos protégions la nature. 5. Il est préférable que je sois conscient(e) des problèmes actuels. 6. Il ne faut pas que vous gaspilliez le papier. 7. Il est nécessaire que tu comprennes la gravité de la situation. 8. Il faut que nous ayons du courage et que nous fassions des efforts. 9. Il est essentiel que je respecte tout le monde. 10. Il est important que vous votiez.
D. 1. Il faut que tu dormes. 2. Il est nécessaire qu'il mange. 3. Il faut arrêter. 4. Il vaudrait mieux que tu sois dynamique. 5. Il est préférable de recycler. 6. Il faut que tu travailles. 7. Il est important que tu voies des amis. 8. Je veux que tu sois attentive. 9. Il est essentiel d'étudier. 10. ..., il faut que nous ayons de la patience. **55. The Subjunctive: Expressing Emotion** **A.** 1. rendent visite 2. soit 3. choisissent 4. ait 5. ne pas voter 6. devions 7. partir 8. ne vous amusiez pas 9. ne téléphones pas 10. fassiez **B.** OUI: b, d, e NON: a, c, f *1. agressions nos clients. 2. sacrifiions l'intimité. 3. les sollicitions. 4. n'obligions personne. 5. contactions l'UNICEF. 6. refusions de donner. 7. ne participions pas aux actions humanitaires.

Mise au point ***A.** 1. J'ai peur que les personnes âgées soient plutôt conservatrices. On prend ses habitudes. 2. Je doute que nous ayons besoin de changer complètement de système politique. Il y a du bon et du mauvais dans tous les systèmes. 3. Je suis sûr(e) qu'en général la démocratie est la meilleure forme de gouvernement. Nous avons bien vécu pendant 200 ans sous cette forme. 4. Je suis sûr(e) que le gouvernement américain est trop centralisé et a trop de pouvoir. Nous refusons notre responsabilité personnelle. 5. J'ai peur que le gouvernement américain perde de son influence politique dans le monde. L'influence politique va de pair avec l'influence économique. 6. Je suis sûr(e) que l'avortement devrait être un choix personnel, autrement on peut forcer une femme à avoir un bébé. **B.** 1. aient le sens des responsabilités, sachent écouter les opinions des autres et soient honnêtes. 2. fassiez respecter nos traditions, puissiez souvent rencontrer vos électeurs, alliez à Washington défendre nos intérêts. 3. ayez confiance en moi, connaissiez mieux mes idées sur les problèmes de notre société. 4. sachions travailler ensemble, fassions un effort pour rester en contact. **C.** 1. aies 15 ans / sois en bonne santé / étudies dans un aéroclub 2. six 3. connaisses la réglementation, la navigation et la mécanique de vol / tu saches 4. aies moins de 25 ans / aies une licence fédérale / aies 5 heures de vol

Situations 1. V 2. V 3. V 4. F (Selon la première femme avec qui la journaliste parle, il y a beaucoup de problèmes sociaux en France.) 5. F (La journaliste explique qu'il y a de l'espoir pour l'avenir.)

Le monde francophone **A.** 1. b 2. c 3. a 4. b **B.** 1. de bâtir une Union européenne qui soit une puissance politique, économique et industrielle, au même titre que les États-Unis ou le Japon. 2. quatorze 3. a 4. c 5. b

Contrôle 1. Il est bizarre de porter un manteau en été. 2. Est-ce que vous voulez que j'aille faire les courses? 3. Non, nous préférons que tu fasses le ménage. 4. Il est important que tu prennes le bus. 5. Je suis content qu'elle comprenne la leçon. 6. Le professeur veut que les étudiants sachent le subjonctif. 7. Il faut que vous étudiiez et que vous finissiez vos devoirs.

Chapitre seize

Étude de vocabulaire *****A.** 1. La Guyane se trouve près du Brésil en Amérique du Sud. 2. La Côte-d'Ivoire se trouve en Afrique occidentale. 3. Le Niger est entre le Tchad et le Mali. 4. Le Belgique est au nord de la France. 5. La République démocratique du Congo se trouve en Afrique centrale, à l'ouest du Congo. 6. La République de Madagascar est à l'est de l'Afrique, dans l'ocean Indien. 7. L'Algérie se trouve en Afrique du Nord. 8. Le Canada est au nord des États-Unis. 9. La Louisiane se trouve aux États-Unis. 10. Le Cambodge se trouve en Asie, à l'ouest du Viêtnam. **B.** 1. en Belgique, en Suisse, au Luxembourg 2. au Cambodge (Viêtnam, Laos) 3. les Antilles, la Nouvelle-Calédonie, les îles Marquises, Tahiti 4. Guyane française **C.** 1. Ils viendront d'Europe, d'Afrique, d'Amérique du Nord, des Antilles. 2. Cinq pays seront représentés. 3. Le théâtre, le conte, la chanson et la poésie sont des exemples des arts de la parole. 4. Ils échangeront leurs méthodes et leurs expériences. 5. 25

Étude de grammaire **56. The Subjunctive: Expressing Doubt and Uncertainty** **A.** 1. feront 2. doivent 3. soit 4. deviendront 5. puissent **B.** 1. J'espère que les candidats sont (Je doute que les candidats soient) honnêtes et raisonnables. 2. Il est clair qu'il y a (Je doute qu'il y ait) des candidats de toutes les classes sociales. 3. Il est clair que les Américains peuvent (Je doute que les Américains puissent) exprimer leurs opinions librement. 4. Il est clair que l'argent joue (Je doute que l'argent joue) un rôle important dans les élections. 5. J'espère que les Démocrates ont (Je doute que les Démocrates aient) plus de pouvoir que les Républicains. 6. Il est clair que l'économie américaine devient (Je doute que l'économie américaine devienne) plus forte. 7. Il est clair que les États-Unis doivent (Je doute que les États-Unis doivent) aider les pays en voie de développement. **C.** 1. Il n'est pas heureux qu'on le prenne pour un intellectuel. 2. Il est choqué que les intellectuels français aient tendance à confondre leurs rôles scientifique et politique. 3. Il ne croit pas que le rôle de la science soit d'influencer la politique. 4. Il est convaincu que les linguistes peuvent préserver des langues. 5. Il ne croit pas que les États-Unis aient le droit d'intervenir au Nicaragua. 6. Il doute que la linguistique puisse sauver le monde. **57. Alternatives to the Subjunctive: Expressing Subjective Viewpoints** **A.** 1. Il faut y rester quinze jours. 2. J'espère que tu pourras prendre quatre semaines de vacances. 3. Est-il possible de prendre le train? 4. Non, il vaut mieux y aller en avion. 5. Est-il nécessaire d'emporter nos passeports? 6. Non, mais il faut avoir ton permis de conduire. 7. J'espère visiter aussi quelques villages de la région. 8. Je suis bien contente d'avoir trois mois de vacances chaque été. **B.** 1. aller 2. nous détendions / fassions 3. soit / étudier 4. est / sachions 5. réussira 6. voyager 7. dise 8. es / as 9. vienne 10. puisse 11. pourra / doive **58. Indefinite Adjectives and Pronouns: Talking about Quantity** **A.** 1. toute 2. tous 3. toutes 4. tous 5. tout 6. toute 7. tout 8. tous *****L'oncle Jules va

tout manger et Suzie va mourir de faim.   **B.** 1. Certains / d'autres 2. plusieurs 3. tous 4. le même
5. quelques 6. chaque 7. chacun 8. Tous 9. quelqu'un 10. Quelques-uns   **C.** 1. a. chaque b. Tout
c. quelques d. autres e. plusieurs f. quelqu'un 2. a. tous b. quelque chose c. Quelques-uns
d. d'autres e. tout f. mêmes 3. a. tous b. Tous c. plusieurs d. même e. d'autres f. d'autres

Mise au point   **A.** 1. faux 2. vrai 3. vrai 4. faux 5. faux 6. faux 7. vrai / *1. Tous les cercles
sont noirs. 2. Aucun des triangles n'est noir.   **B.** 1. L'Ontario 2. Edmonton 3. Monts Ogilvie 4. le
Manitoba 5. Les montagnes Rocheuses 6. Trois-Rivières, Montréal, Sault Ste.-Marie 7. Frédéricton
8. le Québec 9. la France, 55 millions; le Québec, 6 millions et demi 10. le Saskatchewan   **C.** Vous
avez coché 2, 3, 4, 5, 6, 7, 9, 10, 11, 12, 15, 19, 20, 22, 24, 27   ***E.** 1. Il écrit en français pour ne pas être
traduit. 2. Il espère qu'un jour le français sera simplifié. 3. Il ne voudrait pas simplifier le chinois.
4. Fernando Arrabal a peur de mal écrire ses verbes au passé composé. 5. Il trouve qu'il n'est pas
essentiel de moderniser l'orthographe. On ne doit pas la moderniser arbitrairement.

Situations   5, 3, 1, 6, 4, 2

Le monde francophone   **A.** 1. a 2. b 3. b 4. a 5. b   **B.** 1. V 2. F (La Négritude a pour but de
défendre et illustrer les valeurs du monde noir.) 3. V 4. F (La vitalité du mouvement a commencé à
diminuer à partir des années 70.)   **C.** 1. c. des tennis 2. e. une voiture 3. b. gâcher 4. a. un réservoir
5. d. relâche   *à l'Anglais

Contrôle   **A.** 1. chaque 2. tous 3. le même 4. certains / d'autres 5. quelques 6. plusieurs 7. Chacun
B. 1. Nous espérons que tu pourras visiter un pays francophone l'année prochaine. 2. Il est important
que tu étudies le français sérieusement. 3. Je souhaite que vous me rendiez visite cette semaine.
4. Il est probable qu'il fera beau demain. 5. Nous sommes certains d'aller en France cet été. 6. Est-ce
que tu crois que tes parents soient heureux que tu arrêtes tes études? 7. Il est nécessaire qu'elle parte.

Vue d'ensemble: Chapitres 13 à 16   **A.** 1. sont moins vieux que 2. sont moins grandes que 3. est plus
important que 4. est moins difficile que 5. est moins réaliste que 6. est meilleur que 7. est moins
tranquille que 8. est plus passionnant que   ***B.** 1. Je passerai du temps en France. 2. Mes amis ne
m'achèteront pas de voiture de sport. 3. Je ne me marierai pas. 4. On ne résoudra pas tous les
problèmes écologiques. 5. Mes parents me comprendront mieux. 6. Je ne deviendrai pas riche.
7. Le monde ne reconnaîtra pas mon génie. 8. J'aurai toujours les mêmes amis.   **C.** 1. où 2. qui 3. qui
4. où 5. qui 6. qui 7. où 8. que 9. où 10. qui 11. où 12. qu' 13. qui   **D.** 1. a. conduisais b. conduirais
c. achèterais d. achetais 2. a. donneriez b. étiez c. donniez d. seriez 3. a. manifestaient b. croyaient
c. manifesterais d. croiraient   **E.** 1. soyons obligés de toucher un chèque. 2. faites des économies.
3. ouvre un compte en banque. 4. connaissiez le cours du franc. 5. gagnent un salaire intéressant.
6. les mette sur son compte d'épargne. 7. puisse retirer son argent à ce guichet? 8. endossions nos
chèques.   **F.** 1. étudiions 2. apprendre 3. parlions / arriverons 4. soit 5. prendrons / est 6. pourrons
7. veuille 8. se passera / nous amuserons   **G.** 1. c 2. b 3. a 4. a   ***H.** Le BCBG: Ce jeune homme
représente la tradition et la réussite financière. Avec son costume conservateur, veste en tweed et
cartable, on dirait qu'il vient de sortir du bureau. Il passe probablement la plupart de son temps à la
bibliothèque et au café. La Punkette: Cette jeune femme est une révoltée. Avec sa ceinture en métal et
son imperméable en plastique elle veut dire qu'elle n'est pas comme tout le monde. Ses chaussures à
hauts talons montrent qu'elle ne fait pas beaucoup de sport. Elle passe son temps à critiquer la société
conformiste et à écouter du rock anglais. Elle est rarement contente.   ***I.** Marie-Antoinette est née en
1755 en Autriche. Ses parents, François Ier et Marie-Thérèse, étaient de la noblesse. À 15 ans, elle a
épousé l'homme qui deviendrait Louis XVI. Les Français la trouvaient charmante au début, mais elle
s'est rendue impopulaire parce qu'elle était imprudente et elle dépensait beaucoup. En plus, elle
s'opposait aux réformes. Tout le monde disait qu'elle avait proposé que le peuple, qui mourrait de
faim parce qu'il n'y avait pas de pain, mange de la brioche (une sorte de pain sucré). Elle a montré
beaucoup de courage pendant sa captivité et à la guillotine où elle est morte en 1793, âgée de 38 ans.
K. 1. a. une grève b. de garder leur place c. des relations sexuelles d. de l'argent e. perd f. une valeur
positive g. intellectuel